Assombros da casa-grande

F☀SF☀R☀

MARCOS QUEIROZ

Assombros da casa-grande

A Constituição de 1824 e as vidas
póstumas da escravidão

Prefácio por
THULA PIRES

À Nohora, amor e inspiração vital que percorrem e sustentam cada uma destas linhas.

Ao Evandro, eterno orientador e amigo, primeiro a ler e a comentar este livro.

Ao Chico, editor companheiro, paciente, carinhoso e quem surgiu com a ideia de retomar 1824 em seu Bicentenário.

Ao movimento negro, abridor de caminhos e de palavras.

À família, que sempre está lá, antes, durante e depois de todo exílio entre pesquisas, livros e escrita.

9 PREFÁCIO
Voltamos para puxar os pés da memória constitucional
Thula Pires

16 APRESENTAÇÃO
Memórias póstumas do Império

21 SENHORES DOUTORES
27 Silêncio escravocrata
32 A Constituição de 1824 no discurso jurídico
53 Ventríloquos da casa-grande

58 INDEPENDÊNCIAS
69 Atlântico revolucionário
87 Constituição e escravidão

102 ASSOMBROS DA CONSTITUIÇÃO DE 1824
104 O haitianismo constituinte, de Lisboa ao Rio de Janeiro
118 Tumbeiro de cidadãos
133 Constitucionalismo senhorial
162 Tempo regressivo da Constituição

171 EPÍLOGO
Vamos mudar?

174 GLOSSÁRIO
Cemitério de palavras
204 NOTAS
230 REFERÊNCIAS BIBLIOGRÁFICAS
244 ÍNDICE REMISSIVO

PREFÁCIO

Voltamos para puxar os pés da memória constitucional

Durante séculos, o sono tranquilo do constitucionalismo brasileiro não foi abalado. Ideias como igualdade, liberdade, justiça e democracia povoavam os sonhos de uma nação forjada na violência, na inimizade[1] e na subjugação de mais da metade de sua população. Enquanto a branquitude pôde usufruir sozinha do balanço ao pé da árvore de jardins floridos e pomares repletos dos cheiros e cores das frutas tropicais, pessoas negras seguiram forçadamente produzindo a riqueza de uma nação que segue trabalhando para perpetuar seu extermínio.

À força, além das riquezas foram tecidas redes de resistência, capitaneadas sobretudo por mulheres negras, de forma a manter viva a memória de luta contra a vida póstuma da escravidão.

Mas, não se enganem! Como nos diz Marcos Queiroz: "O ato de tornar as reivindicações de direitos da população negra aberrantes ou inexistentes do ponto de vista histórico é essencial para tornar aberrante ou inexistente esse mesmo tipo de reivindicação no presente". Os assombros que promovemos não pretendem gerar medo. Medo pretenderam gerar os que possibilitaram a perpetuação do racismo patriarcal cis-heteronormativo entre nós, seja nas tentativas de extermínio de Palmares, seja nos ecos do haitianismo na Constituinte de 1823 e os que se sucederam, seja na defesa por uma abolição lenta e gradual da escravidão, do Estado Novo, da ditadura empresarial-militar, da política contra as drogas, dos efeitos da reforma agrária e da demarcação de terras indígenas e quilombolas, da implementação sem fraudes das políticas de ações afirmativas, seja na luta contra mortes evitáveis promovidas pelo terror de Estado.

"A paranoia racial como paranoia nacional" verbalizada por Maciel da Costa entre muitas afirmações, entre as quais o autor exemplifica na fala "Que faremos, pois, nós desta maioridade de população heterogênea, incompatível com os brancos, antes inimiga declarada?", tem nos acompanhado e sendo reatualizada. O medo da libertação negra deixou como legado os índices injustificáveis de mortalidade materno-infantil, as execuções e desaparecimentos forçados promovidos por agentes de insegurança pública, a perseguição e falta de proteção a defensores/as de direitos humanos, a administração pública da fome e do precário acesso a saúde, educação, trabalho e moradia, o encarceramento em massa (nos manicômios, nas unidades socioeducativas e prisionais, em abrigos e demais instituições totais), entre outras. O medo produzido em relação aos mais distintos processos de reivindicação e afirmação de direitos levados a cabo por pessoas negras neste país tem sido mobilizado para manter as hierarquias que nos trouxeram até aqui.

Nossos assombros vêm cobrar responsabilidade jurídica, política, racial, sexual e social. E, com a responsabilização, vem a exigência da reparação pelas violências cometidas. É disso que este livro trata.

O autor nos lembra que foram muitas as estratégias utilizadas para promover assombro diante do silenciamento da escravidão e do racismo nos aposentos das elites e nas instituições públicas, tratadas como continuidade de interesses privados:

[...] aparições, gritos, panelas batendo e pratos quebrando na madrugada, areias misteriosas voando pelos aposentos, fumacês para afastar doenças e maus espíritos, [...] almas penadas gemendo pelos corredores, sons de madeiras rangendo e correntes se arrastando após a meia-noite, vulto de homem a cavalo na porteira, moça de branco segurando uma vela na janela, risos quando todos já se recolheram, cômodos escuros nos quais crianças não podem entrar, lençóis sobre os espelhos.

Em *Assombros da casa-grande: A Constituição de 1824 e as vidas póstumas da escravidão*, Marcos Queiroz se integra a essas estratégias, fazendo ecoar perguntas como: quais os traços da estratégia do silêncio? Qual a relação dessa estratégia com a história do constitucionalismo brasileiro? Seria ela um dos elos que conectam juristas e senhores de ontem e de hoje? Quem eram os cidadãos? Afinal, quais os limites dessa cidadania em termos de imagens de raça e nacionalidade? O que o direito tem a ver com uma sociedade fundada na violência racial? Como ele delimitou, legitimou e forneceu instrumentos para a expansão do escravismo nos rincões do país? Como ele foi disputado em um país no qual a luta política foi feita entre senhores e escravizados e delimitada pela plantation? Como todas essas questões se relacionam a um presente no qual contamos em minutos o tempo para um jovem negro ser novamente executado?

Enquanto a memória constitucional sufocou os "fantasmas" do Haiti, dos malês, da Conjuração Baiana, da Revolta Pernambucana, de Manuel Congo e de diversas outras rebeliões negras, a memória que este livro produz reescreve o tempo senhorial que regeu do reino dos mortos o mundo dos vivos, passando os últimos duzentos anos a limpo, para ampliar nossa imaginação política em direção à liberdade. Uma liberdade concreta, real, viva e vivenciada por todas as formas de vida (as que se fazem vivas desde o Òrun, as que são e as que ainda serão). A liberdade temida pelo clube exclusivo da humanidade branca e que já tinha sido alertada por um agente francês a d. João VI entre 1822 e 1823:

> todos os brasileiros, e sobretudo os brancos, não percebem suficientemente que é tempo de se fechar a porta aos debates políticos, às discussões constitucionais? Se se continua a falar dos direitos dos homens, de igualdade, terminar-se-á por pronunciar a palavra fatal: liberdade, palavra terrível e que tem muito mais força num país de escravos do que em qualquer outra parte.

Queiroz nos alerta que nem mesmo as revoluções progressistas do continente mantiveram-se imunes ao medo branco da onda negra. Simon Bolívar reconheceu que o Haiti era "a República mais democrática do mundo", tendo se valido do auxílio e das estratégias haitianas. Mas, não tardou a ser mais um cúmplice do assombramento senhorial, retardando o processo de abolição da escravidão que só ocorreu na Venezuela, na Colômbia, no Equador e no Panamá no início da década de 1850. Sob o medo da "pardocracia", conspirou e contribuiu para a execução das principais lideranças negras das guerras de independência, como os patriotas Manuel Piar e José Prudencio Padilla. Por aqui, também tem sido múltiplos os exemplos da renovação do acordo de cavalheiros para a manutenção do racismo patriarcal cis-heteronormativo.

Neste livro, temos acesso ao papel desencadeado pelo direito na conformação desse estado de coisas. A cultura jurídica manejou "o silêncio no direito para manter lugares de subalternidade racial", e esse mesmo silêncio foi instado a "pré-requisito do ideal de homogeneidade nacional", construída através da supressão política, jurídica e cultural das pessoas negras. Acumpliciando-se com e conferindo legalidade ao mito da democracia racial, a cultura jurídica fez do silêncio frente à escravidão e ao racismo a mola mestra de seu funcionamento. Cultura jurídica e identidade nacional se mesclaram para negar direitos à população negra, como nos adverte Marcos Queiroz. Por isso, voltamos para puxar os pés das memórias constitucionais, implicando-as com os acumpliciamentos que o constitucionalismo promoveu com a reinvenção da vida póstuma da escravidão.

O papel desempenhado pela doutrina constitucional nesse processo é descrito com precisão pelo autor. Trabalhando os manuais de direito constitucional mais utilizados nas bibliografias dos cursos de direito, Marcos Queiroz demonstra como "o discurso dos juristas, refletido na doutrina, perde a sua aura de ingenuidade ou de mera incapacidade analítica, na medida em que ele se encaixa em uma tradição argumentativa enraizada nas lógicas negreiras de domínio".

Na história contada pelos juristas, os vínculos carnais entre constitucionalismo e colonialismo, escravidão e racismo são absolutamente inexistentes.

[...] Base do modelo inglês, o contratualismo de John Locke, que foi acionista do mercado negreiro e auxiliar na elaboração da Constituição escravista da província da Carolina, na América do Norte, é apresentado sem as suas conexões com a exploração de africanos. A invejada e romanceada experiência estadunidense, modelo democrático legitimado por nomes que vão de Alex de Tocqueville a Hannah Arendt, é descrita como se não fosse uma "democracia de escravos", inaugurada a portas fechadas na Convenção de Senhores da Filadélfia. A França é descrita como o berço do universalismo, ainda que 25 milhões dos seus habitantes dependessem diretamente do comércio colonial, que 15% dos mil membros da Assembleia Nacional possuíssem propriedade nas colônias e que a glória da burguesia iluminista de Paris, Nantes e

Bordeaux fosse fundada na falta de reconhecimento da humanidade de negros e negras na África, no Caribe e nas Américas.

No livro, percebemos como a utilização de múltiplas linguagens vão conformando narrativas que esvaziam a resistência negra e a luta por direitos empreendida por esses grupos ao longo dos tempos. A imagem oficial da Independência brasileira cotejada com a imagem difundida sobre a revolução haitiana inverte os termos da dominação racial, ao mesmo tempo que esvazia o sofrimento negro, apaga a brutalidade da escravidão e simplifica o debate sobre a universalidade dos direitos humanos a uma vertente que não incorpora as demandas e os sentidos de dignidade, igualdade e liberdade reivindicados pela população negra.

Recorrendo a todas as linguagens, o haitianismo constituinte sequestrou da formação nacional a possibilidade de que pessoas negras fizessem parte da nação. A "consciência colonial acumulada no Atlântico se transformou em norma constitucional, positivando a base de sustentação do Império negreiro" e da vida póstuma da escravidão. Como nos diz Beatriz Nascimento, foi com os quilombos que forjamos a capacidade de (re)inventar e organizar sociedades em que negros pudessem se entender como pessoas.[2]

As tensões entre constitucionalismo e escravidão nos mostram como "o mundo da Constituição de 1824 ainda está entre nós, fazendo do regresso constitucional morte e vida do constitucionalismo brasileiro". Se em 1824 a cidadania significou mais escravismo, em 2024 a disputa por cidadania nos exige o enfrentamento da continuidade dessa mesma relação, alicerçada nos vínculos íntimos entre classe senhorial e razão de Estado.

E são os desafios que o Bicentenário da Constituição de 1824 nos evidencia que movem o resgate da história desenvolvido por Marcos Queiroz. Fruto das políticas de ações afirmativas, esse jovem professor e pesquisador não ignorou as aparições, os gritos, as panelas batendo e os pratos quebrando na madrugada, os sons de madeiras rangendo e as correntes se arrastando após a meia-noite. E como poderia ignorar? Se as mensagens trazidas por cada uma dessas formas de comunicação continuam a determinar a (in)viabilidade da vida negra duzentos anos depois.

Sim, voltamos para puxar os pés da memória constitucional. Renovamos as demandas por liberdade que nos fizeram sobreviventes e, como maioria da população brasileira, a despeito do terror racial e sexual do Estado. Este livro é de leitura obrigatória para todas as pessoas que sonham viver em uma democracia. Que dessa leitura se multiplique o número de mal-assombradas/os a sacudir o sossego dos privilégios narcísicos das classes senhoriais. Disso depende a possibilidade de imaginarmos e construirmos uma nação capaz de dar conta de todas as formas de ser e estar em relação de integralidade com a natureza. É o que o futuro espera de nós, é o que pode nos permitir continuar.

THULA PIRES
Professora de direito constitucional da PUC-Rio, onde coordena o PPGD e o Núcleo Interdisciplinar de Reflexão e Memória Afrodescendente (Nirema). Professora visitante júnior no African Gender Institute da Universidade da Cidade do Cabo. Associada de Criola.

APRESENTAÇÃO

Memórias póstumas do Império

Este livro pretende enfrentar um engano comum na história do direito brasileiro: a suposta desconexão entre a Constituição de 1824 e a escravidão. Após estar seriamente ameaçado no início do século 19, o sistema escravocrata irá rejuvenescer em três sociedades: Sul dos Estados Unidos, Cuba e Brasil. Diferente em profundidade, quantidade e qualidade do ocorrido no período colonial, esta segunda escravidão esteve decididamente vinculada ao livre mercado, ao liberalismo e à tecnologia industrial.[1] No Brasil, foi o núcleo da vida social do Império e a base para a construção do Estado-nação. Era universal, esparramada em todas as 635 cidades do país. Foi longeva, durando mais do que em qualquer outro lugar. E voraz, com cerca de 710 mil africanos traficados ilegalmente em menos de vinte e cinco anos, sedimentando as bases da riqueza nacional.[2] No entanto, tudo isso passa ao largo da história do direito constitucional. Para ela, é como se constitucionalismo e escravidão fizessem parte de Brasis distintos. Ou pior: afirma-se que a Constituição de 1824 estava em descompasso com o escravismo. O objetivo, portanto, é desfazer o mito.

É também desvendar um enigma que do mito decorre: como o mundo dos senhores sobreviveu ao colapso da escravidão e do Império, prorrogando-se indefinidamente pelo futuro? Talvez o maior intérprete desse período tenha antevisto a capacidade da classe senhorial de viver para além da vida. Em 1880, Machado de Assis publicou o intrigante *Memórias póstumas de Brás Cubas*. De tom irônico e ácido, o livro fazia uma radiografia da elite brasileira. Na história, somos conduzidos pelo próprio Brás. Passeamos por sua infância, recheada de mimos do pai, travessuras e vulgaridades. Recheada também de escravizados, sobre os quais ele aprendia desde cedo o gosto por violentar. "Um dia quebrei a cabeça de uma escrava." "Prudêncio, um moleque de casa, era o meu cavalo de todos os dias." Se Prudêncio reclamasse, Brás retorquia: "Cala a boca, besta!". E tome chibatada. Podemos ter notícias da sua formação em Coimbra. "Bacharelo-me." "Era um acadêmico estroina, superficial, tumultuário e petulante." A faculdade não deixou arraigada em Brás qualquer tipo de ciência, somente locuções morais e políticas, uma fraseologia ornamental. Mas o diploma lhe deu "ímpetos, uma curiosidade, um desejo de acotovelar os outros, de influir, de gozar, de viver". A partir do seu cunhado Cotrim, que trabalhava com o comércio de escravizados, aprendemos as justificações e as virtudes por trás do tráfico e da tortura. Se o sangue escorria dos corpos negros, a culpa não seria dos negreiros, pois "não se pode honestamente atribuir à índole original de um homem o que é puro efeito de relações sociais". Somos confidentes das suas paixões e anseios políticos, ambos volúveis, ausentes de grandes princípios e questões éticas. Marcela, Eugênia e Virgília, assim como os partidos políticos, não passam de instrumentos da sua projeção autocentrada.[3]

Brás Cubas era a estilização da classe senhorial, a estetização particular do seu tempo. Ele morre às duas horas da tarde de uma sexta-feira de agosto de 1869, em sua bela chácara no Catumbi, um ano depois da crise política que marcaria o início do fim do mundo em que cresceu, pois, a partir de 1868, os senhores perdem cada vez mais o domínio hegemônico sobre o ritmo das reformas da escravidão. Assim, no momento em que Brás falece, não era apenas a última geração dos Cubas que deixava o plano terrestre. O crepúsculo do tempo senhorial se anunciava no horizonte. No entanto, nem tudo é tão evidente quando se trata de Machado. Ao transformar palavras em quilombos literários, esconderijos a operar pela visibilidade e invisibilidade de sentidos, Machado nos leva eternamente a suspeitar do que está dito. Brás, como ele mesmo diz, é um defunto-autor e não um autor defunto. Brás está morto. Mas, apesar de morto, Brás fala, escreve, narra, interpreta e, enquanto o verme rói as frias carnes do seu cadáver, lega para a posterioridade seu domínio sobre o real. O término da existência vital era incapaz de frear o Eu absoluto que continuaria a reger, do reino dos mortos, o mundo dos vivos.

Memórias póstumas revela a dilatação do tempo senhorial, a estender-se muito para além do Império, adiando eternamente os efeitos da Abolição, da sua própria morte. Para tanto, a mística desse projeto envolveu não só lógicas econômicas, políticas e sociais, mas também a solidificação de uma cultura jurídica nacional que teve suas origens na Constituição de 1824. Peça central na formação do Brasil, ela foi criada e posta em movimento pelos senhores. Garantiu a sobrevida da sua matriz civilizacional para além da escravidão. Como Brás, a classe senhorial continua entre nós, falando pela boca dos vivos.

Assim, este livro é tentativa de decifrar o enigma da vida póstuma da casa-grande[4] e como essa sobrevida está atrelada ao mundo dos juristas. Uma história da Constituição de 1824 como história do Império e, assim, história do projeto senhorial. Para tanto, o primeiro capítulo debate como os senhores projetam sua voz no direito contemporâneo, fazendo-se presente no discurso jurídico encontrado em salas de aula, faculdades, tribunais, livros, palestras e manuais. Esse aspecto é evidenciado por meio das narrativas sobre o direito constitucional do Império, nas quais o silêncio sobre a escravidão é a norma. Contra esse abafamento, o segundo capítulo reconstrói a paisagem das origens da Constituição moderna à luz do escravismo e das lutas políticas do Atlântico. Pois não é mais admissível continuarmos a fazer da história do direito constitucional um conto da carochinha superficial, pasteurizado, inconsequente e idealizado, lotado de lugares-comuns da boa consciência branca. Por fim, o capítulo três analisa de que forma a Constituição de 1824 foi concebida, disputada, interpretada e aplicada dentro dos esquadros da manutenção e da expansão da escravidão no Brasil. Nesse processo, sedimentaram-se as bases do constitucionalismo senhorial, a fazer do tempo de Brás o nosso.

Espero que leitores e leitoras encontrem nestas páginas não só insumos para a compreensão dos assombros da casa-grande, mas também ânimo e ferramentas úteis na construção de um amanhã de liberdade.

Assombros e casa-grande. O pensamento senhorial tardio bem exprimiu o desejo dos senhores de perpetuar o próprio domínio para além do plano material. Cemitérios nos quintais, corpos enterrados nos arredores das casas ou nos interiores de igrejas, extensas cômodas na sala de estar com imagens de parentes mortos ao lado de figuras de santos, a compartilhar a mesa de jacarandá com os parentes ainda vivos, tesouros escondidos sob o piso dos quartos de dormir para serem levados para a eternidade, aparições, gritos, panelas batendo e pratos quebrando na madrugada, areias misteriosas voando pelos aposentos, fumacês para afastar doenças e maus espíritos, bênçãos de padres e água benta para acalmar o que vem do além, histórias de almas penadas gemendo pelos corredores, sons de madeiras rangendo e correntes se arrastando após a meia-noite, vulto de homem a cavalo na porteira, moça de branco segurando uma vela na janela, risos quando todos já se recolheram, cômodos escuros nos quais crianças não podem entrar, lençóis sobre os espelhos. Cada casarão era habitat daqueles que já se foram, os quais insistem em conversar e conduzir os viventes. Este imaginário fantasmagórico não só fala do gosto, da fé e da percepção de que os falecidos estão entre nós. Desvela também algo sobre os mortos: a onipotente crença na inviolabilidade da vontade, a desafiar as leis do direito e da física. A peitar a própria morte. Nem o término da vida terrena seria capaz de demover a teima dos senhores de que tudo nasce, morre e renasce em seus próprios umbigos.

Senhores doutores

> *Falamos dos Saquaremas; os Saquaremas nos fazem falar de nós, de tal modo que os limites daquele tempo não podem deixar de explodir, ampliando-se desmesuradamente e chegando até nós. Sentimos, e podemos avaliar, a presença dos monopólios; a permanência da massa de colonizados, como fantasmas dos "três mundos" que há muito desapareceram; a cidadania restringida e em muitos casos inexistente; a presença avassaladora do Estado, fora do qual qualquer partido parece inconcebível; o monopólio do discurso pelo professor na sala de aula; os Saquaremas que estão em nós. Inversão também intrigante, porque nos permite perceber que o Império não reaparece entre nós unicamente naqueles três dias do ano em que, festivamente, nos "despedimos da carne", mas que nos acompanha, cotidianamente, monopolizando nossas almas e ditando nosso proceder.*
>
> Ilmar Rohloff de Mattos[1]

Na primeira década dos anos 2000, eu estava terminando o ensino médio quando o Brasil era atravessado por um caloroso debate. Pela primeira vez, instituições públicas começavam a adotar medidas para a inclusão de pessoas negras. Chamadas de ações afirmativas e popularizadas em torno da noção de "cota", tais mecanismos estimularam uma agressiva reação de setores da sociedade brasileira. Como estudantes, éramos constantemente instados a nos posicionar sobre o assunto: em redações preparatórias para o vestibular, com o famigerado tema "você é a favor ou contra as cotas?"; por professores em sala de aula ("Marcos, você irá tentar pelas cotas?"); por conhecidos ("Mas você não acha que é uma forma de trapaça? É tão injusto!"); e por uma opinião pública que inundava jornais, revistas, livros e programas de televisão. "Em um país miscigenado, sem histórico de racismo, as cotas são uma aberração jurídica e um atentado à nossa identidade nacional", diziam.

Ainda formando opinião e percepções sobre o mundo, todo aquele debate me deixava perplexo e ansioso. Era como carregar um alvo na própria pele, que ensejava uma blitz de questionamentos onde quer que eu fosse. De maneira incipiente, nós, estudantes daquela primeira geração para quem foi assegurado o direito às ações afirmativas, tivemos de aprender, por conta própria, argumentos para defendê-las. Igualdade material, discriminação positiva, políticas afirmativas, racismo no Brasil, relações raciais, auto e heterodeclaração. Aos poucos, fui me deparando com um mundo de conceitos que faria parte da minha vida nos anos seguintes, como aluno de direito.

Entre os argumentos que estudantes negros precisavam rebater, havia um central e curioso. Os anticotas diziam que as ações afirmativas instaurariam o discurso racialista no Brasil e, com isso, criariam um conflito entre brancos e negros até então inexistente. Ou seja: a melhor política de direitos para negros e negras seria o silêncio. Não falar do assunto. O leitor deve se lembrar do famoso vídeo de uma entrevista com Morgan Freeman que familiares e amigos há anos compartilham no Facebook ou no WhatsApp em todo 20 de novembro. Realizada em 2006, o jornalista Mike Wallace pergunta a Freeman o que fazer para se livrar do racismo. O ator responde: "Pare de falar sobre isso. Eu vou parar de te chamar de homem branco. E eu vou pedir que você pare de me chamar de homem negro". Pois bem, esse era o "grande" ponto dos grupos contra as cotas, que não só infernizou a vida de muitas pessoas, mas também serviu de álibi para a venda de livros e palestras, alavancando a carreira de palpiteiros de toda ordem disfarçados de politicólogos. No contexto brasileiro, esse argumento combinava mitologia nacional e discurso jurídico.

De 2008, a famigerada carta *Cento e treze cidadãos antirracistas contra as leis raciais* é didática ao revelar esse entrelaçamento entre nação e direito. Subscrita em sua maioria por acadêmicos e alguns artistas, como Caetano Veloso, Antonio Cícero, João Ubaldo Ribeiro e Ferreira Gullar, a carta foi entregue ao então presidente do Supremo Tribunal Federal, ministro Gilmar Mendes, após a proposição de duas ações diretas de inconstitucionalidade (ADI 3.330 e ADI 3.197) pela Confederação Nacional dos Estabelecimentos de Ensino (Confenen), a primeira contra o Prouni e a segunda contra a lei de cotas nos concursos vestibulares das universidades estaduais do Rio de Janeiro. O objetivo do texto era impedir a declaração de constitucionalidade das ações afirmativas para negros e negras. Não era a primeira intervenção do tipo. Em 2006, circulou nos principais jornais do Brasil um *Manifesto Anticotas*, cujos signatários eram praticamente os mesmos de 2008. Eles se posicionavam contra os projetos de Lei de Cotas (PL 73/1999) e do Estatuto da Igualdade Racial (PL 3.198/2000), que tramitavam no Congresso Nacional. Essas articulações públicas faziam parte de um movimento articulado. Também em 2006, o diretor de jornalismo da Rede Globo, Ali Kamel, publicou o livro *Não somos racistas: uma reação aos que querem nos transformar numa nação bicolor*, uma coletânea de suas colunas anticotas veiculadas em *O Globo* desde 2003.

Entre os argumentos mobilizados pelo panfleto de 2008, primeiro aparecia a igualdade formal como instrumento de silenciamento:

> As palavras da lei emanam de uma tradição brasileira, que cumpre exatos 120 anos desde a Abolição da escravidão, de não dar amparo a leis e políticas raciais. [...] O que nos mobiliza não é o combate à doutrina de ações afirmativas, quando entendidas como esforço para cumprir as declarações preambulares da Constituição, contribuindo na redução das desigualdades sociais, mas a manipulação dessa doutrina com o propósito de racializar a vida social no país.

Logo depois, a harmonia racial era tomada como sinônimo de brasilidade:

> Por certo existe preconceito racial e racismo no Brasil, mas o Brasil não é uma nação racista. Depois da Abolição, no lugar da regra da "gota de sangue única", a nação brasileira elaborou uma identidade amparada na ideia antirracista de mestiçagem e produziu leis que criminalizam o racismo. Há sete décadas, a República não conhece movimentos racistas organizados ou expressões significativa de ódio racial. O preconceito de raça, acuado, refugiou-se em expressões oblíquas envergonhadas, temendo assomar à superfície. A condição subterrânea do preconceito é um atestado de que há algo de muito positivo na identidade nacional brasileira, não uma prova de nosso fracasso histórico.

Cultura jurídica e identidade nacional eram mescladas com um único objetivo: negar políticas de direitos à população negra. Ambos os aspectos eram sustentados por falácias, distorções e apagamentos. Como demonstra Dora Lucia de Lima Bertúlio, a ideia de que o Brasil não amparou leis e políticas raciais é uma das mentiras mais comuns que rondam a história do direito nacional. Posturas municipais relativas a normas de comportamento, saneamento, propriedade imóvel, uso do solo, circulação no espaço público, autorizações para o trabalho nas cidades; leis relativas à imigração e à educação; e, obviamente, as leis penais valeram-se da "raça", nem sempre implicitamente, para enquadrar o lugar social do negro.[2]

Além disso, a narrativa ocultava a longa batalha da população negra por políticas de direitos. Em particular, a luta por ações afirmativas para negros e negras no Brasil pode ser remontada até a Assembleia Constituinte de 1946, quando, sob a liderança do Teatro Experimental do Negro, a Convenção Nacional do Negro apresentou aos parlamentares demandas de enfrentamento ao racismo. Com a redemocratização na década de 1980, a pauta ganhou novo fôlego, sendo aventada na histórica Marcha Zumbi dos Palmares, em 1995, e obtendo concretude a partir do Caso Ari, na Universidade de Brasília, quando o primeiro doutorando negro do Departamento de Antropologia foi alvo de racismo.[3] Paralelamente, o governo de Fernando Henrique Cardoso foi o primeiro a oficialmente reconhecer a existência de racismo no Brasil. Por fim, a conferência de Durban, na África do Sul, realizada em 2001, aprovou a implementação de medidas afirmativas como uma de suas diretrizes para a comunidade internacional.

Com o pioneirismo da Uerj e, posteriormente, da UnB, as cotas viraram realidade.[4] Entre 2010 e 2019, o número de estudantes negros no ensino superior cresceu cerca de 400%. Nas palavras de frei David Santos, diretor da Educafro, "a política de cotas foi a grande revolução silenciosa implementada no Brasil e que beneficia toda a sociedade. País nenhum no mundo fez isso com o povo negro".[5]

No entanto, essa longa jornada de articulação no cenário nacional e internacional não impediu a intransigente oposição às ações afirmativas. Em 2009, com amplo apoio da grande mídia e de poderosos agentes políticos e econômicos, o ataque às cotas prosseguiu no Supremo Tribunal Federal por meio da Arguição de Descumprimento de Preceito Fundamental 186, ajuizada pelo Democratas (antigo Arena, partido de sustentação à Ditadura Militar, depois PFL, hoje União Brasil, amanhã sabe-se lá o quê). Depois de uma forte mobilização do movimento negro, o STF, em 2012, de maneira unânime, decidiu pela constitucionalidade da medida. A justiça atestava a existência de um profundo racismo no país, o qual justificava políticas afirmativas em nome do princípio da igualdade. Era também uma vitória sobre as *políticas do silêncio*, as quais advogavam que a melhor forma do direito lidar com as demandas da população negra era justamente não falar sobre o assunto.[6] A doutrina do "em casa de enforcado não se fala de corda".[7] A decisão consolidou um ponto de ruptura na tradição jurídica brasileira, legitimando, nos anos seguintes, uma série de medidas normativas que utilizam o critério racial para enfrentar o racismo, democratizar espaços e efetivar direitos. As leis 12.711/12 (cotas nas universidades e institutos federais de ensino superior) e 12.990/14 (cotas em concursos públicos) são exemplos dessa virada. A ofensiva anticotas, por enquanto, foi derrotada.

Durante boa parte desse processo, eu ainda não sabia que a estratégia do silêncio sobre os direitos dos negros, combinada com tons de democracia racial, era uma singularidade constitutiva da cultura jurídica brasileira. Estratégia sempre ativada com mais força em momentos nos quais há possibilidade de uma reformulação mais equânime do nosso "contrato social". Foi assim em 2012, no contexto de aprovação da lei de cotas, também foi assim em 2022, em tempos de Bicentenário da Independência, quando ocorreu a rediscussão das mesmas ações afirmativas. E foi assim na época da própria Independência. Ainda estudante, também não tinha consciência de que os grupos anticotas emulavam antigos senhores de escravizados. Espectros da casa-grande a povoar a esfera pública. Quais os traços da estratégia do silêncio? Qual a relação dela com a história do constitucionalismo brasileiro? Seria ela um dos elos que conectam juristas e senhores de ontem e de hoje? Este capítulo esboça características e consequências dessa tática. Em especial, veremos de que forma essa estratégia se faz presente na maneira como os livros de direito continuam a narrar nossa primeira experiência constitucional.

SILÊNCIO ESCRAVOCRATA

No texto *The Politics of Silence*, Sidney Chalhoub narra o caso de uma demanda por reconhecimento jurídico realizada pela Sociedade Beneficente da Nação Congo ao Conselho de Estado do Império do Brasil no ano de 1861. O associativismo era parte das estratégias de luta por liberdade da população negra, atuando como instância de proteção e assistência social. Numa realidade em que a raça determinava a precariedade da experiência de ser livre, as associações ajudavam na construção de laços de solidariedade e apoio mútuo e protegiam seus membros contra a violência racial. Elas eram também espaços de reconstrução de si durante a vida pós-cativeiro. A busca pela legalidade significava uma segurança a mais contra os arbítrios da sociedade escravocrata. Além disso, o associativismo operava uma ressignificação de fundo: normalmente utilizadas para discriminar negativamente a origem africana e a cor negra, passavam a partir de então a informar uma política comunitária e afirmativa de direitos.

Recebido o pedido pelos conselheiros, pairava a dúvida se seria apropriado autorizar a existência de associações que definissem seus membros em termos de africanidade ou "raça". Após certo impasse, venceu a posição pela proibição. Perpassados pela sabedoria senhorial, os argumentos decisivos foram apresentados por Pimenta Bueno, influente liderança do Partido Conservador. Segundo ele, na África não haveria nações, mas sim hordas bárbaras, incompatíveis com o mundo do direito "civilizado". "Na minha opinião há uma grande diferença entre sociedades beneficentes constituídas por franceses, italianos [...], e aquelas dos chamados congos."[8] Portanto, a "raça" podia ser utilizada para negar direitos aos negros (inclusive com argumentos explicitamente racistas, que associavam a África à incivilidade), mas jamais poderia ser utilizada para afirmá-los a partir de um lugar de pertencimento étnico-racial.

Pimenta Bueno lembrava da necessidade de evitar qualquer tipo de ímpeto coletivista entre os negros, pois o passado ensinava que esse tipo de articulação era um risco à segurança e à unidade nacional. "Eu acredito que não é desejável aprovar sociedades constituídas por negros, mulatos, caboclos e etc. A experiência política nos ensina que a melhor lei é não falar sobre isso. Se alguém permite a existência do princípio, ele então se desenvolverá e trará consequências."[9] Portanto, em relação às demandas jurídicas da população negra, a melhor estratégia era o silêncio.

Chalhoub argumenta que a decisão do Conselho de Estado é um documento valioso, pois se trata de uma das primeiras fontes sobre a construção da ideologia racial brasileira contemporânea. Primeiro, a deliberação revela como a produção do silêncio sobre a "raça" é um pré-requisito do ideal de homogeneidade nacional. Ao mesmo tempo, a construção dessa homogeneidade pressupõe a supressão política, jurídica e cultural das pessoas negras, isto é, a exigência de silenciamento e esquecimento sobre a violência racial e os direitos dos negros. A prudência do silêncio era atravessada pelo medo de que normas raciais explícitas pudessem galvanizar os negros, colocando fogo nas tensões sociais. Este silêncio seria repetido em outros debates vitais para o futuro da população negra, como no caso da Lei do Ventre Livre, quando o Conselho de Estado preferiu não se posicionar a respeito de quais medidas deveriam ser efetuadas para garantir os direitos dos "ingênuos". Um desses direitos era o acesso à alfabetização. O silêncio dos conselheiros jogou para o limbo a discussão sobre a educação das crianças negras, ignorando o espírito da lei e deixando a decisão ao critério dos senhores.[10] A posição do Conselho teria grande impacto na exclusão da população negra ao voto, restrito aos alfabetizados por mais de cem anos, entre 1881 e 1985. Sem educação, logo sem alfabetização, consequentemente sem voto. Sem representação política, logo sem direitos, consequentemente sem acesso garantido à escolarização. A trava estava construída.

Manejar o silêncio no direito para manter lugares de subalternidade racial. Este é um dos traços definidores da cultura jurídica nacional. Como veremos adiante, podemos rastrear sua genealogia até muito antes de 1861, a exemplo da própria experiência constituinte de 1823 e da Constituição de 1824. Pimenta Bueno não falava da boca para fora quando dizia que "a experiência política nos ensina que a melhor lei é não falar sobre isso". Tratava-se da memória constitucional senhorial a reavivar antigos fantasmas, como os temores do Haiti, dos malês, de Manuel Congo e de diversas outras rebeliões negras. Ao afirmarem a universalidade da igualdade e da liberdade, essas insurgências colocavam em evidência o pacto de silêncio dos escravocratas.[11]

Os fragmentos do passado permitem ampliar a noção de cultura jurídica, entendida não somente como um repertório reconhecível e público de soluções de conflitos. Como argumentam Evandro Piza Duarte e Menelick de Carvalho Netto, essa cultura é constituída por uma materialidade histórica, formada pelo acúmulo de experiências, representações e formas de narrar e construir a memória pública. O modo com que o direito define seu conjunto de problemas e decisões é moldado por práticas e espaços que relacionam o passado e o presente.

Nas faculdades de direito, esse repertório cognitivo revela-se na mobília marcada pela similaridade com os tribunais, nos quadros dos docentes, nos bustos do jardim, nas placas comemorativas, nas menções honrosas, nos nomes das salas, auditórios, edifícios, nos arquivos de teses, nas atas de reuniões etc.

Da mesma forma, nos livros de cada disciplina há um enquadramento narrativo e temporal dos temas, conceitos, objetos e valores abordados. Com isso, "as censuras no tempo passado ensinam ao novato sobre as censuras do tempo presente. O não dito sobre o passado articula a incapacidade de ver o presente".[12] De maneira inconteste e naturalizada, a força institucional positiva como verdade certa visão de mundo, censurando as demais.

A cultura jurídica também está nos conluios diários de silêncio sobre a dimensão racial, que distribuem constrangimentos sobre o que pode ou não ser falado. Está como norma de comportamento intelectual de "não vincular denúncias de racismo à esfera política e à esfera jurídica", apagando impasses históricos, legitimando lógicas de poder e de expropriação de riquezas, universalizando gostos e, especialmente, ocultando e demonizando alternativas políticas protagonizadas por sujeitos não brancos. Esse silêncio sobre o uso do direito como estratégia de marginalização da população negra não está somente nas representações sobre o passado, pois perpassa o senso comum teórico e prático dos juristas.[13] Assim, ele está "nos museus, nas universidades, nos institutos de pesquisa, no sistema educacional, nas faculdades de direitos e nos livros das estantes de nossas casas",[14] da mesma forma que está na jurisprudência e na doutrina. Institucionalizada nos aparelhos ideológicos do Estado, difundida na sociedade civil e ensinada continuamente às novas gerações de estudantes, a memória articula censuras, lacunas e silêncios sobre a história a fim de limitar a compreensão do tempo presente.

Se o Conselho do Estado adotou o silêncio como forma de negar a demanda da Nação Congo, para os juristas contemporâneos aquela demanda sequer existiu. O ato de tornar as reivindicações de direitos da população negra aberrantes ou inexistentes do ponto de vista histórico é essencial para tornar aberrante ou inexistente esse mesmo tipo de reivindicação no presente. Já que, no passado, os negros não realizaram lutas baseadas em seu lugar racial no mundo, qualquer ação nesse sentido na atualidade só pode ser vista como esdrúxula, inapropriada, modismo irracional ou estrangeirismo alheio à sociedade brasileira.

Assim, o silêncio apresenta certos padrões e consequências. Ele ajuda a construir uma narrativa pretensamente universal que generaliza uma posição sobre o mundo e exclui, estigmatiza e penaliza as demais. O silêncio também interdita certos temas, como o racismo. Com isso, ressalta aquilo que sempre foi alvo de proteção do direito enquanto oculta o que é perseguido e violentado. O silêncio do Conselho de Estado, ao mesmo tempo que inviabilizou o reconhecimento do associativismo negro, estabeleceu como norma as organizações brancas ("franceses, italianos..."). Na contemporaneidade, esse silêncio é encontrado em manuais, sentenças e interpretações da lei. Peguemos o exemplo do princípio da imunidade tributária para templos de qualquer culto, estabelecido pela Constituição. Na operacionalização desse princípio, os juristas universalizam uma compreensão cristã da realidade, afastando do conceito de "templo" os cultos de matriz africana. Com isso, inviabilizam a aplicação da imunidade para terreiros de umbanda e candomblé e fecham os olhos para as violências cotidianas sofridas por essas religiões.[15]

Esse é o padrão do discurso jurídico nacional: suposta narrativa universal que, por um lado, generaliza experiências singulares e, por outro, silencia justamente aquelas que mais necessitam de reconhecimento. Um padrão enraizado na experiência senhorial brasileira, reproduzido à exaustão como hábito profissional e reforçado como doutrina nas instituições de ensino de direito.

A CONSTITUIÇÃO DE 1824 NO DISCURSO JURÍDICO

O universo do direito é formado de pompa e circunstância. Ternos e tailleurs, prédios históricos ou espelhados, salões e banheiros de mármore, togas, professores figurões de tribunais, juízes super-heróis, advogados festejados à la 007, tapinhas no ombro e um vocabulário técnico que separa o "operador do direito" (ênfase no nome) dos reles mortais. Ao adentrar nesse mundo, o novato é logo inebriado por uma atmosfera sedutora. Estudar direito não é só entender de leis e decisões, mas também portar uma verdade prestigiada e referendada socialmente. É possível sentir o poder mágico das palavras ao citar aquele artigo decorado da Constituição para falar de liberdade de expressão ou do devido processo legal, ainda que de maneira inadequada ou até mesmo para negar o que o próprio texto diz.

No estilo medalhão machadiano, a pompa e a circunstância dão credibilidade ao esforço retórico mais do que o conteúdo em si. Nesse ambiente, a aura em torno da chamada "doutrina" indica traços do bacharelismo nacional. O próprio nome é rebuscado, poderoso e recheado de autoridade: "doutrina". O dicionário diz que se trata da reunião de preceitos básicos que compõem um sistema. Conjunto de fundamentos essenciais e que devem ser ensinados. Para o direito, a doutrina também é fonte, uma das bases de validade da ordem jurídica. Faz parte daquilo que deve ser consultado durante o aparecimento de uma norma ou decisão jurídica. No hábito e nas peleias entre juristas, é uma das verdades autorizadas. Em salas de aula, tribunais e palestras, recitadas com gozo retumbante, são comuns frases do tipo "segundo o doutrinador fulano de tal, esse caso deve ser lido à luz de...".

No jogo de reforço mútuo entre prazer, poder e verdade, a doutrina é central para o pensamento jurídico. Os manuais circulam no ensino e fundamentam decisões do poder judiciário, ornamentando sentenças proferidas em egrégios tribunais Brasil afora. Eles não só ensinam interpretações e aplicações específicas das normas: a exemplo de um texto encantado, transmitem "um modo de considerar a realidade, marcando simbolicamente o que é relevante, o que deve ser negado socialmente, as permissões e interdições de um discurso tido como válido, ou melhor, jurídico".[16] Os manuais circunscrevem o que o jurista vê. Com seus exemplos, casos paradigmáticos, problemas, perguntas, anedotas, causos e narrativas históricas, os manuais servem de filtro ideológico na formação da cultura jurídica, delimitando o campo de valores e as posturas diante dos fatos, seja em relação a situações futuras, seja na compreensão do passado. Com isso, estruturam o campo discursivo do direito, permitindo e rejeitando argumentos.[17] Estabelecem, pois, as fronteiras entre o pensável e o impensável.[18]

Portanto, a análise do discurso circulado pela doutrina elabora um bom quadro do que se passa na cabeça dos juristas e, com isso, do que embasa suas respectivas decisões. Os livros, chamados de "manuais" por força do persistente hábito positivista, revelam qual visão de mundo, de Brasil, da história e das lutas por direitos fundamenta petições, pareceres e sentenças. Eles dão o gosto do senso comum teórico dos juristas.

Diante dessas considerações, podemos voltar ao começo: a partir da doutrina, como o silêncio constitui o discurso dos juristas a respeito da história constitucional brasileira? Para responder a essa pergunta, peguemos os cinco livros de direito constitucional mais citados em planos de disciplinas das faculdades mais prestigiadas do país:[19] *Curso de direito constitucional positivo*, de José Afonso da Silva; *Curso de direito constitucional*, de Paulo Bonavides; *Curso de direito constitucional*, de Gilmar Mendes e Paulo Gustavo Gonet; *Direito constitucional*, de Alexandre de Moraes; e *Curso de direito constitucional contemporâneo*, de Luís Roberto Barroso. Como se nota, livros e nomes conhecidos pelos corredores de instituições de ensino e tribunais.

O primeiro aspecto a ser ressaltado é que são livros de doutrina constitucional e não de história do direito. Assim, focam a teoria da Constituição, no direito positivo e na hermenêutica jurídica. De qualquer forma, por mais que a narrativa histórica não seja o objeto principal dessas obras, ela estrutura os conteúdos apresentados, embasando argumentos e uma visão do constitucionalismo. O relato sobre o passado é constitutivo das verdades doutrinárias. Mais do que isso: a história constitucional contada nos manuais não difere muito daquela repassada nos cursos de história do direito, direito constitucional, direitos fundamentais, teoria do Estado, filosofia do direito e introdução ao direito. Trata-se de um padrão do discurso jurídico, visto em trabalhos de referência nos estudos das relações entre direito, história e filosofia política, a exemplo da obra *A afirmação histórica dos direitos humanos*, de Fabio Konder Comparato.

Assim, por mais que a história do direito seja secundarizada ou negligenciada nos livros de direito constitucional, ela revela problemas, lacunas e erros estruturais da formação jurídica, alguns deles injustificáveis. Lá na ponta, esses defeitos informam uma prática arbitrária e descompromissada com a realidade brasileira. Se o direito deve ser vivido como um romance em cadeia,[20] baseado na vontade de continuar escrevendo a melhor história, responsável com o passado e o futuro, o que se vê na educação jurídica é que não se sabe nem que história se está contando — se é que os juristas querem contar uma história íntegra.

Dentro desse discurso padrão, a história constitucional é teleológica, linear e apoiada em uma ideia acrítica de progresso, na qual fases são sucedidas dentro de uma lógica já preestabelecida, sem espaço para grandes contradições e projetos alternativos. Assim, o constitucionalismo é composto por quatro grandes marcos: as revoluções inglesa (que consolidou a supremacia do Parlamento), estadunidense (que forjou as bases da força normativa da Constituição) e francesa (com sua tendência universalizante) junto ao paradigma inaugurado pela Alemanha no pós-Segunda Guerra Mundial (a jurisprudência sobre direitos fundamentais do tribunal constitucional).[21]

Tal discurso é perpassado por uma visão idealizada, eurocêntrica, pasteurizada e, muitas vezes, mítica da história global. As primeiras linhas do *Curso de direito constitucional contemporâneo*, de Barroso, são um dos muitos exemplos dessa proximidade entre discurso jurídico e fantasia:

> No princípio era a força. Cada um por si. Depois vieram a família, as tribos, a sociedade primitiva. Os mitos e os deuses — múltiplos, ameaçadores, vingativos. Os líderes religiosos tornam-se chefes

absolutos. Antiguidade profunda, pré-bíblica, época de sacrifícios humanos, guerras, perseguições, escravidão. Na noite dos tempos, acendem-se as primeiras luzes: surgem as *leis*, inicialmente morais, depois jurídicas. Regras de conduta que reprimem os instintos, a barbárie, disciplinam as relações interpessoais e, claro, protegem a propriedade. Tem início o processo civilizatório. Uma aventura errante, longa, inacabada. Uma história sem fim.[22]

Na história contada pelos juristas, os vínculos carnais entre constitucionalismo e colonialismo, escravidão e racismo são absolutamente inexistentes. Tais fenômenos, quando aparecem, são relatados apenas tangencialmente, como em casos paradigmáticos da Suprema Corte dos Estados Unidos, a exemplo de *Plessy v. Ferguson* e *Brown v. Board of Education*.[23] No entanto, jamais são vistos como estruturantes. Base do modelo inglês, o contratualismo de John Locke, que foi acionista do mercado negreiro e auxiliar na elaboração da Constituição escravista da província da Carolina, na América do Norte, é apresentado sem as suas conexões com a exploração de africanos.[24] A invejada e romanceada experiência estadunidense, modelo democrático legitimado por nomes que vão de Alex de Tocqueville[25] a Hannah Arendt,[26] é descrita como se não fosse uma "democracia de escravos",[27] inaugurada a portas fechadas na Convenção de Senhores da Filadélfia. A França é descrita como o berço do universalismo, ainda que 25 milhões de seus habitantes dependessem diretamente do comércio colonial, que 15% dos mil membros da Assembleia Nacional possuíssem propriedade nas colônias e que a glória da burguesia iluminista de Paris, Nantes e Bordeaux fosse fundada na falta de reconhecimento da humanidade de negros e negras na África, no Caribe e nas Américas.[28]

Trata-se, portanto, de uma história constitucional identitária, reduzida a três países e atravessada por limites de classe, raça e gênero, incapaz de fugir de chavões e estereótipos e de pensar o constitucionalismo como experiência translocal e transnacional, além de marcada pela violência colonial e, também, pelo protagonismo de sujeitos subalternos. Assim, por mais que alguns autores digam que as experiências constitucionais relatadas não devam ser vistas como paradigmáticas e universais,[29] é justamente isso o que o discurso dos juristas faz. Com uma história identitária, tal discurso estabelece ótimos modelos de constitucionalismo. Estes servem de paradigma de interpretação dos demais, que são sempre vistos a partir da "falta" ou da "ausência" em relação ao padrão. Consequentemente, a narrativa constitucional é baseada em ideias extremas de unicidade e singularidade ("o constitucionalismo francês", "o constitucionalismo inglês", e assim sucessivamente), que borram a história comum da experiência constitucional moderna. Além do compartilhamento de uma estrutura política e jurídica para lidar com problemas similares, essa histórica comum revela que os distintos processos de constitucionalização se implicaram mutuamente, em um zigue-zague sobre os mares que não respeita fronteiras nacionais.[30]

É dentro desse quadro que os juristas narram a história constitucional brasileira. Para começar, ela é digna de pouca, quase nula atenção. Ainda que reduzida a poucas páginas nos manuais de direito constitucional, as experiências inglesa, francesa e estadunidense tomam praticamente toda a narrativa sobre o desenvolvimento do constitucionalismo no mundo. Iluminado por seus casos paradigmáticos e por suas conexões com o pensamento filosófico moderno, há mais do passado desses países do que do Brasil. Reforça-se a ideia de que é na Europa e nos Estados Unidos que os "homens" fazem a história. Aqui, nas quebradas do mundo, o máximo que há é uma cópia malfeita.

Com isso, o entrelaçamento entre história brasileira e teoria constitucional é extremamente precário, defasado e sem rigor. Foquemos o objeto da nossa conversa: a experiência da Constituição de 1824. No livro de José Afonso da Silva,[31] a principal referência utilizada para analisar o Brasil Império é o ensaio racista *Evolução do povo brasileiro*, de Oliveira Vianna[32], o que explica o tom quase elogioso do período. O foco é a organização do Estado, especialmente diante do problema da unidade nacional — o equilíbrio entre liberalismo, centralização, direitos fundamentais e separação de poderes sem cair no autoritarismo absolutista. Assim, o autor aborda a importância da Coroa e de seus grandes instrumentos (Poder Moderador, Senado e Conselho de Estado), especialmente como mecanismos de freio a movimentos liberais mais radicais.

No entanto, o debate sobre as características constitucionais do Império é realizado ignorando em absoluto a estrutura social. Os institutos e instituições organizadoras do Estado são apresentados como se flutuassem abstratamente sobre uma realidade desconhecida. No retrato, não há relação entre a ordem jurídico-política e a sociedade brasileira da época. Quando essa sociedade aparece, é adstrita a aspectos e anseios formais (por exemplo, as rebeliões da Regência são descritas como se fossem apenas por mais liberalismo e federalismo) ou a anedotas. No último caso, nota-se o relato da emergência do republicanismo, desconectado da história social e reduzido a causo: "tomba o Império sob o impacto de novas condições materiais. [...] Um dia, por uma bela manhã, uma simples passeata militar proclama a República Federativa por um decreto".[33] Poderia se perguntar: que condições materiais? Como falar da transição do Império para a República sem mencionar a crise do sistema escravocrata e a Abolição?

Seriam perguntas ousadas, pois o livro não dedica uma linha sequer à escravidão no país. Esse silêncio é a base da análise sobre a presença dos direitos fundamentais na Constituição de

1824.[34] Segundo José Afonso da Silva, trata-se de documento pioneiro por ser o primeiro no mundo a positivar tais direitos no texto da própria Constituição:

> As constituições brasileiras sempre inscreveram uma declaração dos direitos do homem brasileiro e estrangeiro residente no país. Já observamos, antes, até, que a primeira constituição, no mundo, a subjetivar e positivar os direitos do homem, dando-lhes *concreção jurídica efetiva*, foi a do Império do Brasil, de 1824, anterior, portanto, à da Bélgica de 1831, a que se tem dado tal primazia. [...] Aqui apenas mencionaremos algumas questões gerais a respeito do conteúdo dessas declarações de direitos, lembrando, desde logo, que, em verdade, ao menos no referente aos direitos individuais, a Constituição do Império já os consignava quase integralmente, havendo, nesse aspecto, pouca inovação de fundo, salvo quanto à Constituição vigente que incorpora novidades de relevo. Ela, contudo, não trazia a rubrica Declaração de Direitos; continha um título sob rubrica confusa Das Disposições Gerais, e Garantias dos Direitos Civis e Políticos dos Cidadãos Brasileiros, com disposições sobre a aplicação da Constituição, sua reforma, natureza de suas normas e o art. 179, com 35 incisos, dedicados aos direitos e garantias individuais especialmente. (Grifo nosso)[35]

Em um país tomado pela escravidão, não seria importante perguntar que direitos fundamentais eram esses? Para quem? Mais do que falar de *concreção jurídica efetiva*, não caberia dúvida a respeito do alcance de tais dispositivos, como os que falavam que a lei era igual para todos e os que proibiam as penas cruéis?[36] Quem lê a obra, nem imagina que foi durante a vigência dessa Constituição que se consolidou a maior experiência escravocrata do mundo moderno. No século 19, diferentemente do Velho Sul dos Estados Unidos e das ilhas caribenhas, sociedades escravistas semissoberanas, o Brasil era uma sociedade escravista de soberania plena, isto é, a escravidão era universal, presente em todo território nacional e núcleo estruturante do Estado. "Os números não mentem: 8.411.398 dos 8.419.672 brasileiros livres, ou 99,9%, viviam em comunidades onde também moravam seres humanos escravizados (Recenseamento, [1872])."[37] Este era o país em que a cada cem pessoas desembarcadas na costa entre 1500 e 1850, 86 eram africanos escravizados e apenas catorze eram colonos ou imigrantes portugueses.[38]

Números que deveriam desafiar nossa imaginação do passado, perturbando qualquer nostalgia a respeito do Império. No entanto, não é isso que ocorre. Ao focar aspectos supostamente formais, a narrativa da doutrina constitucional silencia sobre a realidade social. Esse silêncio esconde os significados e as contradições do texto de 1824, particularmente como ambos eram oriundos da tentativa de perpetuação do mundo senhorial por meio do direito. Além disso, o silêncio da doutrina legitima o silêncio dos senhores no passado como tática jurídica de manutenção da ordem escravocrata. Portanto, é apagado como a arquitetura e a prática cotidiana da Constituição imperial forneceram os esquadros daquilo que a historiografia hoje chama de "segunda escravidão", isto é, a renovação da escravidão nas Américas a partir do início do século 19. Essa renovação mudou as características do antigo escravismo colonial, atrelando decisivamente escravidão e modernidade. Nesta nova fase, o sistema escravocrata foi inserido no livre mercado, insuflado pelos efeitos da revolução industrial, da derrubada dos controles do escoamento colonial, da expansão do crédito e do aumento da demanda europeia. A alta tecnologia passou a ser utilizada nas economias de plantation, como o emprego de máquinas a vapor e ferrovias. Economias que adquiriram uma tendência à hiperespecialização produtiva combinada ao incremento da população escravizada. É a época da guinada do algodão no Sul dos Estados Unidos, do açúcar em Cuba e do café no Brasil, que dinamizavam o mundo do trabalho na Europa. Por fim, a segunda escravidão era caracterizada pela aplicação das ideias iluministas, seja para racionalizar a administração do trabalho escravo, seja para legitimar a servidão negra por meio do liberalismo e do constitucionalismo.[39]

O livro de Paulo Bonavides apresenta uma divisão de conteúdo diferente dos demais livros de doutrina, focando menos o direito positivo do que a teoria da Constituição e hermenêutica jurídica. De qualquer forma, e novamente, é a visão eurocêntrica e linear que predomina:

> Quem se propuser a uma análise em profundidade da evolução constitucional do Brasil não terá dificuldade em distinguir três fases históricas perfeitamente identificáveis em relação aos valores políticos, jurídicos e ideológicos que tiveram influxo preponderante na obra de caracterização formal das instituições: a primeira, vinculada ao modelo constitucional francês e inglês do século 19; a segunda, representando já uma ruptura, atada ao modelo norte-americano e, finalmente, a terceira, em curso, em que se percebe, com toda a evidência, a presença de traços fundamentais presos ao constitucionalismo alemão do corrente século.[40]

Essa perspectiva embala a análise do constitucionalismo no Império, período retratado de maneira quase saudosa. A abordagem foca as possibilidades naufragadas de um parlamentarismo monárquico no Brasil. A década de 1880 "poderia ter salvo, por meio de uma reforma federativa, o parlamentarismo e a monarquia",[41] diz Paulo Bonavides. Fazendo usos do passado para intervir no presente, seu texto é marcado pelo debate do plebiscito de 1993, que ocorreu para determinar a forma (República ou monarquia) e o sistema (presidencialismo ou parlamentarismo) de governo do país. Árduo crítico da centralização de competências no Executivo e defensor do Legislativo, o autor afirma que a experiência do Império não invalida a adoção do parlamentarismo. Para ele, o que houve foi um regime pré-parlamentarista ou pseudoparlamentar. Nesse contexto, as frustrações da ordem política são alocadas em um erro de origem, o fechamento da Constituinte de 1823, na qual "estava verdadeiramente sediado o sentido de progressão de nossas liberdades e franquias".[42] Com isso, Bonavides extrai uma visão romântica do período pós-regencial, pois nele foi observada:

> A manutenção do pensamento liberal que atuou decisivamente para imprimir à Constituição do Império na sua concretização institucional os traços de tolerância e liberdade observados durante o Segundo Reinado, o que aliás aconteceu em grande parte contra a regra do próprio texto constitucional.[43]

Dentro de suas críticas ao poder centralizado do monarca, Bonavides argumenta que:

> Em nosso País — o que aliás é positivo — a verdadeira e legítima Constituição do Império não foi a Carta outorgada em 1824, mas os homens que fizeram o Ato Adicional, a Maioridade, a criação da Presidência do Conselho de Ministros em 1847 e a Lei Saraiva de 1881, contra o texto daquela lei maior.

O argumento de Paulo Bonavides é atravessado pela idealização do liberalismo e pela dicotomia entre Constituição legítima (a ação política dos verdadeiros liberais) e ilegítima (o texto de 1824, fruto de um golpe). Com isso, ignora as contradições do discurso liberal no Império e como essas contradições foram desdobradas dentro do quadro formado pela Constituição de 1824. Essa visão idealizada só é possível na medida em que se ignora a base social do Império, a escravidão, que só recebe uma breve referência ao longo do livro: "a monarquia foi, não obstante, um largo passo para a estreia formal definitiva de um Estado liberal, vinculado, todavia, a uma sociedade escravocrata, aspecto que nunca se deve perder de vista no exame das instituições imperiais".[44]

Como se nota, a escravidão aparece como mero "aspecto" das instituições monárquicas, não sendo tratada como fenômeno estruturante, nem a própria razão de ser do Império.[45] Focado na política de cúpula e na organização do Estado encontrada na Constituição de 1824, Bonavides não pensa de que forma instituições e institutos jurídicos emergiriam e cumpriram funções em tensão com a sociedade da época. Isto é, realiza uma análise formalista ou, quando muito, concebe o Brasil de maneira similar às elites da época. Quando a escravidão não é percebida como fenômeno estruturante, o idealizado liberalismo da "verdadeira Constituição" não deve prestar contas de suas contradições inerentes. Tudo isso lhe permite, inclusive, exprimir abertamente sua admiração pelos "homens" gestores da nação escravista.

Um liberalismo sonhático, idealizado e polianesco também marca o livro de Luís Roberto Barroso.[46] Como o próprio título diz, trata-se de obra mais contemporânea do que as duas já analisadas. Isso pode ser percebido na linguagem, mais aberta e coloquial, com a constante emissão de opiniões pessoais. Da mesma forma, o "contemporâneo" aparece no trato do direito constitucional, focando as transformações experienciadas pela teoria nas últimas décadas. Essa abordagem é vista na maior quantidade de páginas dedicadas à política e à história constitucional. Devido a esses atributos, o livro é ainda mais revelador do hábito e da mente dos juristas. Em certa medida, as novidades são mais cosméticas. O modelo padrão de história constitucional segue o mesmo: eurocêntrico e linear. Predomina o evolucionismo sem contradições e desvinculado da concretude do colonialismo, do racismo e da escravidão. No que se refere ao Brasil, a defasagem analítica é mais gritante. A abordagem de Barroso é permeada pela antiga visão do "atraso" ou da "falta",[47] formulada pelo ensaísmo de meados do século passado e que embasou boa parte da história e da sociologia brasileira, mas que foi fortemente contestada nas últimas décadas. Em linhas gerais, essa perspectiva tem como pano de fundo uma noção compartilhada do que seria uma sociedade moderna. As seguintes características marcariam uma nação avançada: elevados padrões de diferenciação, complexidade e dinamicidade dos domínios da vida (economia, política, direito, cultura, ciência etc.); racionalização de uma ordem pós-tradicional (não instituída pela religião ou por autoridades absolutas); separação entre público e privado; universalização de códigos igualitários (cidadania) e secundarização do personalismo (clientelismo); e rompimento com o mundo natural.[48] O Brasil seria constituído pela carência ou atraso na conquista desses atributos, seja pela longa duração da estrutura colonial (o latifúndio, a escravidão e o autoritarismo), seja pela ausência de verdadeiras convicções liberais (gerando uma sociedade incapaz de separar definitivamente o público do privado), seja pela cultura de origens ibéricas (que arrastou consigo o patrimonialismo, amplificado pelo ambiente clientelista da sociedade escravocrata).[49] Assim, a sociedade brasileira seria dotada de uma "singularidade", um lugar só para si na emergência da modernidade, que sempre a distanciaria, para o mal, das verdadeiras nações modernas.

No caso de Barroso, as linhas mestras de sua interpretação tratam de reforçar essa singularidade baseada no suposto iberismo, que impediu o pleno desenvolvimento do liberalismo no país. Como escreveu Sérgio Buarque de Holanda, os portugueses são os nossos avôs[50] e com eles trouxeram um pesado Estado patrimonial. Esse aparato estatal não é baseado na impessoalidade, no princípio da legalidade e na burocratização, mas sim na troca de favores, no familismo e na estrutura de privilégios, formando um estamento que media as relações entre poderosos agentes econômicos e o Estado.[51] A ideia de cidadão é incapaz de vingar no espaço público. Portanto, no Brasil, o que faltou e sempre falta é liberalismo de verdade. Barroso argumenta:

> Em Portugal e, como consequência, também no Brasil, houve grande atraso na chegada do Estado liberal. Permaneceram, assim, indefinida e indelevelmente, os traços do patrimonialismo, para o que contribuiu a conservação do domínio territorial do rei, da Igreja e da nobreza. O colonialismo português, que, como o espanhol, foi produto de uma monarquia absolutista, legou-nos o ranço das relações políticas, econômicas e sociais de base patrimonialista, que predispõem à burocracia, ao paternalismo, à ineficiência e à corrupção. Os administradores designados ligavam-se ao monarca por laços de lealdade pessoal e por objetivos comuns de lucro, antes que por princípios de legitimidade e de dever funcional. A gestão da coisa pública tradicionalmente se deu em obediência a pressupostos privatistas e estamentais.[52]

Em um argumento cíclico, o problema brasileiro seria a ausência de liberalismo, e a falta de liberalismo decorre das características do povo brasileiro. Nestas terras tropicais, faltaram a cultura e os próceres das nações "mais avançadas". Ao comentar as propostas de uma constituição para o Brasil semelhante à dos Estados Unidos, Barroso escreve frivolamente:

A ideia é ótima, e não é nova: tem mais de 210 anos, se tomarmos como marco a Convenção de Filadélfia, de 1787. Sua importação para o Brasil é uma tentação contínua. Naturalmente, para que pudesse dar certo, precisaríamos também importar os puritanos ingleses que colonizaram os Estados Unidos, assim como a tradição do *common law* e a declaração de Virgínia. Ajudaria, também, se permutássemos d. Pedro I por George Washington e José Bonifácio por James Madison. Ruy Barbosa ficaria. Ah, sim: sem uma guerra civil sangrenta e quinhentos mil mortos, a importação também seria um fiasco.[53]

Assim, entre causos e personagens históricos, os dilemas constitucionais brasileiros são resumidos ao povo, à cultura e ao patriotismo, todos eles problemáticos. Esse modelo simplificado e estereotipado da história tem como pressuposto um olhar comparativo que reforça o excepcionalismo da Europa e dos Estados Unidos. A excepcionalidade é cristalizada no uso kitsch dos detalhes (referência a decisões importantes, reformas constitucionais e dispositivos de constituições passadas) da história constitucional estadunidense e francesa, quando atitude similar praticamente inexiste para o caso brasileiro. O modelo também ignora a transnacionalidade dos fenômenos históricos e apaga determinadas experiências constitucionais. Uma história identitária, ainda que se afirme universal. Uma narrativa colonial, ainda que se intitule "contemporânea".

Essa série de questões aparecem num dos raros momentos em que a Constituição de 1824 é mencionada:

> A triste verdade é que o Brasil jamais se libertou dessa herança patrimonialista. Tem vivido assim, por décadas a fio, sob o signo da má definição do público e do privado. Pior: sob a atávica apro-

priação do Estado e do espaço público pelo interesse privado dos segmentos sociais dominantes. Do descobrimento ao início do terceiro milênio, uma história feita de opressão, insensibilidade e miséria. A Constituição de 1824, primeiro esforço de institucionalização do novo país independente, pretendeu iniciar, apesar das vicissitudes que levaram à sua outorga, um Estado de Direito, quiçá um protótipo de Estado liberal. Mas foi apenas o primeiro capítulo de uma instabilidade cíclica, que marcou, inclusive e sobretudo, a experiência republicana brasileira, jamais permitindo a consolidação do modelo liberal e tampouco de um Estado verdadeiramente social. De visível mesmo, a existência paralela e onipresente de um Estado corporativo, cartorial, financiador dos interesses da burguesia industrial e sucessora dos senhores de escravo e dos exportadores de café.[54]

Nesse trecho, concentram-se os dois grandes problemas da análise de Barroso: a idealização do liberalismo, o que significa que o Brasil nunca foi liberal o suficiente; e, consequentemente, a concepção de que o projeto constitucional brasileiro é sempre marcado por propósitos frustrados. Em relação ao primeiro aspecto, ignora-se o longo debate da teoria social brasileira sobre as relações carnais entre liberalismo, colonialismo e escravidão,[55] isto é, como as ideias liberais substanciaram a renovação do escravismo ao redor do mundo e, particularmente, no Brasil.[56] Barroso parte de um erro comum e ingênuo, que separa o verdadeiro liberalismo do falso, como se os princípios liberais fossem dotados de uma racionalidade superior, a qual teria sido deturpada ao aterrissar na tropical, senhorial e escravocrata sociedade brasileira. A teoria estrangeira é boa, a prática local que é ruim.[57] Assim, se a razão liberal encarna uma moral elevada e transformadora, base fundadora do Estado de Direito moderno, a disfuncionalidade constitucional do Brasil só pode ser explicada por ausência, falsificação ou esvaziamento provincial do liberalismo.[58] No fundo, paira a concepção de que senhores de escravizados e seus descendentes não podem ser verdadeiramente liberais.

Nada mais errado. No clássico ensaio *A escravidão entre dois liberalismos*, Alfredo Bosi[59] demonstra como o liberalismo foi o conjunto de ideias responsável pela renovação do escravismo no Brasil durante o século 19, fornecendo as práticas e os argumentos necessários para a reabertura do contrabando negreiro e a expansão da escravidão nas fazendas de café. Assim, no momento em que o mundo passava por profundas mudanças políticas e econômicas, com a queda de governos e a generalização do livre mercado, o liberalismo não era o perfil ideológico dominante apenas na Europa. No Brasil e em outras realidades americanas (como Cuba e o Sul dos Estados Unidos), ele era o fundamento do programa escravagista. Tal programa era estruturado em três eixos: a defesa da propriedade como princípio absoluto (forjada no domínio despótico sobre o corpo negro); as liberdades de produzir, vender e comprar, de se representar politicamente e de submeter o trabalhador escravizado mediante coação jurídica; e a capacidade de adquirir novas terras em regime de livre concorrência.[60]

Concretizado pelo Regresso, corrente política conservadora que estrutura as bases fundamentais do Estado brasileiro entre 1837 e 1868,[61] o escopo desse liberalismo era diminuir os constrangimentos internos (a Coroa) e externos (a diplomacia inglesa) sobre os proprietários brasileiros. Nem rei, nem plebe, nem democracia. Nós. O documento desse pacto era a própria Constituição de 1824, que articulava a aliança entre direitos de propriedade e privilégios do monarca. Liberdade senhorial e Poder Moderador. O átomo desse projeto era a noção de cidadão-proprietário, em que a branquidade como liberdade e propriedade exorcizava os erros da igualdade abstrata. A Coroa era a válvula de escape para aparar qualquer excesso democrático. Assim, o liberalismo econômico do laissez-faire, fundado na vontade e na autonomia do cidadão-proprietário contra qualquer restrição jurídica à sua esfera de iniciativa, foi o sedimento ideológico da segunda escravidão. Adam Smith e Jean-Baptiste Say eram incorporados por seus discípulos escravistas, como visconde de Cairu e Bernardo Pereira de Vasconcelos, fornecendo as bases da plataforma que combinava liberdade privada e segurança pública. O Estado deveria atuar somente para garantir aos senhores o direito à propriedade. Não se tratava de contradição ou falseamento do ideário liberal. Escravidão e liberalismo se ajustavam perfeitamente: a servidão do negro era pedra angular das liberdades civis. A igualdade dos brancos enraizada na desigualdade humana. Esse vínculo umbilical constituía não só a economia política e a identidade da comunidade nacional, mas a organização constitucional do Estado brasileiro. Portanto, diferentemente do que Barroso e boa parte do pensamento jurídico alega, jamais faltou liberalismo no Brasil. Muito pelo contrário.

Voltaremos nesse ponto adiante. Seguimos com o segundo problema da narrativa de Barroso: a frustração cíclica do projeto constitucional no país. Resolvido o falso impasse entre liberalismo e ordem social nacional, esse segundo aspecto é mais simples de ser contestado. De acordo com o autor, os textos constitucionais brasileiros sempre tiveram seus propósitos frustrados. Esses documentos procuravam alterar a realidade do país, no entanto seus objetivos eram prejudicados em decorrência dos ciclos de atraso. Assim, gerou-se uma cultura jurídica marcada pela insinceridade constitucional e pelo uso das Constituições como instrumentos ideológicos recheados de falsas promessas.[62] Novamente, a distância entre ser (prática) e dever-ser (teoria).

Dois problemas despontam. Primeiro, a própria noção de "atraso" ignora que a modernidade foi constituída desde suas origens por atrocidades, autoritarismo e desigualdade, reproduzindo e combinando, em escalas global e local, dinâmicas de inclusão e exclusão. O Brasil não está atrasado em relação ao mundo moderno ou ao liberalismo na medida em que ele é parte constitutiva de ambos. Nada mais moderno que superexploração humana, plantation e violência de Estado. Segundo: a concepção de que as Constituições eram marcadas por bons propósitos ou por falseamentos ideológicos minimiza o fato de que o direito é elaborado, praticado e interpretado no contexto da disputa política, sendo fruto das contradições sociais existentes. Um exemplo do que Barroso chama de Constituição como instrumento de dominação ideológica é o texto de 1969. Outorgado "pelos Ministros da Marinha de Guerra, do Exército e da Aeronáutica Militar, assegurava um amplo elenco de liberdades públicas inexistentes e prometia aos trabalhadores um pitoresco elenco de direitos sociais não desfrutáveis, que incluíam 'colônia de férias e clínicas de repouso'".[63] Pensar documentos jurídicos como casa da boa moral ou fantasma ideológico é um rebaixamento da história, que apaga condicionantes contextuais e a própria materialidade do direito em sua elaboração, interpretação e prática cotidiana. Essa fórmula acaba dizendo que história digna de ser investigada e contada só existe na Europa e nos Estados Unidos, não aqui.

O modelo rebaixado de narrativa está presente quando Barroso escreve que a Constituição de 1824 previa o princípio da igualdade (a lei é igual para todos) enquanto convivia, "sem que se assinalassem perplexidade ou constrangimento, com os privilégios da nobreza, o voto censitário e o regime escravocrata".[64] Ora, todos esses aspectos (incluindo os três últimos) estavam previstos no texto constitucional. Portanto, não se trata de contradição entre texto e realidade, isto é, de propósitos frustrados da Constituição. Ela é, ao mesmo tempo, fruto e enquadradora da sociedade da época. Ademais, pensar a positivação do princípio da igualdade como mero instrumento ideológico é ignorar as tensões políticas espalhadas pelo mundo atlântico no início do século 19. Apagam-se a construção e a interpretação dos direitos por diferentes grupos sociais, seja para a consolidação do domínio senhorial, seja para desmantelá-lo.

Assim, o modelo de narrativa apresentado por Barroso (e pelo restante da doutrina jurídica) evita todas essas controvérsias, a despeito de se apresentar como culto e totalizante da experiência nacional. Esse modelo está presente também nas obras de Gilmar Ferreira Mendes e Paulo Gustavo Gonet Branco, e de Alexandre de Moraes, que obedecem a mesma estrutura geral.[65] No caso da obra de Alexandre de Moraes, é difícil até encontrar uma parte dedicada a lidar com a história do constitucionalismo. Além disso, essas obras nem sequer trabalham diretamente a Constituição do Império, citando-a por alto apenas quando abordam características de cartas constitucionais, a exemplo do texto de 1824 possuir trechos rígidos e flexíveis, não possuir controle de constitucionalidade, instituir o Poder Moderador ou por ser uma amostra do constitucionalismo liberal. Ambas não possuem sequer uma menção ao regime escravocrata brasileiro como ordem social.

Para não ser injusto, Mendes e Gonet falam da escravidão no Império uma única vez. No tópico "Notícias de história" sobre o Ministério Público, recordam que a Lei do Ventre Livre confiava ao promotor a função de proteger os filhos dos escravizados. Passagem que é igual a não dizer nada.

Ironicamente, no tópico sobre "garantia constitucional da liberdade de locomoção", Alexandre de Moraes resvala sem querer no regime escravista brasileiro ao citar um comentário à

Constituição do Império de autoria de Pimenta Bueno, o "jurista da Coroa" e um dos protagonistas da dominação saquarema.[66] Segundo Pimenta Bueno, o direito à liberdade de locomoção é fruto da própria natureza humana, "posto que o homem seja membro de uma nacionalidade, ele não renuncia por isso suas condições de liberdade, nem os meios racionais de satisfazer a suas necessidades ou gozos. Não se obriga ou reduz à vida vegetativa, não tem raízes, nem se prende à terra como escravo do solo. A faculdade de levar consigo seus bens é um respeito devido ao direito de propriedade".[67] Na linha seguinte, como se fosse possível misturar alho com bugalhos, Moraes prossegue seus ensinamentos sobre liberdade de locomoção citando os contemporâneos portugueses José Gomes Canotilho e Vital Moreira, sem se perguntar que tipo de natureza humana era aquela concebida por um jurista senhorial como Pimenta Bueno e quais reflexos isso teria em suas concepções sobre liberdade, nacionalidade e propriedade. Trata-se de um trecho típico do bacharelismo pátrio: ecletismo de autores contraditórios, conceitos separados de teorias, citações ornamentais e o esvaziamento social e histórico das ideias. Novamente, outra maneira infalível de não dizer nada como se estivesse dizendo muito.

Nos paradoxos da mentalidade colonial, para Gilmar Mendes, Paulo Gonet e Alexandre de Moraes, a única escravidão que realmente merece ser mencionada para a história do constitucionalismo foi a existente nos Estados Unidos, refletida superficialmente à luz dos precedentes da Suprema Corte. Tal qual nos argumentos anticotas, certo imaginário nacional serve de pano de fundo para essa narrativa jurídica: a citação ao escravismo estadunidense tem como correlato necessário o silêncio sobre a ordem senhorial brasileira. É reforçada a ideia de singularidade das relações raciais em cada nação: nos Estados Unidos, o racismo é violenta chaga nacional que atravessa a formação de seu sistema jurídico; no Brasil, impera a harmonia das raças eventualmente interrompida por casos individuais e episódicos de racismo. Assim, entende-se que o direito operou para produzir desigualdades entre negros e brancos apenas no primeiro caso.

Como se observa, a despeito da aparente diversidade, o que temos no discurso dos juristas é um senso comum teórico frívolo, que uniformiza narrativas sem consistência e legitima crenças, representações e interesses particulares. No que se refere à história constitucional, com seus ditos e não ditos, trata-se de uma representação de mundo que toma como universal a experiência dos que detêm o poder, a espelhar os lugares de classe, raça e gênero no banquete da casa-grande.

Em seu famoso artigo "Não fale do Código de Hamurábi!", Luciano Oliveira faz um alerta a jovens pesquisadores: se você vai falar de história do direito para contar uma história pasteurizada e acrítica, recheada de chavões e lugares-comuns repetidos à exaustão há gerações, melhor nem começar. O direito só pode ser íntegro se sua história for levada a sério, lição ignorada nos manuais e na cultura jurídica como um todo.

Diante de todas essas considerações, o que a presença da Constituição de 1824 no discurso dos juristas revela?

VENTRÍLOQUOS DA CASA-GRANDE

O silêncio sobre os direitos dos negros e a violência racial é traço estrutural da cultura jurídica brasileira. Remonta aos tempos da escravidão, quando não falar do assunto era a melhor estratégia para não inflamar demandas e evitar a aglutinação da população de origem africana. Tal silêncio era combinado com a ideia de que, no Brasil, brancos e negros são tratados da mesma forma, ainda que somente os últimos fossem alvos da servidão, e que só os primeiros estivessem no topo da cadeia econômica e nos espaços de decisão.[68] Uma ideia não estava separada da outra. Na verdade, o suposto silêncio no direito fornecia o quadro no qual se sedimentavam as bases daquilo que posteriormente se chamou mito da democracia racial. O silenciamento da "raça" na cultura jurídica servia de evidência retórica da ausência de racismo nas relações sociais. Tal entrelaçamento não se deu aleatoriamente, tampouco nasceu de forma espontânea, como fruto de certa especificidade do colonialismo português: ele foi paulatinamente construído como estratégia senhorial dentro dos embates políticos da sociedade escravocrata. Um silêncio que sempre foi mais suposição do que realidade, a operar depois como esquecimento, pois a "raça" esteve presente em normas locais e posturas municipais de comportamento e controle social, nas leis de imigração, nos debates sobre o "bom trabalhador", nas deliberações parlamentares, na interpretação da Constituição de 1824 e, como visto no caso do Conselho de Estado, em pareceres jurídicos das instituições públicas.[69] De forma explícita ou implícita, a "raça" era permitida para excluir os negros, jamais para afirmar seus direitos.

Estratégia vitoriosa, pois foi capaz de prolongar a escravidão como em nenhum outro país. Ela também se inscreveu na tradição ensaística do início do século 20, tendo em Gilberto Freyre seu grande expoente.[70] Tradição que ainda pauta o debate público sobre relações raciais, a exemplo da citada discussão sobre cotas. Em tempos de Bicentenários da Independência e da Constituição do Império, aparece novamente com força na arena política. Nesse contexto, o discurso dos juristas, refletido na doutrina, perde sua aura de ingenuidade ou de mera incapacidade analítica, na medida em que ele se encaixa em uma tradição argumentativa enraizada nas lógicas do domínio racial. É diante disso que devem ser lidos os silêncios, lacunas, simplificações, deturpações e idealizações sobre a experiência constitucional do Império. Falar dela sem refletir detidamente sobre a base da sociedade da época (e como essa base estava intrinsicamente ligada ao direito) é falsificar o passado. Como bonecos de ventríloquo dos antigos senhores, é repetir no presente as mentiras da casa-grande.

Tal falsificação permite narrativas românticas no estilo conversa para boi dormir ("a Constituição mais liberal do seu tempo" ou "ela foi pioneira ao dar concretude jurídica aos direitos fundamentais"), reduções ao absurdo ("o constitucionalismo brasileiro pode ser dividido em três etapas, a primeira de ascendência francesa e inglesa") e embustes históricos que nada explicam ("o nosso problema constitucional é a falta de liberalismo decorrente da nossa herança ibérica"). Tudo isso desviando do principal: o que o direito tem a ver com uma sociedade fundada na violência racial? Como ele delimitou, legitimou e forneceu instrumentos para a expansão do escravismo em todos os rincões do país? Como ele foi disputado em um país no qual a luta política foi feita entre senhores e escravizados e delimitada pela plantation?[71] Como todas essas questões se relacionam a um presente no qual contamos em minutos o tempo para mais um jovem negro ser executado? Ao desviar do principal, o silêncio dos juristas contemporâneos reforça o mito: o Brasil foi e é um paraíso racial — ou, no mínimo, afirma-se que o racismo nunca foi uma questão para o direito brasileiro.

Assim, o silêncio demarca a estrutura da narrativa constitucional: primeiro, oculta o direito como mecanismo de exclusão social (e aí, como dispositivo do racismo); segundo, apaga projetos alternativos articulados por pessoas negras e indígenas, isto é, interpretações plurais do ideário revolucionário do constitucionalismo, baseado na liberdade e na igualdade. Com isso, o silêncio permite transformar a história do direito em senso comum recheado de clichês: uma ideia de centro e periferia que apaga os trânsitos atlânticos e as dinâmicas entre o local e o global; uma concepção de que nas ditas periferias só se realiza mera cópia (ambiente formado por leitores passivos de ideias produzidas no estrangeiro); as noções de simbolismo, ineficácia e inautenticidade dos textos constitucionais; e o senso comum sobre uma suposta ausência de leis raciais no Brasil. Vaticina-se a singularidade brasileira: nesta ibérica terra tropical abençoada por Deus, o constitucionalismo não pegou e nunca pegará. Cabe se perguntar como Caetano: será que a trova jurídica não faz nada mais que "confirmar a incompetência da América católica, que sempre precisará de ridículos tiranos"?

Passado, presente e futuro se mesclam de maneira espiralar.[72] Fantasmas senhoriais habitam o espaço público, sentenciam dos mais altos postos, escrevem os ensinamentos das próximas gerações e eternamente abolem o amanhã.[73] Casa-Grande e Senzala perpétuas, num futuro que "parece ser apenas uma inevitável repetição do mesmo, um ritornelo um pouco macabro". Ritornelo, a base repetitiva da composição, que segue elaborada a partir dos valores e caprichos dos senhores, ainda que os improvisos de momento variem conforme o salão. Pois, no fim, senhores e juristas, os "senhores doutores", de uso comum no cotidiano judicial, dançam fantasmagoricamente a mesma e sinistra canção, tema do ritual daqueles que visam levar o domínio à eternidade. Como toda música, a valsa fúnebre do baile escravocrata é marcada por idas e vindas no tempo e no espaço. Um redemoinho harmônico que acumula, acelera, tumultua e se repete. Para decifrá-lo, é necessário recusar a concepção irrestrita do tempo linear, na medida em que o passado — o movimento anterior —, longe de ser estático e alvo de mero olhar contemplativo, assombra o presente, é parte integral e está explicitamente implicado nas circunstâncias contemporâneas. Nesta simultaneidade, aprofundada a cada giro e a cada gira, mais complexos e arriscados que os anteriores, o tempo dos mortos não se encontra separado do tempo dos vivos.

Assim, de maneira diferenciada, composta e enigmática, o poder senhorial é revivido de forma espectral no presente. Com seus hábitos, práticas, instituições e discursos, a cultura jurídica encarna o necromante da casa-grande. Antepassados escravocratas retornam e recriam o seu mundo pelas palavras proferidas hoje. Enfrentar esse espaço-tempo emaranhado da plantation continua a ser o principal desafio político e teórico do Brasil e das demais realidades conformadas pela escravidão. Como Ilmar Rohloff de Mattos de certa forma falou,[74] o tempo do Império não acabou. Prolonga-se indefinidamente sobre nós. O tipo de narrativa reproduzido pelos juristas colabora para a sua eternidade. Talvez, uma forma de exorcizar tais espectros seja revisitar o passado, quando o domínio dos senhores nunca foi absoluto como se fez crer, e refletir sobre os impasses e caminhos possíveis que pairavam sobre a "causa do Brasil". Ver, portanto, o indefinido e a disputa onde os juristas traçaram apenas um borrão de naturalização da história e, com isso, de quem somos.

Independências

Independência ou morte, 1888, óleo sobre tela de Pedro Américo, 415 cm x 760 cm. São Paulo, Museu Paulista, USP.

A mais famosa representação da Independência do Brasil é o quadro *Independência ou morte*, conhecido popularmente como "Grito do Ipiranga". Exposto no Museu Paulista da Universidade de São Paulo, o Museu do Ipiranga, o quadro é utilizado em narrativas visuais, salas de aula, materiais didáticos e livros, constituindo artefato central da memória pública e institucional do Sete de Setembro de 1822. Quando jovem, lembro-me de debatê-lo na escola. Da discussão, o que mais me recordo foi a insistência do professor em perguntar aos estudantes: "Mas o que vocês acham do boiadeiro?, do 'caipira'? O que essas figuras no canto esquerdo do quadro podem nos dizer?".

De 1888, o quadro foi encomendado pelo governo imperial em um momento de crise do regime. Tratava-se de uma tentativa de glorificar e fortalecer a monarquia. Para a tarefa, o nome ideal era Pedro Américo, reconhecido como importante pintor do gênero histórico. Ele já havia cumprido missões similares, a exemplo da pintura *Batalha do Avaí*, de 1877, que exaltava e dramatizava os feitos do exército na Guerra do Paraguai. A Coroa caiu, as imagens ficaram. Com seus quase cinco metros de altura por oito de largura, a monumentalidade do "Grito do Ipiranga" busca ressignificar o passado, dando a ele um caráter heroico e exemplar. Desde a entrega, a tela ganhou fama e notoriedade.[1] Foi escolhida para representar a Independência no salão de honra do Museu do Ipiranga, palco de importantes eventos e festividades cívicas, tornando-se a base da memória pública cultivada pela instituição.[2] Assim, a pintura passou a ser lugar-comum para retratar visualmente a Independência. Influenciou a historiografia e serviu de modelo para a literatura, a televisão, o cinema, os quadrinhos, selos comemorativos e cartões telefônicos.[3] Ela também enquadrou a paisagem estética do Centenário, do Sesquicentenário[4] e, agora, do Bicentenário. Atualmente, a imagem pode ser encontrada em capas de livros, matérias especiais na mídia pública e privada e em vídeos no YouTube. No Google, é o principal resultado das buscas sobre Independência do Brasil. Ao longo de 2022, ela também foi utilizada como referência da decoração na Esplanada dos Ministérios. Invariavelmente, falar de 1822 é ser tomado pela memória "Grito do Ipiranga" dessa obra.

    A atividade em minha aula de história não era mero acaso, muito menos a pergunta do professor. Formado nos princípios da pintura histórica, Américo acreditava que a pintura deveria reproduzir o fato de forma pura e, também, fornecer um sentido moral ao espectador. As técnicas utilizadas dignificam e dão heroísmo ao evento: o retrato do momento mais solene; o gesto de espada levantada, simbolizando o rompimento com Portugal; a postura de estadista, com coragem e sacrifício e separado das pessoas comuns; a montaria sobre um corcel e não sobre um asno, ao contrário da tradição popular, que dizia que d. Pedro I cavalgava um asno baio e sofria de incômodo gástrico;[5] a indumentária; o núcleo de destaque em torno do imperador, formado tanto pela composição elíptica, que enfatiza a integração nacional, como pela sua localização no topo mais elevado da imagem, em uma geometria triangular a dar senso de hierarquia; e o realce da figura do monarca, com os demais personagens olhando para ele, num contraste de movimento que enfatiza a mensagem de que a Coroa é a protagonista da história.[6]

Modos oficiais de pensar o passado. Mas e a pergunta do professor? E o "caipira"? O que ele revela sobre a mensagem do quadro? Consuelo Schlichta explica:

> O caipira que representa todos os brasileiros pertencentes à massa que se movimenta em torno do herói, mas, não pertence ao seu séquito nem à sua guarda. O artista apresenta o caipira como uma figura tosca, rota, pés descalços, cujo corpo robusto, com partes descobertas, contrastante com a elegância do Imperador em seu uniforme. O artista não lhe reconhece nenhuma dignidade. [...] E, como mero espectador, é forçado a virar o rosto para ver o nascimento do Brasil, cujo destino foi decidido por d. Pedro, o primeiro imperador do Brasil.[7]

O "caipira" é a figura do *espectador*, que somos nós, o público, o povo brasileiro. Participamos do momento representado obedecendo a um script, uma hierarquia, um lugar social e uma visão sobre quem somos. Espectador não é só um ponto de vista. É também uma atitude perante a realidade. Misturando-se com o carro de bois, na parte com mais relva da imagem, com o corpo seminu, maltrapilho, descalço e assustado, o sertanejo está mais para o mundo natural do que para o político, nesse embrincar de imagens que mistura "raça" e representação visual. A visualização racial o naturaliza numa posição subalterna do mundo do trabalho, desenhada por alguém que pouco entende do próprio ato de trabalhar, visto o carro de bois fora da estrada e o inadequado movimento sobre as pedras. Assim, como na expressão resgatada por José Murilo de Carvalho para tratar dos impasses da Proclamação da República,[8] mais de sessenta anos antes, o caipira *assiste bestializado* à história acontecer diante de si, sem dela tomar parte, pois nem sequer a entende. Pois o *bestializado* encerra dois sentidos de animalização: o susto irracional perante um ser mais poderoso e a própria ausência de razão, que o separa dos verdadeiros humanos retratados na imagem. Pois não são somente composições geométricas, indumentárias e gestos que separam a Coroa do povo. Sem racionalidade, o brasileiro comum não é ser político e, assim, não faz história.

"E o caipira?", perguntava o professor, talvez querendo falar menos da Independência do que da forma como a classe dominante e as instituições pensam o Brasil. O quadro de Américo expressa um modo de representar a história e, assim, determina os limites da crítica. Pois se as "elites" concebiam o povo como bestas a serem toscamente reprimidas da paisagem política, onde estava o povo? Em contraste, outra pintura da vulcânica Era das Independências pode nos ajudar. Feito bumerangue, saiamos do Brasil para, depois, voltarmos.

O quadro é *Vue de l'incendie de la ville du Cap Français* [Vista do incêndio da cidade de Cabo Francês], de Jean-Baptiste Chapuy, de 1794. A tela retrata o momento inaugural da Revolução Haitiana, quando, em 1793, o conflito avançou sobre um dos mais ricos e poderosos centros de São Domingos, ateando fogo em casas e plantações ao redor da cidade. A imagem é escura, e a fumaça toma mais da metade da tela. Navios em debandada deixam a ilha, que, ao fundo, é engolida pelo fogo. As labaredas

Vue de l'incendie de la ville du Cap Français, 1794, Jean-Batiste Chapuy baseada na obra de J. L. Boquet, 52,5 × 73,5 cm. Paris, Biblioteca Nacional da França.

lembram as patas de endemoniados sátiros gigantes caminhando pela costa. Clima sombrio e ausência de figuras humanas. O dia virando noite. A semelhança ao dia do Juízo Final não é enganosa. Foi dessa forma que a classe senhorial enquadrou o levante negro: um Apocalipse, o fim dos tempos, o eclipse do mundo como até então conheciam.[9] Somente a escatologia bíblica para dar sentido ao que era impensável.

Marlene Daut argumenta que a tela de Chapuy é parte de uma tradição visual e literária sobre a Revolução Haitiana elaborada por lentes brancas, europeias e senhoriais. Tal tradição bestializou e deturpou os significados da luta por liberdade na ilha, apresentando a insurgência como uma vingança irracional de seres diabólicos. Invertendo os termos da dominação racial, ela ajudou a esvaziar o sofrimento do negro, a apagar a brutalidade da escravidão e a inviabilizar o debate sobre a universalidade dos direitos humanos. Se em Américo o "caipira" era bestializado pela sua passividade amedrontada, em Chapuy, os revolucionários eram animais pela sua insaciável sede de sangue.

Apesar de elaboradas em espaço e tempo diferentes do Atlântico, as duas obras são parte do mesmo esquema senhorial e, por isso, compartilham um núcleo comum a respeito da história: deturpar a política dos subalternos. Nesse sentido, o que o quadro de Chapuy diz sobre o Brasil? O que revela sobre o que foi escondido e apagado pela tela de Américo? O contraponto haitiano ajuda a pensar a Independência brasileira? Os caminhos para responder essas perguntas são menos óbvios e requerem consultas a falas proferidas no calor do momento, isto é, ao redor do ano de 1822.

Comecemos com "a mais autorizada" das vozes, José Bonifácio de Andrada e Silva, o dito patriarca da Independência. O texto é famoso. Trata-se da "Representação à Assembleia Geral Constituinte Legislativa do Império do Brasil sobre a Escravatura", até hoje bastante enaltecido e, na acepção de muitos, símbolo de um projeto nacional que seria sabotado posteriormente pelas forças reacionárias. No entanto, entre tantos leitores elogiosos, poucos se importaram ou sentiram o influxo da fumaça espessa do Haiti na pena de Bonifácio. Terminar a escravidão? Sim, porém de forma longínqua e indefinida. E os negros? Vis inimigos, pois basta olhar para São Domingos. Ali estava o possível destino do Brasil.

> Mostra a experiência e a razão que a riqueza só reina onde impera a liberdade e a justiça e não onde mora o cativeiro e a corrupção. Se o mal está feito, não aumentemos, senhores, multiplicando cada vez mais o número de nossos inimigos domésticos, desses vis escravos que nada tem a perder, antes tudo que esperar de alguma

revolução, como a de São Domingos, ouvi, pois, torno a dizer, os gemidos de cara pátria que implora socorro e patrocínio.[10]

Mas o calor das chamas haitianas é mais perceptível em outra voz autorizada, João Severiano Maciel da Costa, marquês de Queluz, ministro do Império (1823-24), presidente da província da Bahia (1825-26) e ministro dos Negócios Estrangeiros e da Fazenda (1827). Deputado constituinte em 1823 e o último presidente da Assembleia, foi um dos escolhidos por d. Pedro I para auxiliar na redação do texto da Constituição de 1824, sendo o primeiro a assiná-la.[11] Sua carreira política começou como governador da Guiana Francesa, entre 1810 e 1817, onde provavelmente ficou impactado diante dos perigos das revoltas escravas e dos potenciais subversivos das ideias revolucionárias. A região era um dos focos de maior preocupação do poder colonial no início do século 19 em decorrência do número elevado de levantes e fugas, bem como pela alta circulação de pessoas incendiadas pelos discursos "franceses e haitianos".[12] Era vivo o temor de um novo São Domingos. Maciel da Costa carregaria esse medo para o resto da vida e, com isso, ajudaria a introduzi-lo nas bases do nascente Estado-nação. Um dos pais fundadores do constitucionalismo pátrio é também pai fundador do "haitianismo" no Brasil, isto é, o pânico em relação à possibilidade de repetição da Revolução Haitiana no país.

No ano de 1821, publicou o também pretensamente abolicionista "Memória sobre a necessidade de abolir a introdução dos escravos africanos no Brasil". O documento é um artefato central da nossa história. Além de iluminar os impasses da Independência, ele também articula o programa senhorial que seria adotado nas décadas seguintes. Sua ambiguidade antiescravista é parte do jogo: aparenta ser a favor dos negros para mais oprimi-los, para mais rejeitar seus direitos, para mais escravizar.

O texto é claro: "Que faremos, pois, nós desta maioridade de população heterogênea, incompatível com os brancos, antes inimiga declarada?". A paranoia racial como paranoia nacional. O medo de um novo São Domingos, de um Haiti brasileiro, é o fio condutor de sentidos. Não são razões humanitárias ou interesses econômicos que justificam, para o autor, a abolição do tráfico de seres humanos, pois tudo se subordina ao medo do negro. O temor do vínculo entre negros e direitos humanos. Com perdão da extensa citação, a palavra é de Maciel da Costa:

Se felizes circunstâncias têm até agora afastado das nossas raias a empestada atmosfera que derramou ideias contagiosas de liberdade e quimérica igualdade nas cabeças dos africanos das colônias francesas, *que as abrasaram e perderam*, estaremos nós inteira e eficazmente preservados? Não. Os energúmenos filantropos não se extinguiram ainda, e uma récova de perdidos e insensatos, *vomitados pelo inferno*, não acham outro meio de matar a fome senão vendendo blasfêmias em moral e política, desprezadas pelos homens de bem e instruídos, *mas talvez aplaudidas pelo povo ignorante*.

Todavia, não é isto o que por ora nos assusta mais. Um contágio de ideias falsas e perigosas não ganha tão rapidamente os indivíduos do baixo povo que *uma boa polícia não possa opor corretivos poderosos*. Mas o que parece de dificílimo remédio é uma insurreição súbita, assoprada por um inimigo estrangeiro e poderoso, estabelecido em nossas fronteiras e com um pendão de liberdade arvorado ante suas linhas. Este receio não é quimérico, pois que a experiência nos acaba de desenganar que o chamado *Direito das Gentes é um Proteu* que toma as formas que lhe querem dar e serve unicamente para quebrar a cabeça dos homens de letras.

Não passaremos revista aos horrores praticados nas colônias francesas, pois que o coração se furta a isso e andam livros cheios, *escritos com lágrimas*. Recolha, porém, o leitor todas as suas forças e, se é que pode encarar como tal espetáculo, contemple a ilha de São Domingos, primor da cultura colonial, a joia preciosa das Antilhas, *fumando ainda com o sacrifício de vítimas humanas e inocentes* [...]. *Observe sem lágrimas, se pode, dois tronos levantados sobre os ossos de senhores legítimos para servirem de recompensa aos vingadores de Toussaint Louverture* [...]. *Contemple a sangue-frio, se pode, a aprazível Barbadas ainda coberta de luto e ensanguentada com a catástrofe excitada por escravos*.

Estas quatro linhas, que de propósito não adiantamos mais por ser matéria esta que tem lugar mais próprio em nossos corações que nos escritos, decidem, a nosso ver, a questão terminantemente e devem merecer a mais séria atenção aos habitantes do Brasil. *Todas as outras considerações são subordinadas a esta e não podem emparelhar com ela*. (Grifos nossos)[13]

O trecho é longo, mas sintetiza questões imperiosas para a classe senhorial diante das turbulências das primeiras décadas do século 19. De pronto, as palavras, proferidas à boca miúda em um ambiente sombrio, trazem um clima muito mais Jean--Baptiste Chapuy do que Pedro Américo. A bestialização dos subalternos se mantém, mas está longe da placidez assustada do "Grito do Ipiranga". Tal qual a representação do incêndio no Cabo Francês, são as imagens de selvageria e horror que dão o tom. Como canta Gil e Caetano: "o Haiti é aqui". Chamas, ossos, tronos, vinganças, derramamentos de sangue e rituais de morte são empilhados no decorrer das linhas para reproduzir a atmosfera de profundo horror. Porém, a construção dessa paisagem estética e afetiva por meio das palavras tem também outra função: tornar turva a própria realidade.

Por isso é preciso desanuviar. Assim como para o caso haitiano, a retórica do medo serve para esconder de que maneira os ideais de liberdade e igualdade foram criados e reinventados por sujeitos subalternizados ao redor do Atlântico. Mais do que isso: a paranoia branca esconde que a verdadeira universalidade dos direitos humanos não estava nas ruas e nos salões europeus, muito menos na boca das elites senhoriais americanas. O "universal" estava na luta revolucionária e insurgente de povos colonizados e escravizados nas Américas. O fogo e a fumaça obscurecem o principal, revelado de soslaio por Maciel da Costa: o *"Direito das Gentes"* foi apropriado, à força, por mãos e vozes negras.

Tem-se, assim, uma compreensão muito mais complexa da Era das Revoluções e das Independências, com outros protagonistas, impasses, tensões e disputas para além da lógica eurocêntrica e de "cúpula". Diferentemente da história exemplar, monumental, unidimensional e laudatória por trás do "Grito do Ipiranga" — e replicada, com seus matizes, pelo discurso dos juristas —, o surgimento do Brasil-nação e as origens do constitucionalismo foram forjados nos zigue-zagues da política atlântica. A identidade constitucional moderna não foi construída apenas por burgueses, senhores e políticos brancos. Indígenas, escravizados, homens livres "de cor", mulheres, trabalhadores, marinheiros que cruzavam o Atlântico, e toda sorte de subalternos participaram desse processo. Setores que, na época, foram controlados pela *boa polícia* e que, posteriormente, foram apagados pela memória pública. O silenciamento dessas lutas é a perpetuação de antigas violências e a garantia de novas no futuro.

Passivação, invisibilização e bestialização desses sujeitos na representação visual e histórica invertem a relação entre sentimento e política: à época, o susto e a incompreensão não eram do "caipira", mas sim das classes senhoriais ao verem a conexão entre setores populares e o ideário revolucionário. Da mesma forma, a política constitucional democrática não era protagonizada no lombo de corcéis, mas sim disputada no cotidiano transnacional das multidões multiétnicas, terreno onde se fazia e se faz história.

A força desse discurso colonial atravessa os séculos, pois até hoje é possível escutar no cotidiano falas como: "o brasileiro é um povo tranquilo!", "o brasileiro deveria aprender com os franceses, que por qualquer coisa colocam fogo em carros!", "o brasileiro não luta pelos seus direitos!", "o brasileiro não se manifesta!", "o brasileiro é cordial demais!". A história, o presente, a capacidade repressiva do Estado e o bom senso são sempre ignorados. Silenciados pela grande mídia, os protestos diários contra más condições no transporte público ou para denunciar a violência policial atestam o viés senhorial e mitológico desse discurso. Emília Viotti da Costa aponta que a representação do povo brasileiro como animais passivos remonta às origens do próprio Estado-nação. Ao citar uma fala de Diogo Antônio Feijó, ministro da Justiça no turbulento contexto da Regência, a historiadora comenta:

> Reprimidos os levantes, Feijó afirmou que "o brasileiro não foi feito para a desordem, que o seu natural é o da tranquilidade e que ele não aspira outra coisa além da constituição jurada, do gozo de seus direitos e de sua liberdade" — afirmação que, se bem desmentida muitas vezes pelos fatos, tornou-se uma das crenças que, justamente com o mito da democracia racial e da benevolência das elites brasileiras, vieram a constituir o núcleo da mitologia social que perdurou até o século 20.[14]

Mitologia social que, como notado na própria fala de Feijó, está atrelada à formação da cultura jurídica. Diante dessas considerações, o que podemos, portanto, falar sobre a relação entre multidões e Independência do Brasil?

ATLÂNTICO REVOLUCIONÁRIO

Por sobre o Atlântico e afetados por processos cósmicos, pairam dois grandes moinhos de vento, um ao Norte, outro ao Sul.[15] Um dos mais majestosos fenômenos naturais, tais moinhos são as bases de correntes marítimas, verdadeiras autoestradas aquáticas, que, de maneira espiralar, ligam África, Américas e Europa. No processo de formação brasileiro, elas moldaram uma paisagem política, cultural e econômica unificada, bipolar e transcontinental, fazendo do Brasil e da África Central (em especial a região Congo-Angola) um território comum. Ao constatar a regularidade de ventos e a facilidade da navegação leste-oeste, já no século 17, padre Antônio Vieira dizia que as correntes eram um presságio divino a legitimar o tráfico de escravizados. O rapto de africanos para a América os salvava do paganismo africano e dava unidade ao sistema português sobre os mares.[16] Assim Vieira falava no seu "Sermão XXVII":

> Algum grande mistério se encerra logo nesta transmigração, e mais se notarmos ser tão singularmente favorecida e assistida de Deus, que não havendo em todo o oceano navegação sem perigo e contrariedade de ventos, só a que tira de suas pátrias a estas gentes e as traz ao exercício do cativeiro, é sempre com vento à popa, e sem mudar vela.[17]

Até o surgimento do barco à vapor, essas correntes foram o principal meio de comunicação transcontinental, determinando o que era possível ou não na experiência humana sobre os mares. Cada navio era um cronótopo, a carregar uma pluralidade de personagens (marinheiros, trabalhadores, agricultores, autoridades religiosas, escravizados, empresários, políticos, agentes coloniais, rebeldes), de mercadorias (ouro, prata, açúcar, tabaco, café, algodão, peles, cachaça, ferramentas, farinha de mandioca, produtos manufaturados) e de conhecimento (os mundos africanos, europeus e americanos eram entrelaçados política e espiritualmente).[18] Ademais, esses navios funcionavam como artefatos centrais de surgimento do mundo moderno, pois, de viagem em viagem, iam criando a "raça" e novas formas de controle social, de guerra e de resistência moldadas pelo universo atlântico.[19]

Desse ambiente emergiram os processos políticos e econômicos que mudariam radicalmente a história na Era das Revoluções, entre os séculos 18 e 19. Além de cafés, chãos de fábrica, parlamentos, clubes e imprensa radicados na Europa, os portos, cidades atlânticas, tavernas, fazendas, mercados públicos, quilombos, *palenques*, *maroons*[20] e movimentos políticos nas Américas e na África devem entrar no quadro de compreensão da modernidade. Dentro desse contexto, estão a escravidão e o empreendimento colonial, bem como as inúmeras formas de resistência a essa realidade de exploração e morticínio. Fugas, ações judiciais de liberdade, sedições, circulação de ideais revolucionários, reinvenção cultural e espiritual de África nas Américas, assassinatos de senhores, usos estratégicos do "tempo livre" e rebeliões marcaram o cotidiano dos territórios atlânticos e determinaram o enquadramento da política institucional e da prática constitucional.

Símbolo dessa atlanticidade, a Revolução Haitiana foi epicentro e catalisadora das contradições modernas, com ecos e repercussões nas mais distintas realidades. Ela intensificou as trocas políticas sobre os mares, seja entre subalternos, que viam no Haiti um exemplo de possibilidade de vitória e liberdade, seja entre as autoridades coloniais, que reforçaram o aparato jurídico e repressivo para conter qualquer possibilidade de repetição de São Domingos em outras sociedades escravistas.[21] Como argumenta Julius Scott:

Durante a década de 1790, tanto antes como depois do início da revolução em São Domingos, pessoas envolvidas nas mais variadas formas de atividades marítimas — marinheiros de grandes navios de águas profundas e também aqueles de pequenas embarcações engajadas no comércio intercolonial; escravos fugitivos e outros desertores; "negros marujos" — assumiram um local central. Seja no mar ou em terra firme, pessoas sem senhores desempenharam um papel vital espalhando rumores, reportando notícias e transmitindo acontecimentos políticos como os relativos ao movimento antiescravagista e, finalmente, à revolução republicana que tinha o seu momento na Europa. A poderosa evidência da sua influência seria percebida posteriormente, quando oficiais por toda a Afroamérica se mexeram para suprimir essa comunicação incontrolável de ideias por meio da fixação de fronteiras à mobilidade humana na região.[22]

Assim, a Revolução Haitiana surge como metáfora e materialidade das conexões atlânticas. Ela simbolizava um mundo sem escravidão e a assunção da identidade constitucional pela população negra. Também aglutinava as imagens das rebeliões negras pelas Américas, inspirando grupos subalternos e sedimentando o medo da classe senhorial. Este temor branco de uma revolução escravagista se inscreveu em narrativas nacionais, mitos fundadores e aparatos institucionais. Ele também foi articulado estrategicamente na forma constitucional. Isto é, o constitucionalismo da época nasce intimamente ligado ao destino da escravidão e à possibilidade da cidadania negra. Para além da circulação de ideias e imaginários, a Revolução Haitiana influenciou os rumos do aparato repressivo e rebelde no Atlântico. Por um lado, acentuaram-se o controle de entrada e saída de pessoas das colônias, a vigilância sobre senzalas, estradas, portos e centros urbanos e a publicação de normas antissedições. Por outro, os eventos de São Domingos foram reapropriados localmente em táticas de insurgência, bem como intervieram nas relações diplomáticas da época, construindo um horizonte político de desnaturalização da escravidão.[23] Simón Bolívar e a libertação da América Latina são um exemplo do impacto haitiano. Após a derrota imposta pela reconquista espanhola em 1815 e a ausência de apoio inglês enquanto estiveram na Jamaica, as tropas patriotas latino-americanas lideradas por Bolívar tiveram de buscar auxílio no Haiti. Na República Negra, os independentistas receberam ajuda financeira, armas, embarcações, tropas e uma máquina de imprensa. Com esse apoio, foi do Haiti que saíram as duas expedições que iniciaram a libertação contra o jugo europeu. Em troca, o único pedido do presidente haitiano, Alexandre Pétion, foi a abolição da escravidão nos territórios liberados. É nesse momento que ocorre a virada abolicionista do Libertador, ainda que mantendo a posição de que a emancipação deveria ser concedida mediante o alistamento militar. Chamado de a "república mais democrática do mundo" por Bolívar, o Haiti também influenciou o seu pensamento político e constitucional, como visto na Constituição Boliviana de 1826, documento que cristalizava sua visão a respeito da ordem institucional. Esse texto era francamente inspirado na Constituição Haitiana de 1816, com seu presidencialismo heliocêntrico e vitalício, estabelecido na tentativa de evitar crises decorrentes da fragmentação territorial e das sucessões de poder. Pétion, a mente por trás da Constituição Haitiana, foi tido por Bolívar como "visionário" e "à frente do seu tempo". Para o Libertador, o futuro faria com que a figura do haitiano eclipsasse a de George Washington.[24]

No entanto, apesar da ajuda, das promessas e da inspiração política, o Haiti também despertaria a paranoia racial em Bolívar. Em relação à abolição da escravidão, o trato seria paulatinamente abandonado. Os negros de Venezuela, Colômbia, Equador e Panamá só veriam raiar a liberdade definitiva no início da década de 1850.[25] Da mesma forma, Bolívar seria cada vez mais tomado pelo medo de uma rebelião negra semelhante à Revolução Haitiana. Ele chamava essa possibilidade de "pardocracia", um governo liderado por pessoas de origem africana voltado ao massacre dos brancos. Este temor o fará conspirar e contribuir na execução das principais lideranças negras das guerras de independência, como os patriotas Manuel Piar e José Prudencio Padilla.[26] Assassinatos que operaram como rituais de sangue, circunscrevendo o lugar de subcidadãos a negros e negras nas recém-liberadas repúblicas latino-americanas.[27]

Esse tempo turbulento é o da Independência do Brasil. Ainda no século 18, a Revolta dos Búzios (1796-1799), também chamada de Conjuração Baiana ou Revolta dos Alfaiates, ocorrida em Salvador, expressou um programa radical: emancipação do domínio português, igualdade racial, abolição da escravidão e o fim das hierarquias sociais. De caráter republicano e conformada sobretudo por setores populares (artesãos, soldados, sapateiros, libertos e escravizados), a Revolta foi liderada por Manuel Faustino, alfaiate negro, que sintetizou os objetivos do levante:

> reduzir o continente do Brasil a um governo de igualdade, entrando nele brancos, pardos e pretos sem distinção de cores, somente de capacidade de governar, saqueando os cofres públicos e reduzindo todos a um só para desse se pagar as tropas e assistir as necessárias despesas do Estado.[28]

Para o historiador oficialista, Francisco Adolfo de Varnhagen, a Revolta foi "um arremedo das cenas de horror que a França e principalmente a bela São Domingos acabavam de presenciar".[29] A repressão sufocou o levante antes de ele sair às ruas e, com sua arbitrariedade, demonstrou as tensões dos vínculos entre "raça" e revolução: enquanto os representantes das elites políticas foram anistiados, somente negros foram condenados à pena de morte.[30] No dia 8 de novembro de 1799, após serem considerados pelo Tribunal da Relação da Bahia os únicos protagonistas da Conjuração, Manoel Faustino, o também alfaiate João de Deus Nascimento, e os soldados Lucas Dantas de Amorim Torres e Luiz Gonzaga das Virgens e Veiga foram enforcados e esquartejados em praça pública.

Os vínculos explosivos entre "raça" e revolução emergiram anos mais tarde, em 1817, na Revolução Pernambucana. Por vontade própria ou obrigação imposta pelos senhores, escravizados e setores populares viram no "tempo da pátria" um momento de igualdade racial e uma oportunidade de radicalização do movimento. Este engajamento fez circular a atmosfera do medo branco e as lembranças do Haiti. "O exemplo de São Domingos é tão horroroso e está ainda tão recente que ele só será bastante para enterrar os proprietários desse continente", comentou o capitão de fragata José Maria Monteiro. Da mesma forma, o comodoro inglês Bowles alertava sobre o espectro haitiano, que "poderia resultar na expulsão de todos os brancos deste continente e no estabelecimento de uma segunda São Domingos nos territórios brasileiros".[31] Neurose compartilhada por Luís do Rego Barreto, comandante das tropas enviadas do Rio de Janeiro e nomeado governador de Pernambuco:

> Não foram todos os negros nem todos os mulatos que tomaram o partido dos rebeldes e se uniram a eles. Porém, dos homens destas cores, aqueles que abraçaram a causa dos rebeldes abraçaram-na de um modo excessivo e insultante e fizeram lembrar com frequência aos moradores desta capitania às cenas de São Domingos.[32]

As imagens do Haiti não são aleatórias, pois significavam a máxima afronta à ordem racial e ao regime escravocrata. Expressavam os laços entre "raça" e revolução, entre negros e direitos.[33] É dentro desse quadro que devem ser entendidas tanto a carta dirigida aos senhores de escravizados logo após a precária vitória em Recife (que reforçava a inviolabilidade da propriedade privada — leia-se, de escravizados — e a defesa de uma lenta, gradual e segura transição do trabalho escravo para o livre) como a violenta repressão sobre a Revolução executada pela Coroa.[34] Imagens e impasses que se repetiriam constantemente em outros momentos, como na Independência da Bahia (1821-1823), o principal conflito armado entre Brasil e Portugal.

João José Reis demonstra como o embate não se dava apenas entre brasileiros e portugueses, pois entre os primeiros havia fortes divisões raciais, ideológicas, políticas e sociais. Nos relatos da época, a Bahia estava dividida em três partidos: o português (o partido da praia, também chamado de "caiados" devido a pele branca como cal), o brasileiro (denominado pelos portugueses como "cabras", na tentativa de insultar as supostas origens "mestiças" das elites brasileiras) e o negro.[35] Novamente, os impasses se repetiam: as elites locais almejavam uma independência conservadora, com autonomia política e econômica, proteção da propriedade escrava e manutenção das hierarquias raciais. Por outro lado, dependiam da força militar dos setores populares, formados sobretudo por negros. Já os subalternos viam no momento a oportunidade de radicalizar os ideais de liberdade que circulavam por Salvador e pelo Recôncavo, tanto para construir um horizonte mais democrático de independência quanto para aproveitar as frestas abertas no período (como a maior possibilidade de fugas, o aumento de quilombos e o alistamento em batalhões) a fim de escapar do domínio senhorial.[36] Novamente, as imagens do Haiti se repetiam. O senhor de escravos José Garcez Pinto de Madureira alertava: "os que não são nada e querem pilhar o bom buscam a anarquia. [...] Se faltasse a tropa eram outros São Domingos".[37] Da mesma forma, igualando o "partido negro" baiano aos haitianos, um agente francês escreveu a d. João VI entre 1822 e 1823:

> O partido dos negros e das pessoas de cor, que é o mais perigoso, pois trata-se do mais forte numericamente falando. Tal partido vê com prazer e esperanças criminosas as dissenções existentes entre os brancos, os quais dia a dia têm seus números reduzidos. [...] Finalmente: todos os brasileiros, e sobretudo os brancos, *não percebem suficientemente que é tempo de se fechar a porta aos debates políticos, às discussões constitucionais*? Se se continua a falar dos direitos dos homens, de igualdade, terminar-se-á por pronunciar a palavra fatal: liberdade, palavra terrível e que tem muito mais força num país de escravos do que em qualquer outra parte. *Então toda a revolução acabará no Brasil com o levante dos escravos, que, quebrando suas algemas, incendiarão as cidades, os campos e as plantações, massacrando os brancos e fazendo deste magnífico império do Brasil uma deplorável réplica da brilhante colônia de São Domingos*. (Grifos nossos)[38]

Das campinas de Macapá às praias do Grão-Pará, nos conflitos ocorridos na Guerra da Independência baiana, no recôncavo da Guanabara, nas ruas de Salvador, Recife, Belém, Rio de Janeiro e nas mais diversas localidades, prosseguindo até o ciclo de revoltas escravas da década de 1830,[39] o espectro da onda negra, de uma outra Revolução Haitiana e as conexões do Atlântico revolucionário permeavam o imaginário e a prática política de fazendeiros, políticos, escravizados, libertos, quilombolas, trabalhadores e demais personagens do Brasil oitocentista. Uma trajetória individual é capaz de revelar a ampla paisagem do alvorecer do século 19.

Emiliano Mundurucu, pardo livre e líder profundamente espirituoso, esteve envolvido em importantes eventos da época. Para começar, o próprio nome já revela o caráter radical e plural daqueles tempos:

O sobrenome Mundurucu deriva do grupo indígena da região amazônica que, entre fins do século 17 e início do 19, desenvolveu vigorosa investida guerreira e expansionista tanto contra outros grupos, como em hostilidade aos colonizadores, merecendo a fama de "índios bravios". Seria ele descendente direto destes índios ou adotara o sobrenome como reforço de uma identidade de tipo patriótica? A segunda escolha parece mais plausível, já que a incorporação de sobrenomes indígenas (como também de plantas e animais nativos) ocorreu de forma expressiva no contexto da Independência do Brasil, numa tendência de afirmação de novas identidades culturais e políticas. Mesmo na colônia francesa de São Domingos, a denominação escolhida para o país independente pelos protagonistas (negros e pardos) foi Haiti, toponímia utilizada pelos tainos que ocupavam parte expressiva do território da ilha quando os europeus desembarcaram no final do século 15. Expressava-se, assim, um indigenismo patriótico de caráter revolucionário e assumido por negros e pardos que se libertaram da escravidão. Era como se, para se livrarem do estigma da identificação negros/escravos e se contraporem à identidade branca/europeia, os revolucionários haitianos escolheram a solução indígena para legitimar um pertencimento autóctone.[40]

Filho de pai militar, Mundurucu engrossou as fileiras populares e rebeldes em 1817, sendo alvo da repressão da Coroa. Após a participação em outras revoltas nos anos seguintes, ele ganhou destaque como major do Batalhão dos Bravos da Pátria (Batalhão dos Pardos), em Recife, durante a Confederação do Equador (1824). Representante da ala mais radical do movimento, Mundurucu encarnava o republicanismo abolicionista baseado no princípio da igualdade racial. Desse período, entrou para a história uma quadra cantada por ele e seus subordinados nas ruas recifenses no dia 22 de junho de 1824, quando a cidade estava sitiada por mercenários ingleses a mando de d. Pedro I. Seguindo o exemplo da Revolução Haitiana, o canto sintetiza os objetivos do grupo de Mundurucu: revidar o ataque das tropas imperiais, atacar o comércio europeu em Recife e massacrar negociantes e a população branca abastada.[41] Assim eles faziam poesia da revolução:

> Qual eu imito a Cristóvão
> Esse Imortal Haitiano
> Eia! Imitai ao seu Povo
> Ó meu Povo soberano![42]

O Haiti e uma de suas principais lideranças, o rei Christophe, eram trazidos como canalizadores dos anseios de igualdade e liberdade da população negra e parda livre de Recife. Nascido escravizado, Henri Christophe foi militar, revolucionário, presidente (1807-1811) e monarca (1811-1820) do norte do Haiti. Seja por sua origem nos setores subalternos, ou por sua postura como liderança política, Christophe foi figura central na construção do imaginário em torno da nação haitiana. São do seu governo os conhecidos palácio de Sans-Souci e a fortaleza de Laferrière. Esses edifícios demonstravam a tentativa de construção da grandeza pós-revolucionária e passavam a mensagem de que o Haiti estaria disposto a defender com armas a liberdade conquistada. Christophe também sintetizava complexidades e contradições da passagem da luta revolucionária para a construção de um governo negro cercado pelo imperialismo escravocrata.

Por um lado, ele foi responsável pelo autoritário Código Agrário de 1825, que buscava preservar o latifúndio, controlar as massas campesinas e garantir as exportações, entendidas como fundamentais para a manutenção da Independência. De fato, a produção rural do norte do Haiti foi prontamente reestabelecida no período pós-revolucionário, mesmo diante do cenário de terra arrasada. Por outro, Christophe criou um complexo sistema educativo, com escolas para meninos e meninas, focado em alfabetizar o país.[43] Em decorrência dessa trajetória, sua figura é associada ambiguamente às ancestralidades africana e indígena na formação haitiana. A construção do palácio de Sans-Souci remonta ao reino de Daomé, um templo que serve de homenagem antropofágica ao inimigo assassinado — no caso, os *maroons* tragados pelo conflito anticolonial. Christophe também retomou a decisão de Jean-Jacques Dessalines na escolha das cores vermelha e preta para a bandeira do Haiti, ambas associadas às práticas de resistência anticolonial da população indígena ciampula e incorporadas pela religião vodu.[44]

É a figura atlântica e amefricana de Christophe que inspirava a poética revolucionária do Batalhão dos Bravos da Pátria em Recife.

Essa conexão Haiti-Pernambuco permite um último comentário antes de retomarmos a história de Mundurucu. Um dos primeiros autores a recuperar a quadra citada foi Gilberto Freyre. Em *Sobrados e mucambos*, ele escreve: "o folclore pernambucano guarda a tradição de negros amotinados no Recife, nos primeiros anos da Independência, que se vangloriavam de imitar o rei Cristóvão". Freyre também nota que o Haiti permeava as rebeliões de gente como Pedro Pedroso, pardo comandante de armas em Recife. No ano de 1823, Pedroso e sua tropa cantavam:

Marinheiros e caiados
Todos devem se acabar
Porque só pretos e pardos
O país hão de habitar.

As imagens da Revolução Haitiana e de seus próceres eram apropriadas pelos setores populares no Brasil, gerando eco profundo na elite política. Quase um século depois, essas imagens foram captadas por um dos maiores intelectuais orgânicos da classe dominante brasileira, pois a astúcia de Freyre lhe permitiu ver o grande impacto da insurgência de São Domingos no Brasil. No entanto, como seus antepassados de casa-grande, ele construiu modelos explicativos para contrapor a identidade brasileira à identidade haitiana. Para Freyre, jamais foi necessária uma revolução negra no Brasil devido à docilidade dos senhores e à ausência de racismo. Em sua interpretação, pessoas como Mundurucu e Pedroso eram apenas "mulatos" com síndrome de Haiti, sujeitos trepidantes e fora do lugar, com demandas extemporâneas, que não se adequavam às características da terra que habitavam.[45] Para certos analistas do tempo presente, seriam os pais dos atuais "negros identitários", com suas reivindicações ocas, vendo racismo onde não existe e tumultuando o caráter racialmente harmônico da nação.

As últimas notícias de Mundurucu no Brasil são dadas por frei Caneca, em Goiana, reduto dos liberais radicais, quando, após a derrota da Confederação do Equador, ele foge para evitar sua condenação à morte. Estava só começando um novo capítulo de sua vida. Após sair do Brasil, Mundurucu foi a Boston, onde casou-se com uma estadunidense. Em 1825, o Haiti sairia dos cânticos rebeldes para virar o lar de Mundurucu. Na terra da revolução negra, pôde presenciar mais uma vez os horrores do colonialismo, pois naquele ano a França impôs a monstruosa "dívida da Independência" à nação caribenha em troca do reconhecimento diplomático. Sob ameaça militar, com navios de guerras franceses atracados ao longo da costa, o acordo prescreveu "ao país caribenho uma dívida absurda e indevida, tornando-se um dos principais fatores que retardaram seu crescimento (o do Haiti) nas décadas (e séculos) seguintes", conforme descrevem Karine de Souza Silva e Luiza Perotto.[46] Além de concessões e descontos de 50% no valor dos produtos haitianos concedidos aos comerciantes franceses, os quais retomavam a lógica de dependência colonial, o tratado permitiu o desembarque na ilha de contadores e atuários franceses com o objetivo de calcular o montante a ser indenizado. Pervertidos pela insaciabilidade branca, os oficiais europeus vasculharam cada canto do país. Terras cultiváveis ou não, ferramentas de plantação e colheita, materiais domésticos, armas, charretes, sacos e todos os bens físicos existentes, animais, propriedades e serviços materiais. O principal valor no cálculo final era o referente aos mais de 400 mil indivíduos que conquistaram a liberdade com a Revolução. "Nos termos do acordo, os escravizados foram reduzidos a bens móveis ou semoventes como produtos passíveis de serem valorados." No total, a dívida com a França ficou em 150 milhões de francos.[47]

Como o Haiti não tinha condições de pagar esse montante, o acordo previa que o país caribenho só poderia tomar empréstimo de bancos franceses. Com taxas, comissões e juros imorais, o dinheiro saía direto desses bancos para o Tesouro francês. A crítica da economia política deveria ser revisitada, já que o valor foi produzido a partir da liberdade do corpo negro. Mais uma genialidade do sistema capitalista. A dívida principal só chegou a ser paga em 1883. No entanto, com os custos do empréstimo, a última remessa monetária enviada a França se deu somente em 1947.[48]

Quando o mundo saía da Segunda Guerra Mundial e debatia o sistema internacional dos direitos humanos como pilar de uma nova ordem global, o Haiti ainda estava pagando por ter rejeitado a escravidão. Resta dizer que essa dívida é uma das causas da Ocupação dos Estados Unidos no Haiti, entre 1915--1934, justificada para estabilizar a economia do país. Com a chave dos cofres haitianos, os estadunidenses também reformaram a Constituição do país, revogando, finalmente, o dispositivo oriundo do período revolucionário que proibia a aquisição de propriedade fundiária por estrangeiros. Era o regresso definitivo da plantation nas mãos de companhias internacionais e o início do aprofundamento das tensões no campo, das grandes migrações rurais e para o estrangeiro e dos conflitos políticos, civis e militares que assolam a nação até hoje. Para esconder o próprio fracasso, o Ocidente o atribuiria ao Haiti. Era a resposta de longa duração ao desfecho da Revolução em 1804: a soberania haitiana e de cada negro ao redor do mundo não pode existir na modernidade. Essa é também a história por trás do silêncio jurídico a respeito do Haiti.

Em 1825, Mundurucu estava na República Negra para presenciar o início dessa história. No ano seguinte, ele partiria do Haiti para Caracas, onde escreveu um relato autobiográfico com duras críticas ao escravismo, entrelaçando em seu discurso a escravidão política (despotismo e, particularmente, a monarquia brasileira) e a escravidão civil (a propriedade de um ser humano por outro). Em suas andanças, viu as dificuldades e contradições enfrentadas pelo Haiti pós-revolucionário, assim como o republicanismo étnico e popular dos subalternos na Venezuela de José Antonio Páez, no qual buscou se integrar.[49]

Após lutar nos batalhões patrióticos na Grã-Colômbia,[50] Mundurucu regressou aos Estados Unidos em 1828. Quatro anos mais tarde, em uma viagem de navio, sua esposa Harriet e sua filha Emiliana foram impedidas de entrar na área exclusiva para mulheres. O argumento utilizado era de que elas eram negras, não mulheres. Revoltado com a situação, Mundurucu foi aos tribunais, ajuizando ação pioneira contra a segregação racial no país, a qual deslocou as táticas racistas das empresas, bem como fortaleceu um novo palco de batalha (as disputas judiciais) contra a discriminação racial.[51] Logo depois desse caso, em 1835, agraciado com a anistia política concedida pela Regência, Mundurucu voltou ao Brasil. No entanto, a pecha do haitianismo ainda permaneceria, gerando repulsa pública e o impedindo de assumir cargos em Recife. Sua presença trazia a memória da Revolução Haitiana, carregando os espíritos do abolicionismo e da igualdade racial.[52] Ao deparar-se com as portas fechadas em sua própria terra, ele regressou novamente a Boston em 1841. O major do Batalhão dos Pardos da Confederação do Equador, após vivenciar o terrível e o maravilhoso por suas andanças espiralares pelo Atlântico, viria a falecer logo após presenciar a assinatura da abolição da escravidão por Abraham Lincoln, em 1863.[53]

A fantástica vida de Emiliano Mundurucu revela o horizonte multifacetado, plural e indefinido dos arredores da Independência do Brasil, protagonizada não somente pelas elites, mas também por setores populares que almejavam alargar os ideais revolucionários de igualdade e liberdade. Circulavam por ruas, tabernas, conveses, navios, tribunais e tribunas. Valiam-se de pasquins, panfletos incendiários e do boca a boca, da conversa ao pé do ouvido. Praticavam conspirações, fugas e rebeliões. Estavam nos batalhões e nas milícias, nos quilombos e nas senzalas. Pressionavam pelas armas e pela luta institucional. Ziguezagueavam entre o Brasil e terras estrangeiras, o Atlântico e interiores americanos, zonas urbanas e rurais. Esses sujeitos participaram do momento não como figurantes, assustados e contemplativos às margens da tela. Eles construíram e disputaram o desenrolar dos fatos. Apresentaram um projeto alternativo àquele que foi materializado dentro do Estado pela política da escravidão. Por meio de quadras e cânticos, de palavras de ordem e da autodeterminação, "atribuindo-se inclusive a qualidade de 'pessoas capazes e brasileiros constitucionais'",[54] preencheram com outro conteúdo os significados da palavra Independência.

Setores populares que, com suas lutas, nos ajudam a repensar e redefinir as fronteiras na compreensão da "raça" e das "relações raciais", entendidas mais a partir da política e da história do que de supostas mitologias nacionais.

Assim, o "haitianismo" deve ser lido para além do próprio medo das elites. Ele evocava a apropriação do momento pelos subalternizados, o questionamento da escravidão, as tensões raciais do período e os rumos da sociedade pós-colonial, isto é, os contornos mais básicos da ordem social e da arquitetura do Estado-nação.

Quem eram os cidadãos? Origens sociais e étnicas? Afinal, quais os limites dessa cidadania em termos de imagens de raça e nacionalidade? A imprensa teve um papel destacado na propagação e circulação das ideias, mas o debate era mais amplo e estava nas ruas.[55]

O haitianismo era um duplo. Por um lado, expressava o medo branco da repetição do Haiti por toda a América. Era a paranoia do apocalipse senhorial, as chamas a tingir de negro o céu da plantation escravista. Por outro, ele articulava as esperanças de um novo mundo, encarnadas no universalismo dos condenados da terra. A luta por direitos que poria fim aos tempos de casa-grande.

Acrescentamos: o haitianismo também definiu o núcleo do projeto constitucional e seus respectivos desdobramentos ao longo do Império (e da formação social brasileira como um todo).

Esse giro atlântico e subalterno contesta duas interpretações clássicas sobre a Independência do Brasil. Como argumenta Gladys Sabina Ribeiro, essas visões são baseadas nas polaridades metrópole versus colônia, colono versus colonizador, crise do antigo sistema colonial versus prosperidade da colônia, nativismo versus nacionalismo. Com isso, relegaram para o cemitério da história o engajamento popular. A primeira das interpretações focava nas reivindicações de autonomia econômica e política dos comerciantes e agentes mercantis do Atlântico. A segunda enfatizava os interesses dos grandes proprietários pela manutenção do latifúndio, da escravidão e da monocultura. Para a historiadora, a ideia de "crise do sistema colonial português no Atlântico", central a essas concepções, deve ser problematizada, na medida em que os negócios dos comerciantes luso-brasileiros estavam em boa saúde e prósperos na virada do século 18 para o 19, quadro somente alterado com a invasão napoleônica a Portugal. Eram também destacados o papel, o poder e a autonomia dos negociantes sediados deste lado do Atlântico, em sua maioria na cidade do Rio de Janeiro.[56]

Mas o mais importante: enfatizando estruturas socioeconômicas ou grandes personagens da história, tais visões traçam um passado no qual o "povo" assistiu "pacificamente e de pés descalços" aos decisivos eventos do início do 19. Assim, elidiu-se a atuação popular nas ruas, dissimulando o medo das elites numa visão estereotipada e inerte das classes subalternas. As disputas, contradições, negociações e projetos alternativos de nação foram apagados numa história nacional forjada da soleira da casa-grande, "obviamente ligada à forma como o Estado foi construído e a cidadania delimitada".[57] Com isso, a partir do evento consumado — a Independência —, criou-se uma memória dos fatos que, pouco a pouco, ganhou ares de mito fundador, de pano de fundo inconteste, recheado de lugares-comuns, mas dotados de "verdade".

Essa memória histórica penetrou e constituiu o discurso dos juristas, que, do alto de suas torres de marfim, recusam o diálogo com os avanços das demais ciências humanas. Pois, é sempre bom lembrar, na casa-grande o negacionismo jamais sai de moda. Ao excluir o povo e suas reivindicações, formou--se uma memória constitucional sem chão,[58] sem base social, em que o direito paira abstratamente fora da história local e global. Essa ética do esquecimento apagou os impasses e as indefinições no passado, como as disputas em torno de palavras-chave do constitucionalismo, a exemplo da liberdade. No que tange especificamente às elites locais, a palavra "liberdade" teve o seu sentido deslocado diversas vezes, pressionado por movimentos de cima e de baixo. Primeiramente, era uma reivindicação de status de igualdade com Portugal, ou seja, que a colônia tivesse os mesmos direitos e poderes que a metrópole. Diante da recusa dos políticos portugueses e das tentativas de submissão do Brasil ao status de "província de Portugal" nos debates das Cortes de Lisboa, em 1821-1822, os deputados brasileiros passaram a reivindicar uma Assembleia Constituinte e uma Constituição específica para a América Portuguesa: era colocada nesse ponto a possibilidade da Independência perante o risco de recolonização. Nesse segundo momento, a liberdade passa a ser cada vez mais pensada como soberania e autonomia política. Portanto, o conteúdo político do que era liberdade para as elites brasileiras foi fruto de um processo sócio-histórico atlântico de negociações e conflitos iniciado no século 18, em que a impossibilidade da construção de uma nação luso-brasileira levou à busca da "causa da liberdade", que, em pouco tempo, transforma-se em "causa da nação" e posteriormente "causa do Brasil". Nesse contexto, o Brasil deveria surgir como representação e espaço dessa conquista — a emancipação política e econômica — e de controle da anarquia. A liberdade deveria ser protegida de suas ameaças externas (Portugal) e internas (classes populares): a liberdade como propriedade das elites deveria se manter apartada da liberdade universal.[59]

Ao apagar as disputas sociais e ignorar o protagonismo histórico das pessoas comuns, o discurso dos juristas não investiga as circunstâncias políticas das quais emerge a norma jurídica — a que lutas e a que realidade o direito responde? Como visto, no início do século 19, o escravismo era a circunstância central. Atacado e defendido, delimitou o campo de enfrentamento, bem como foi marca de nascimento do constitucionalismo moderno. Portanto, antes de seguir Independência adentro e visitar o texto de 1824, é necessário reconstruir a paisagem atlântica dos vínculos entre Constituição e escravidão.

CONSTITUIÇÃO E ESCRAVIDÃO

Logo após o desfecho da Revolução, em 1804, os haitianos formularam importantes textos constitucionais, ainda hoje largamente esquecidos pela teoria política. Saído de um sangrento processo revolucionário, que escancarou os horrores e cinismos das maiores potências imperiais da época, o Haiti entrou em uma nova era decidido a evitar para sempre o retorno da escravidão ao país. Antes mesmo da independência, na Constituição de 1801, ainda vinculada à França e sob a liderança de Toussaint Louverture, o abolicionismo era colocado como razão de Estado e núcleo organizador da soberania. A liberdade não era mera abstração filosófica ou passível de redução ao rol de direitos fundamentais. Os artigos 3º e 4º esculpiam o princípio da igualdade como nenhuma carta constitucional da época:

não haverá escravos neste território, a servidão está abolida para sempre. Aqui, todos os homens nascem, vivem e morrem livres e franceses. Todos os homens, não importa qual for sua cor de pele, podem ser aqui admitidos a qualquer emprego.[60]

Essa noção abolicionista de soberania se esparramava para os artigos que definiam a nacionalidade e a cidadania haitianas. Rompendo com a exclusividade dos critérios de *ius soli* (direito de solo) e *ius sanguinis* (direito de sangue), que aprisionam o "ser cidadão" a fronteiras físicas e a laços étnico-raciais, o constitucionalismo haitiano adotava uma concepção mais universal, enraizada na história da modernidade, a qual podemos chamar de cidadania diaspórica. Nela, as potenciais vítimas da escravidão e do colonialismo, assim que entrassem no país, tornavam-se não só nacionais haitianos, mas também cidadãos, com plenos direitos políticos. Era o que dizia o artigo 44 da Constituição Haitiana de 1816, com dispositivos similares no texto de 1843: "todos os africanos e indígenas, e aqueles de seu sangue, nascidos nas colônias ou em países estrangeiros, que venham a residir na República serão reconhecidos como haitianos [...]".

Como a hipocrisia, o cinismo e a verve escravocrata dos europeus não encontravam limites, esse artigo seria atacado. Nas negociações de reconhecimento diplomático, os franceses pediram a revogação, pois estabelecia uma "distinção de cor contra a qual a filantropia estava lutando para destruir há mais de meio século". Haja óleo de peroba! E quando Pétion utilizou a Constituição de 1816 para garantir a naturalização, a liberdade e a cidadania de sete negros fugidos da Jamaica, escravagistas britânicos diziam que o texto constitucional haitiano representava uma ameaça ao comércio marítimo e às demais nações.[61] Nesse sentido, além do apoio às independências latino-americanas atrelado à causa abolicionista, o Haiti agiu ativamente no plano internacional para incorporar como cidadãos pessoas anteriormente escravizadas em outras localidades. Essa concepção diaspórica da cidadania era refletida na solidariedade internacional haitiana, pautada por posturas diplomáticas de não agressão, abolicionismo e defesa da autodeterminação dos povos. O Haiti realizou negociações diplomáticas com Estados Unidos e Espanha a fim de repatriar haitianos escravizados nesses territórios; convidou publicamente negros estadunidenses a irem residir no país (na década de 1820, entre 6 e 13 mil afro-americanos migraram para a ilha); recebeu inúmeras pessoas escravizadas das demais ilhas antilhanas; requereu aos patriotas latino-americanos que os africanos resgatados sobre os mares fossem mandados para o país caribenho (além da própria abolição nos territórios liberados, cabe lembrar); e inscreveu o direito de asilo como princípio organizativo do Estado, vinculado diretamente ao combate à escravidão e não meramente a perseguições oriundas de manifestação de opinião política (artigo 3º da Constituição de 1816). Conectado à concessão diaspórica da cidadania, tudo isso apontava a intenção do Haiti de construir um robusto projeto nacional abolicionista, que objetivava intervir nos debates internacionais sobre direitos, liberdade, igualdade, cidadania e soberania da época. Ademais, com seu apoio aos patriotas latino-americanos em troca da abolição da escravidão, o Haiti pretendia fazer avançar a pauta sobre outras regiões, construindo uma rede de Estados-nação antiescravistas.[62] Essa articulação jamais foi concretizada, tanto pelo não cumprimento da promessa por parte dos independentistas, tanto pela exclusão do Haiti, por esses mesmos líderes, do Congresso do Panamá em 1826, espaço onde a causa abolicionista poderia ser retomada como projeto comum da América.

O internacionalismo anticolonial aparecia em outros dispositivos constitucionais. O artigo 14 da Constituição de 1805 ressignificava o termo "negro", retirando sua conotação negativa legada pelo colonialismo para torná-lo denominador do gênero humano: "[...] os haitianos serão conhecidos adiante pela denominação de negros". O Haiti dizia ao mundo que o universal só faz sentido desde que preenchido pela história, rejeitando o silêncio sobre os crimes e os horrores cometidos em nome da razão. Essa concepção estava presente desde a Declaração da Independência de 1804, que, com sua oralidade africana, fugia das abstrações contratualista dos demais textos da época para apostar no jogo de perguntas e respostas.[63] Como numa conversa ao pé do ouvido e olho no olho, a Declaração reconstruía visual, afetiva e sensorialmente o terror colonial no intento de gerar uma nova ordem social; tal qual sugerido por Frantz Fanon 150 anos mais tarde, a Declaração atestava os efeitos criadores da violência, pois sabia que a maior forma de violência é a negação da sua própria existência:

> Não é suficiente ter expulsado do nosso país esses bárbaros que o cobriram de sangue por dois séculos. [...] Devemos retirar desse governo desumano, que por muito tempo nos manteve no torpor mais humilhante, toda a esperança de nos reescravizar. Assim, nós devemos viver independentes ou morrer.
> [...] Eu digo, olhem para as suas crianças, os seus bebês amamentando. O que aconteceu com eles... Eu me estremeço em dizer... A presa desses abutres. No lugar dessas preciosas vítimas, os seus olhos tristes apenas enxergam os seus assassinos; estes tigres que continuam cobertos de sangue de crianças, cuja presença atroz reprova a nossa insensibilidade e demora em vingar nossas vítimas.
> [...] Vocês irão descer às tumbas dos seus ancestrais sem vingá-los? Não, os ossos deles expulsariam vocês. [...] Generais que,

sem se importarem com o seu infortúnio, ressuscitaram a liberdade dando todo o seu sangue; saibam que vocês não cumpriram nada a não ser que vocês dcem às demais nações um terrível, mas justo exemplo de vingança, que deve ser forjado por uma nação orgulhosa de ter reconquistado sua liberdade e está altiva por mantê-la.[64]

O Haiti, portanto, construía uma cultura constitucional quilombola. Seu constitucionalismo informava um território de liberdade, no qual as relações sociais podiam se dar de acordo com princípios afrodiaspóricos; criava inovações institucionais pautadas pelo antirracismo; e era fruto da práxis rebelde e insurgente das pessoas negras.[65] As constituições haitianas tornavam o país um enclave abolicionista no meio do Atlântico escravista; faziam do solo livre um princípio legal inscrito como fundamento da nação, retirando o seu caráter de exceção jurídica;[66] concediam não só a liberdade, mas também a cidadania a africanos, indígenas americanos e seus descendentes; consolidavam o papel internacional antiescravista da "nação negra"; e expandiam o horizonte revolucionário. Além de revelar o silêncio por trás das narrativas jurídicas, essa cultura constitucional ilumina elemento constitutivo da modernidade: a escravidão informou as noções básicas das constituições modernas, como cidadania, soberania, representação política, propriedade, liberdade e igualdade. Assim, como um instrumento óptico corretivo que opera por meio do contraste, o Haiti nos alerta para aquilo que não queremos ver na história constitucional, retirando da penumbra o que foi ocultado.

Essa perspectiva conversa com o argumento desenvolvido por Tâmis Parron no texto "Escravidão e as fundações da ordem constitucional moderna",[67] que aponta a circularidade entre os conceitos modernos da política e a escravidão negra. Parron alega que tais "conceitos foram definidos como meios de gestão do futuro da escravidão", assim como a escravidão foi o pressuposto histórico de emergência e desenvolvimento dos termos constitucionais.[68] Assim, no mundo atlântico e diferentemente da experiência haitiana, o constitucionalismo é um mecanismo de refreamento dos ventos antiescravistas da Era das Revoluções. E, para refrear o tempo, ele forjou o coração racializado da linguagem liberal branca, que manipula a raça como pressuposto do poder e do acesso ao direito.

Para analisar como o escravismo estruturou as bases das ordens constitucionais na virada do 18 para o 19, Parron elege as experiências estadunidense, francesa, hispânica e portuguesa, tendo como foco as questões de representação na política, cidadania e soberania. No caso da Convenção da Filadélfia, a disputa se deu entre os estados do Norte (não escravistas) e do Sul (escravistas). Em relação à representação, os primeiros não queriam que os escravizados fossem contados no cálculo eleitoral. Já o Sul queria, mas desde que os escravizados não votassem. A pendenga entre as duas posições levou à concepção da representação política como sinônimo de trabalho abstrato, na famosa fórmula da seção 2 do artigo 1º da Constituição estadunidense:

> O número de representantes assim como os impostos diretos serão fixados, para os diversos Estados que fizerem parte da União, segundo o número de habitantes assim determinado: o número total de pessoas livres, incluídas as pessoas em estado de servidão por tempo determinado, e excluídos os índios não taxados, *somar-se-ão três quintos da população restante*. (Grifos nossos)

Ao dizer pessoas e não propriedade, o trecho concebia a representação a partir do trabalho abstrato (livre ou escravo), isto é, a riqueza em sua forma socialmente mais inespecífica. Parron assim expõe a questão:

> Quando Madison usa o precedente das "quotas de contribuição" como o provável núcleo semântico da representação proporcional e define o valor do trabalho humano como princípio articulatório da vida econômica, *voilà*! A mágica está feita: os escravos do Sul integram a substância universal da representação, os cavalos do Norte não, porque a riqueza contemplada na representação espelha a abstração do trabalho humano, e não relações jurídicas de propriedade.[69]

No fim das contas, estabelecia-se um "peso" ao sujeito escravizado, em que, para parâmetros de representação no Congresso, ele valeria três quintos de uma pessoa livre. Da mesma forma, a escravidão moldou as definições sobre cidadania (relegando para os estados o estabelecimento das normas sobre votação e sobre quem seriam os cidadãos aptos a exercer os direitos políticos) e os arranjos entre soberania e repartição de competências (o consenso federal deixou para os estados a normatização do regime de trabalho). Com isso, o Sul escravista saía como grande vencedor ao impedir a discussão da escravidão em nível federal e ampliar a representação dos estados escravistas.[70] Esse conluio senhorial seria selado com o sistema indireto de votação, que estabelecia um número de votos predefinidos para cada colégio eleitoral. A trava estava montada. Ela viria a explodir anos mais tarde na Guerra Civil e seria reajustada com as leis Jim Crow. No período pós-Reconstrução, marcado pela ofensiva antinegra, a competência das normas eleitorais nas mãos dos estados seria fundamental para a exclusão do eleitorado negro e a aprovação das normas de segregação racial, destruindo rapidamente importantes avanços conquistados entre 1863 e 1877. O linchamento atuou como regra jurídica paralegal, estabilizando o sistema e repelindo qualquer tipo de contestação à ordem.

Essa trava inaugural dos "pais fundadores" permanece até os dias de hoje no maior peso relativo dado ao eleitor branco nas eleições presidenciais e nas dificuldades eleitorais impostas às minorias políticas.[71] Criados para empoderar o eleitorado branco do Sul, o sistema indireto e o Colégio Eleitoral continuam a executar a mesma tarefa, diluindo o impacto do voto negro. A despeito da população negra estar concentrada nos estados sulistas, chegando na faixa de 25% da população, seu voto é submergido e anulado no Colégio Eleitoral, pois somente o voto da maioria branca dessas regiões conta. Essa é a razão do sucesso da "estratégia sulista" do Partido Republicano, adotada após o fim da Segunda Guerra Mundial, que apelou para o ódio racial e o ressentimento branco como uma forma de manter sua competitividade nas eleições presidenciais. Não precisava obter a parcela majoritária nacional dos votos, mas sim vencer nos colégios eleitorais estratégicos. Ademais, essa trava rebaixou a potência da democracia como um todo. Hoje, três-quartos dos estadunidenses vivem em estados onde os presidentes não fazem campanha, incrementando distorções na representação popular e manipulações dos temas tidos como de interesse nacional.[72]

Já o caso francês pode ser lido a partir do Haiti, pois as contradições e demandas mais profundas sobre representação, cidadania e soberania emanavam das colônias. Com o início da Revolução na França em 1789, os senhores de escravizados no Caribe demandavam um conceito de representação que incluísse suas riquezas (isto é, os sujeitos escravizados) e de soberania que fosse provincializado (a gestão da escravidão deveria ser local).[73] Em nome da liberdade e da democracia, dias após a Queda da Bastilha, colonos de São Domingos encaminharam uma petição à recém-formada Assembleia Nacional em Paris, exigindo um número de deputados compatível com a população da ilha. Por seus cálculos, eles contaram os negros escravizados e as pessoas livres "de cor", sem, obviamente, implicar no direito de voto para tais sujeitos. Gabriel Riquetti, o conde de Mirabeau, pediu a palavra para denunciar a estranha matemática dos proprietários de escravizados:

> Os colonos estão colocando os seus negros e as pessoas de cor na classe dos homens ou na dos animais de carga? Pois se os colonos querem seus negros e as pessoas de cor na conta como homens, que os emancipem primeiro; assim eles talvez possam ser eleitores, talvez todos eles possam ser eleitos. Se não, nós imploramos que observem que, na proporção do número de deputados para a população da França, nós não tomamos em consideração nem o número de nossos cavalos nem o de nossas mulas.[74]

O argumento de Mirabeau defendia que a Assembleia francesa reconciliasse suas posições filosóficas, explicitadas na Declaração de Direitos do Homem e do Cidadão, com a prática política nas colônias. No entanto, havia o cerne da contradição: o cidadão deveria vencer sobre o homem — ou ao menos sobre os homens não brancos. Por outro lado, como argumenta Parron, Paris não era Filadélfia, pois além da representação diminuta dos escravistas na Assembleia Nacional, havia pelas ruas um articulado movimento antiescravista. Além disso, chegavam das colônias demandas por cidadania e igualdade racial entre os não escravizados, apresentadas pelos livres "de cor".[75] Diante desse quadro, a Assembleia concedeu a São Domingos um número de deputados um pouco maior do que a proporção de sua população branca. Trouillot sintetiza: "na matemática da política real, o meio milhão de escravos de São Domingos-Haiti e as centenas de milhares nas outras colônias correspondiam no máximo a três deputados — todos brancos, obviamente".[76]

Ao serem derrotados na questão da representação e ao verem o avanço dos livres "de cor" na luta por cidadania, os senhores de escravizados apostaram tudo na soberania: a defesa do autogoverno. Reivindicavam constituições próprias para cada localidade. No entanto, tal estratégia se mostraria equivocada, pois, ao autorizar as constituições coloniais, a Assembleia Francesa aprovou decreto com mecanismos proporcionais e de cidadania que eram desfavoráveis aos grandes proprietários. Com isso, os senhores tentaram impedir a aplicação da norma em São Domingos, dando início à guerra civil entre brancos e negros livres. Atravessada por uma revolta escrava, o conflito levaria à abolição da escravidão e à Independência do Haiti.[77] Na França, em decorrência dos eventos no Caribe e da chegada de Napoleão Bonaparte ao poder em 1799, o antiescravismo se dissiparia. Mesmo com a fracassada tentativa de genocídio da população negra na expedição de Charles Leclerc (1801-1803) e com a derrota definitiva em São Domingos em 1804, a França manteve a política escravista até 1848.[78]

Dos Estados Unidos para o circuito Haiti-França, a espiral constitucional passa pelo mundo hispânico. Com a invasão da península Ibérica por Napoleão em 1808 e o afastamento de Fernando VII do trono, há uma forte mudança interna na política do Império Espanhol. Concebe-se que, na ausência do rei, a soberania regressava ao povo. Essa noção deu legitimidade à formação de *juntas* de autogoverno em cidades na América e na Espanha. Em 1810, a Corte de Cádiz surge para tentar reorganizar o poder fragmentado e dar uma Constituição à monarquia espanhola. Novamente, os conceitos básicos do constitucionalismo seriam marcados pela "raça", pela escravidão e pelo espectro das rebeliões escravas, agora já magnetizado no sucesso concreto da Revolução Haitiana. O Haiti era o grande mediador de sentidos nos debates constitucionais. Para os espanhóis, era um exemplo dos perigos em se falar da concessão de cidadania aos pardos. Já os americanos contrastavam o Haiti com o suposto modelo da América Hispânica, onde, para eles, vicejava uma sociedade racialmente harmônica e diversa, constituída por senhores bondosos e negros pacíficos. Antecipando em mais de um século o argumento de Gilberto Freyre, um dos deputados construía a idílica imagem de brancos e negros confraternizando, ambos criados por amas de leite negras, amando-se desde a infância.[79]

Assim, os debates se deslocam da propriedade escrava para a representação das relações raciais. Essa mudança foi motivada pelo peso demográfico da população escravizada nos territórios espanhóis. Enquanto representavam 40% da população no Sul dos Estados Unidos e 90% nas colônias francesas, na América Hispânica os escravizados eram somente 4% do total. Nessa região, embora a população de origem africana estivesse na casa de 20% a 25%, a maior parte dela (75% a 75%) era livre. Assim, à exceção de Cuba e Porto Rico, onde a quantidade de escravizados era elevada, foi possível estabelecer o conceito de representação a partir do número de pessoas livres, deixando de lado o peso da propriedade.[80]

Na discussão de Cádiz, os espanhóis europeus queriam que fossem computados somente os livres brancos para efeitos de representação. Reivindicavam também o adiamento da decisão sobre os direitos políticos dos pardos. Já os espanhóis americanos defendiam a representação de todos os livres e um ponto-final sobre a cidadania parda, posicionando-se, em sua maioria, a favor dela.[81] Desse impasse, chegou-se ao meio--termo: brancos, indígenas e seus descendentes mestiços seriam representáveis, e negros (africanos e descendentes de africanos), não.[82] Mas as classes populares e os eventos na América não esperaram as definições de Cádiz. Ainda em 1810, a Junta de Cartagena, na Colômbia, pressionada por protestos da população negra, aprovou a igualdade de direitos e de cidadania às pessoas de ascendência africana. No mesmo ano, ao receber a notícia de que em Cádiz haviam negado a igual representação das Américas e os direitos políticos dos pardos, Cartagena declarou sua independência. Em 1812, a cidade aprovou uma constituição republicana que abolia o tráfico de escravizados e as discriminações raciais entre a população livre. Igualmente, o Congresso Constitucional Venezuelano de 1811 publicou uma Constituição que, em seu artigo 12, eliminava qualquer tipo de distinção entre negros e brancos livres.[83]

A experiência do Caribe colombiano ilumina a diversidade de projetos políticos daquele momento. Em Cartagena, "depois de séculos de radical exclusão sociorracial, afrocartageneiros ocuparam vários dos mais altos cargos militares e civis, algo até então impossível", argumenta Alfonso Múnera. Pela primeira vez a cidadania foi universalizada a todos os homens livres, sem distinção de raça. Decisão decorrente de um processo constituinte inédito, com a participação de pessoas negras, que promulgou uma constituição republicana e democrática. Apesar de não ir tão longe como o Haiti, este texto proibiu o comércio de escravizados em seu território e previu expressamente a abolição gradual da escravidão por meio da política de alforrias. Era um contraponto importante ao poder dos fazendeiros e aristocratas da região e indicava a pressão política exercida pelos setores negros na construção da nova ordem social e jurídica. Ainda que a abolição só fosse oficializada em 1851, a maioria dos ex-escravizados do Caribe colombiano havia conquistado a liberdade como "consequência direta da participação dos negros e mulatos na revolução independentista e nos seus posteriores desdobramentos, além de outras ações libertárias".[84] Para os afrocaribenhos, constitucionalismo, igualdade racial e emancipacionismo caminhavam juntos.

O pano de fundo dos textos constitucionais republicanos de Cartagena e da Venezuela eram a construção e a reapropriação do imaginário americano pelas classes populares, especialmente negra, com o objetivo de expandir o horizonte democrático e republicano. Assim, esse nacionalismo patriótico e subalterno se fez em contraste à Espanha, vista como corrupta, despótica e atrasada. Já a América representava o futuro, a virtude e o Iluminismo, deixando para trás as hierarquias raciais forjadas pelo colonialismo e pelo despotismo espanhol.

Nos anos seguintes, na Grã-Colômbia, o igualitarismo racial e a virtude republicana encontrariam revezes, pois o medo de um novo Haiti passaria dos espanhóis para as elites *criollas*, ciosas de manter seu domínio e de conter a ampliação da cidadania. Assim, a luta pela universalização dos direitos seria suplantada por uma ideologia de harmonia racial conservadora. As demandas negras por igualdade passaram a ser criminalizadas como conspirações antipatrióticas, sob a pecha de que eram incentivo à guerra racial. Tais tensões explodiriam na última Convenção Constitucional daquele período, realizada na cidade de Ocaña (norte da Colômbia) em 1828, antes da fragmentação final das repúblicas latino-americanas. Nesse momento, o medo da "pardocracia" já contaminava por completo as posições de Simón Bolívar sobre soberania e centralização do poder. "A igualdade legal não é bastante pelo espírito que tem o povo, que quer que haja igualdade absoluta, tanto no público como no doméstico; e depois quererá a pardocracia; que é a inclinação natural e única, para extermínio depois da classe privilegiada. Isso requer, digo, grandes medidas, que não me cansarei de recomendar", escrevia Bolívar, revelando o medo branco compartilhado por toda a América Latina.[85] Com o fim do sonho da unidade política, as novas repúblicas viveriam o sufocamento do igualitarismo racial e o refreamento da abolição da escravidão.[86]

Haiti, Estados Unidos, França, Espanha, América Hispânica, Brasil... Como um redemoinho atlântico que conecta escravidão e constituição, "raça" e conceitos políticos modernos, o constitucionalismo emergiu nesta paisagem dinâmica, porosa e transterritorial, para a qual as narrativas fechadas em caixinhas nacionais ou identitárias nada explicam. Impasses, disputas e soluções foram mediados em processos mútuos de aprendizagem. Decisões normativas ricocheteavam sucessivamente umas sobre as outras, num vaivém constante sobre os mares. O que ocorria na América continental chegava ao Caribe, que dali repercutia na Europa, que voltava às Américas, para dali reverberar novamente em outros espaços. Esse cenário corrói as noções de centro e periferia, simbolismo do direito, ideias fora do lugar[87] e insinceridade constitucional. Descartam-se também as concepções baseadas na cisão entre teoria e prática. Da mesma forma, não faz sentido pensar em criadores legítimos (europeus e estadunidenses) e copiadores caricatos e inautênticos (latino-americanos). Não é só a atlanticidade que o discurso dos juristas apaga, mas também a base social desse fenômeno, isto é, a luta em torno da escravidão. Tal quadro expõe como a ideia moderna de constituição nasceu no quadro das políticas de gestão do escravismo, assim como o léxico do constitucionalismo foi criado e disputado por uma pluralidade de atores sociais que ultrapassa as classes dominantes.

Portanto, os textos constitucionais não são meros instrumentos de dominação ou cartas de papel simbólicas, pois surgem de tensões, contradições e fissuras políticas, assim como vivem e são reinventados nelas. Decifrá-los é tarefa da teoria e da história constitucional e o que esperamos fazer, para a Constituição de 1824, no derradeiro capítulo desse livro.

Assombros da Constituição de 1824

> *A escravidão está na raiz do Império, de seu parlamento liberal-representativo, de seus conservadores e liberais, de sua elite política, da Coroa, de sua cultura etc. O Império nasce com a escravidão e morre com ela, não apesar dela. Ela explica tudo? Claro que não, mas não há explicação sem ela; não há trama histórica sem ela; não há intenção e ação dos sujeitos sem ela. Ainda para parafrasear Marx, ela é a luz que projeta suas sombras sobre todos os desejos, todas as vontades, todos os atos, até mesmo sobre aqueles que a destruíram.*
>
> Ricardo Salles[1]

Em 1820, a Revolução Liberal do Porto precipitou a desagregação do Império português no Atlântico. Suas origens podem ser rastreadas no quadro mais amplo das tensões e de interesses do cenário internacional. Em 1808, a invasão de Napoleão à península Ibérica resultou na transferência de d. João VI e da corte portuguesa para o Brasil. Essa transformação impulsionou uma reorganização política, jurídica e econômica da então colônia, com o incremento de serviços públicos e a liberalização das trocas comerciais. Em 1810, os tratados da Aliança e Amizade e de Comércio e Navegação permitiram a entrada de mercadoria inglesas nos portos portugueses na Europa, Ásia e África. Em 1815, com a derrota na Batalha de Waterloo, Napoleão foi exilado pelos britânicos na ilha de Santa Helena, e o

Congresso de Viena redesenhou o mapa político europeu. Nesse contexto, d. João VI criou o Reino Unido de Portugal, Brasil e Algarves, extinguindo formalmente o status de colônia reservado ao Brasil. Essas mudanças tiveram como pano de fundo a interiorização de interesses escravocratas e negreiros no centro-sul brasileiro, que disputariam a janela histórica que se abria no horizonte.

O novo panorama agitou o tabuleiro em Portugal. A concorrência inglesa no setor das manufaturas e da produção agrária gerou uma crise econômica, que foi interpretada pelos portugueses como decorrente das ações tomadas por d. João VI em favor do Brasil. Além disso, tentativas de transformação política eram reprimidas sob o medo do jacobinismo, carestia e miséria alastravam-se pelo tecido social e o país vivia profunda devastação causada pelos confrontos contra a França na Guerra Peninsular. O Porto era um dos epicentros de tensões e efervescência política. Distante do controle político exercido sobre Lisboa, a cidade possuía particular cosmopolitismo. Núcleo de interesses mercantis oriundos da produção e comercialização de vinho, concentrava letrados e bacharéis em torno do poder judiciário e contava com grande presença de militares. Somada à nobreza e munidas da moderna linguagem liberal, a aliança desses três seguimentos (comerciantes, bacharéis, militares) pressionava por transformações na ordem social e econômica.

No dia 24 de agosto de 1820, avalizado previamente por comerciantes e juristas, um pronunciamento público foi realizado por esquadrões militares, corpos de polícia e milícias. Era a explicitação da estratégia do vintismo, que se desdobraria em dois flancos, ambos alcançados no ano seguinte. Primeiro, como tentativa de anulação dos benefícios concedidos ao Brasil, reivindicava-se o retorno de d. João VI a Portugal. Segundo, conclamava-se a convocação de cortes (assembleias) que elaborassem uma constituição para a nação. Assim, em 1821, fruto desse processo, foram iniciados os trabalhos das Cortes Gerais Constituintes de Lisboa, elevada a palco de exercício da soberania nacional na construção de uma nova ordem constitucional baseada nas ideias modernas de divisão de poderes e direitos inalienáveis. A monarquia e a comunidade política passariam a ser enquadradas pelo direito.[2]

Era o fim definitivo do Antigo Regime. O absolutismo monárquico dava lugar ao conceito liberal de representação, reelaborando o lugar político da Coroa.[3] No entanto, ao contar com representantes dos distintos territórios e apelando para a unidade político-administrativa do Reino, as cortes colocariam frente a frente a multiplicidade de interesses portugueses e brasileiros. Assim como em outras realidades, as fraturas do Atlântico seriam catalisadas e reorganizadas em torno dos conceitos constitucionais de soberania, representação e cidadania. Era o início de um processo que iria dos debates em Lisboa à outorga da Constituição do Império do Brasil, em 1824. Mais uma vez, escravidão e constitucionalismo se entrelaçariam, sedimentando as bases sobre as quais seriam construídas a cultura jurídica e a identidade nacional brasileiras.

O HAITIANISMO CONSTITUINTE, DE LISBOA AO RIO DE JANEIRO

Nas cortes de Lisboa, primeira arena constitucional desse percurso, ficou evidenciada a impossibilidade de conciliação dos interesses oriundos da sociedade escravocrata brasileira com os objetivos dos portugueses. Representando os grandes proprietários e os negociantes de grosso trato (capitalistas com multiplicidades de atividades que atuavam em setores-chave da economia, como abastecimento, tráfico de escravizados, fornecimento de mão de obra e crédito, casas bancárias, companhias de seguro, bancos e manufatura), os deputados brasileiros formularam definições de cidadania, representação e soberania que melhor se adequavam ao domínio senhorial no país.[4] Em relação à cidadania, diante da presença dinâmica e, também, ameaçadora de uma vasta população não branca livre, que engrossava rebeliões e movimentos do outro lado do Atlântico, os deputados brasileiros reivindicavam um conceito amplo de cidadão, sem exclusões de cunho racial.

Tâmis Parron comenta como o engajamento negro nas manifestações no Brasil foi sentido nos debates de Lisboa:

> Quando a convocatória eleitoral baseada na Constituição de Cádiz eletrizou o Brasil, o governador de Minas Gerais notou que "seria forçoso entender que os pardos ou crioulos por uma linha de portugueses e por outra de africanos não se compreendiam na representação nacional", e que, portanto, eles estariam excluídos do exercício da cidadania, ambiente perfeito para abalar a "segurança pública com desordens perigosas". Sua preocupação continuou sem transição na boca dos deputados brasileiros em Portugal. No dia seguinte à definição da base popular desracializada da representação, durante uma discussão sobre o direito do voto, eles insistiram em investir a população não branca, inclusive a liberta, dos poderes da cidadania. "Há muitos libertos no Brasil que hoje interessam muito à sociedade", explicou um dos brasileiros, "e têm grandes ramos de indústria, muitos têm famílias; por isso seria a maior injustiça privar estes cidadãos de poderem votar".[5]

No plano da representação, os deputados brasileiros defendiam que o número de parlamentares fosse igual para os diferentes territórios (Portugal e Brasil), isto é, a quantidade deveria se referir a jurisdições abstratas de poder e não ao povo. Assim, buscavam limar a proporcionalidade e, ao mesmo tempo, não entravam no questionamento sobre quem contava como pessoa no cálculo eleitoral, problema que assolava realidades escravistas. Atemorizavam os exemplos dos imbróglios entre Norte e Sul nos Estados Unidos e do conflito entre colônia e metrópole na França, com o consequente incêndio de São Domingos. Por fim, os brasileiros demandavam a repartição da soberania em duas instâncias: Cortes Gerais, com capacidades legislativas diminutas, e Cortes Especiais (uma no Brasil e outra em Portugal), com amplas competências. Os portugueses discordavam dizendo que se tratava de uma tentativa de transformar o Império em federação. À exceção da questão sobre cidadania, que seria concedida aos libertos nascidos no Brasil e na África, os brasileiros seriam derrotados nas demais propostas, isto é, a representação manteve-se atrelada ao povo, e a soberania, ao Parlamento português.[6]

No processo de enfrentamento com os portugueses, ocorreu o surgimento do "partido brasileiro",[7] que aglutinava as demandas das distintas províncias em um esboço de projeto político comum. Os deputados chegaram em Lisboa como mandatários das províncias, em uma postura majoritária de manter o Reino Unido luso-brasileiro, para saírem como representantes do Brasil. A partir de setembro de 1821, as cortes deliberaram pela extinção de tribunais de justiça e retirada de parte da burocracia instalada na América do Sul, intervenção na autonomia das províncias, incremento da tributação de produtos brasileiros transportados em embarcações estrangeiras, retorno do príncipe regente à Europa e resgate da condição de centro do Império a Portugal. Com isso, a incipiente força do "partido brasileiro" seria canalizada no outro lado Atlântico.[8]

Os eventos escalaram rapidamente. No dia 9 de janeiro de 1822, insuflado pelos proprietários de São Paulo, Minas Gerais e Rio de Janeiro, d. Pedro I decide permanecer no Brasil, no chamado Dia do Fico. José Bonifácio, liderança e organizador dos interesses da classe dominante paulista, é nomeado ministro dos Negócios do Reino e Estrangeiros, passando a operar no desmembramento jurídico-político do Brasil em relação a Portugal, ainda sem objetivar um rompimento definitivo. A partir de maio, proprietários passam a demandar diretamente do príncipe regente a convocação de uma convenção constitucional com representantes das províncias brasileiras. Após diálogos com José Bonifácio, no dia 3 de junho, como forma de atrair as elites regionais, aplacar os conflitos que pipocavam em distintas regiões, isolar projetos radicais, democratizantes e republicanos e fortalecer a centralização em torno da monarquia, d. Pedro anuncia a promessa de uma Assembleia Constituinte, apresentada como espaço de exercício da soberania e de assegurar direitos iguais entre Brasil e Portugal. Enquanto isso, em Lisboa, acentuam-se os impasses e tensões entre brasileiros e portugueses. Cartas cruzam os mares dando conta de que é cogitado o envio de tropas ao Brasil. Um desses relatos é despachado a d. Pedro, que o lê no retorno de viagem a São Paulo, no dia 7 de setembro de 1822, quando é proclamada a Independência. Era a formalização de um divórcio há muito anunciado, em que d. Pedro entrava para preservar sua relevância política, e as elites brasileiras, os seus interesses econômicos. A costura do trato entre Coroa e casa-grande era carimbada pela escravidão — base, fundamento e propósito por trás da manutenção da unidade territorial e da monarquia.[9]

Se, em Portugal, as elites brasileiras não conseguiram fazer valer os próprios interesses, os eventos do outro lado do Atlântico haviam preparado o terreno para acolhê-los. Resultante da convocação realizada por d. Pedro em junho do ano anterior, são iniciados os trabalhos da Assembleia Constituinte do Império do Brasil no dia 3 de maio de 1823. Sob a paradoxal autoridade do monarca, o "partido brasileiro" teria seu próprio espaço de deliberação para afinar um projeto nacional dentro do marco constitucional moderno. No entanto, como que antevendo que as decisões ali travadas teriam consequências de larguíssima duração, as disputas e indefinições surgidas nos debates parlamentares, assim como o consequente fechamento da Constituinte por d. Pedro, demonstram distintas perspectivas de país articuladas por frações da classe dominante. A experiência de 1823 e a Constituição de 1824 atuaram, naquele momento, como espaços de luta e de construção da força moral a dirigir a nascente nação, que tinha como núcleo definidor a escravidão. Os embates em torno da definição de cidadania e as diferenças entre o projeto de 1823 e o texto de 1824 demarcam aspectos fundamentais do programa vencedor. Ele formaria o horizonte jurídico a enquadrar a vida política e social do Império. Nesse percurso, se o escravismo era força constituinte, a negação da Revolução Haitiana atuava como mediador fundamental da criação constitucional.

Logo no terceiro dia de trabalho, em 6 de maio de 1823, um acalorado debate entre José Custódio Dias e José Bonifácio a respeito da moção de graças ao imperador revelava os temores e as contradições que pairavam sobre a Assembleia. O centro da discussão era a relação entre poder constituinte e soberania. Numa convenção constitucional convocada por um monarca, pairava a incerteza sobre os limites de atuação dos parlamentares: a capacidade de deliberação seria irrestrita ou estaria subordinada a d. Pedro? Para José Custódio Dias, não cabia à Constituinte a "liberdade licenciosa", mas sim a "liberdade bem entendida". "Como órgão do povo", os deputados deveriam enfatizar a própria soberania, caso contrário dariam "armas" contra eles mesmos.[10]

Valendo-se do medo para preencher os conceitos de soberania e liberdade, José Bonifácio atacou duramente o posicionamento de Custódio Dias. Para ele, o que o povo queria era centralização e união a fim de "prevenir as desordens que procedem de princípios revoltosos". "O povo quer uma constituição, mas não quer demagogia e anarquia", afirmou. Anarquia que, na época da Independência, poderia significar os inimigos do governo, os partidos e as facções sediciosas ou simplesmente o medo das camadas populares, com suas movimentações, protestos e manifestações nas ruas.[11] Assim, não deveria haver conflito entre os constituintes, mas sim guerra contra os "mentecaptos revolucionários que andam, como em mercados públicos, apregoando a liberdade, esse bálsamo da vida de que eles só servem para indispor os incautos", prosseguiu Bonifácio. Para elaborar uma "constituição digna do Brasil, digna do imperador", era necessário ajustar poder constituinte e poder da Coroa.

Bonifácio argumentava que, sem a força centralizadora da monarquia, o destino do Brasil seria igual ao de seus vizinhos latino-americanos:

> Queremos uma constituição que nos dê aquela liberdade de que somos capazes, aquela liberdade que faz a felicidade do Estado, e não a liberdade que dura momentos; e que é sempre a causa e o fim de terríveis desordens. Que quadro nos apresenta a desgraçada América! Há 14 anos que se dilaceram os povos, que tendo saído de um governo monárquico pretendem estabelecer uma licenciosa liberdade; e depois de terem nadado em sangue, não são mais que vítimas da desordem, da pobreza e da miséria.[12]

Para salvar o Brasil no nascedouro, Bonifácio arremata: "não correrei para a formação de uma constituição demagógica, mas sim monárquica, e que serei o primeiro a dar ao imperador o que realmente lhe pertence". Essa posição prevalece nos debates e conforma o texto final da moção. Ela expressa o grau de subordinação dos trabalhos parlamentares à Coroa, bem como uma particular concepção dos princípios da Era das Revoluções: "a assembleia brasiliense não se deixará deslumbrar pelos fogos fátuos de teorias impraticáveis, criação de imaginações escaldadas". Guiada pelo "farol da experiência", os constituintes comprometem-se a não "invadir as prerrogativas da Coroa, que a razão aponta como complemento do ideal da monarquia". Quando conservadas "nas raias próprias", os poderes do imperador "são a mais eficaz defesa dos direitos do cidadão, e o maior obstáculo a irrupção da tirania, de qualquer dominação que seja".

Desde o início da Assembleia, notavam-se as tensões e ambiguidades na manipulação cautelosa dos modernos conceitos constitucionais. De caráter explosivo, seu trato desastroso poderia colocar em xeque os delicados acordos entre proprietários e Coroa, tidos como indispensáveis para preservar e aprofundar os interesses das classes dominantes. Temia-se, sobretudo, a apropriação pelas camadas populares dos princípios revolucionários, que, com sua semântica aberta e universal, seriam capazes de incendiar e colocar abaixo a ordem senhorial. As intricadas relações entre constitucionalismo e escravidão estarão no cerne das discussões sobre cidadania e soberania em 1823, revelando os distintos tons de projetos nacionais no interior do "partido brasileiro" e o caminho constituinte oculto da Constituição de 1824.

O debate sobre cidadania foi iniciado nos últimos meses de existência da Assembleia, em setembro de 1823, logo após a apresentação do Projeto de Constituição por uma comissão liderada pelos irmãos Andrada: José Bonifácio e Antônio Carlos, este último o relator. Expressando os ideais reformistas defendidos por José Bonifácio,[13] o Projeto contava com dispositivos emancipacionistas e uma definição ampliada de cidadania, incluindo libertos nascidos no Brasil e na África, tal qual havia sido aprovado em Lisboa. O artigo 5. IV do Projeto de Constituição definia que: "são brasileiros [...] os escravos que obtiverem carta de alforria". Portanto, os libertos, independentemente do lugar de nascimento, eram cidadãos passivos. Em relação aos cidadãos ativos, havia a necessidade de ser nascido no Brasil, de acordo com o artigo 123. I do Projeto: "são cidadãos ativos para votar nas assembleias primárias ou de paróquia [...] todos os brasileiros ingênuos e os libertos nascidos no Brasil".

Essa concepção seria atacada a partir da proposta de emenda de Sousa França, que indicava a substituição da expressão "os escravos que obtiverem carta de alforria" por "os libertos que forem *oriundos do Brasil*". Rapidamente a Assembleia estaria dividida, denotando quão crucial essa pequena diferença formal era estrutural para os rumos da futura nação. Ademais, assim como em outros debates, essa polarização era realizada pisando em ovos, sob o risco de o edifício escravocrata ruir nas mãos dos senhores. Em fala sintomática, o deputado Muniz Tavares relembrava o que estava em jogo e até onde o discurso sobre cidadania poderia levar diante de um Atlântico em chamas, especialmente em realidades como a brasileira:

> Sr. Presidente, eu não me levanto tanto para falar sobre a matéria como para se conservar a ordem. Eu julgo conveniente que este artigo passe sem discussão, lembra-me que alguns discursos de célebres oradores da assembleia constituinte da França produziram os desgraçados sucessos da Ilha de S. Domingos, como afirma alguns escritores que imparcialmente falaram da revolução francesa; e

talvez entre nós alguns Srs. Deputados arrastados de excessivo zelo a favor da humanidade, expusessem ideias, que antes convirá abafar, com o intuito de excitar a compaixão da assembleia sobre essa pobre raça de homens, que tão infelizes são só porque a natureza os criou tostados.[14]

O Haiti e o profundo temor do haitianismo pairavam sobre o poder constituinte brasileiro, condicionando os rumos da vontade senhorial e, consequentemente, os esquadros do silêncio. Perpassado pelo sentimento antiafricano, pelo ideal de embranquecimento e pelo eurocentrismo,[15] o debate foi escalando até se cristalizar nas posições antagônicas de José da Silva Lisboa e Maciel da Costa. O primeiro compartilhava da visão reformista de José Bonifácio, entendendo a cidadania dos africanos libertos como um passo essencial em direção à abolição do tráfico de escravizados e à construção do povo brasileiro. Para haver povo, não poderia haver uma classe de inimigos internos, isto é, os africanos escravizados. Já Maciel da Costa antecipava, em algumas décadas, a "razão saquarema", encarnando o estadismo senhorial que vinculava escravismo, tráfico e soberania nacional. Para ele, africano no Brasil ou era propriedade, ou motivo de polícia. Jamais sujeito de direitos.[16] A cidadania somente para os libertos era uma garantia de continuidade dos negócios negreiros e um mecanismo de segurança pública. A questão dos africanos livres era jogada para o limbo, o que não era um fato menor.

Africanos livres eram as pessoas resgatadas da escravização ilegal em decorrência dos tratados internacionais (como o Anglo-Português, de 1815, e o Anglo-Brasileiro, de 1826) e das leis nacionais (Lei Feijó, de 1831, e Lei Eusébio de Queirós, de 1850) que aboliam o tráfico de escravizados. Segundo Beatriz Mamigonian,

[...] eles conviveram com pessoas livres, libertas e escravizadas nas cidades e vilas, nas instituições religiosas e públicas e em demais locais de trabalho, mas tinham um estatuto distinto: cumpriam um período de trabalho compulsório sob administração estatal até alcançarem a "plena liberdade".

Os africanos livres viveram encurralados pela expansão monstruosa do contrabando e da escravização ilegal, a despeito do disposto em leis e tratados. "Entre 1819 e 1865, 11 mil homens, mulheres e crianças viveram como 'africanos livres' no Brasil, enquanto o tráfico ilegal trouxe, só entre 1830 e 1856, 800 mil pessoas".[17]

Portanto, defendida por Maciel da Costa, a proposta de silêncio constitucional sobre os direitos dos africanos livres seria decisiva para a blindagem jurídica do contrabando negreiro e para a manutenção em cativeiro de pessoas ilegalmente escravizadas. A ausência de norma expressa na Constituição dificultou o enquadramento e a proteção legal desses sujeitos.

Apesar de antagônicas, as posições de Silva Lisboa e Maciel da Costa compartilhavam um núcleo comum: além de ser central para o projeto nacional, a decisão daquele momento era uma forma de negar o Haiti no Brasil. Isto é, de realizar a disjunção entre negros e direitos universais. Tomando o exemplo das colônias francesas, Silva Lisboa afirmava que a concessão de cidadania aos africanos seria a melhor maneira de se evitar semelhantes revoluções no Brasil:

> Quem perdeu a rainha das Antilhas foi, além dos erros do governo despótico, a fúria de Robespierre, o qual bradou na Assembleia — "pereçam as nossas colônias antes que pereçam os nossos princípios". Ele com os colegas anarquistas proclamaram a súbita e geral liberdade aos escravos, o que era impossível e iniquíssimo, além

de ser contra a lei suprema da salvação do povo. Onde o cancro do cativeiro está entranhado nas partes vitais do corpo civil, só mui paulatinamente se pode ir desarraigando.

[...] Quando combino o artigo em questão com os artigos 254 e 265, parece-me que satisfazem completamente às objeções em que se tem insistido, estabelecendo a base de regulados benefícios aos escravos, unicamente propondo-se a sua lenta emancipação e moral instrução. Os mesmos africanos, não obstante as arguições de gentilidade e bruteza, são suscetíveis de melhora mental, até por isso mesmo que se pode dizer tábuas rasas.[18]

À luz do Haiti, são visualizados os limites do reformismo de Silva Lisboa — assim como o de Bonifácio. Nele, os libertos jamais seriam cidadãos plenos, com todos os direitos políticos constitucionalmente garantidos. A passagem para a liberdade deveria ser regulada com o controle senhorial a subsumir o sujeito livre à ética do trabalho, pois da África, entendida como uma "tábua rasa", nada se traz. Essa posição foi derrotada no texto de 1824, mas marcou profundamente o devir do abolicionismo branco no país.[19] Contendor de Silva Lisboa, Maciel da Costa foi responsável pela introdução da noção de "haitianismo" no Brasil. O profundo medo da repetição de São Domingos balizava sua postura contrária à concessão de cidadania aos libertos africanos:

> Sr. presidente, quando na sessão passada ouvi falar o Sr. deputado Souza França, oferecendo uma emenda ou modificação à generalidade do §6º em questão, lisonjeei-me que com isso poríamos termo a essa discussão desagradável e que Deus queira não tenha tristes consequências. Trata-se do destino que deve dar aos libertos: matéria espinhosa, em que têm vacilado nações alumiadas e humanas, que, como nós, os têm em seu seio.

[...] Que nós devamos aos africanos a admissão à nossa família como compensação dos males que lhes temos feito, é coisa nova para mim. Nós não somos hoje culpados dessa introdução de comércio de homens; recebemos os escravos que pagamos, tiramos deles o trabalho que dos homens livres também tiramos, o damos-lhes o sustento e a proteção compatível com o seu estado; está fechado o contrato. Que eles não são bárbaros, porque segundo relações históricas há entre eles sociedades regulares, como diz o meu ilustre amigo, apelo para o testemunho e experiência dos que os recebem aqui dos navios que os transportam. Enfim, senhores, segurança política e não filantropias deve ser a base de nossas decisões nesta matéria. A filantropia deitou já a perder florentíssimas colônias francesas. Logo que ali soou a declaração dos chamados direitos do homem, os espíritos aqueceram e os africanos serviram de instrumento aos maiores horrores que pode conceber a imaginação. Prefiro e preferirei sempre o fanal da experiência a doces teorias filantrópicas.[20]

Assombrado pelas chamas do Haiti, Maciel da Costa sintetizava o programa de Estado que seria consolidado anos depois pela classe senhorial. Como um futuro saquarema formulando da varanda da casa-grande, ele naturalizava o tráfico de escravizados e desresponsabilizava os brasileiros da empreitada. Para Maciel, se os africanos eram escravizados no Brasil, a culpa era da própria África, que os vendia em seus portos. Saindo de um continente bárbaro, esses indivíduos, apesar de escravizados, seriam tratados como qualquer trabalhador livre. Na América, sob a bondade dos senhores, teriam a chance de se civilizarem. Mas jamais poderiam se tornar cidadãos, pois não havia perigo maior do que vincular o continente negro aos direitos fundamentais. Esse era o recado deixado pela experiência haitiana. Para qualquer demanda cidadã dos africanos, a segurança pública, o "cassetete", "a boa polícia", nunca a filantropia.[21] O projeto nacional estava dado: manutenção do tráfico de escravizados, repressão do negro quando necessária, defesa absoluta do direito de propriedade senhorial e cidadania somente para os libertos nascidos no Brasil. Sabiamente articulados, tais princípios manteriam a soberania econômica e política da nova nação — evitariam o mal maior, um novo Haiti no Atlântico Sul.

Maciel da Costa saiu derrotado em 1823, mas seria o grande vencedor ao término da gênese constitucional brasileira. Com o fechamento da Assembleia por d. Pedro I, foi ele a grande liderança na comissão reacionária montada pelo monarca para elaborar a nova constituição. Nela, atuou como intelectual orgânico da classe senhorial e representante da ala escravista presente na Constituinte. Além dele, no grupo da comissão "ingressariam homens com o perfil de Manuel Jacinto Nogueira da Gama, proprietário de terras no Vale do Paraíba, região de fronteira agrícola do café" e seriam deliberadamente excluídos José Bonifácio e outros reformistas. A intenção era revisar e derrubar boa parte dos trabalhos aprovados no plenário de 1823, "sendo aceito o que julgaram conveniente à escravidão no país e vetado o que parecia ameaçar sua estabilidade".[22]

Dirigida pela classe senhorial, a mão de Maciel da Costa seria notada ao longo do texto de 1824. Era o haitianismo constituinte. A cidadania foi concedida somente aos libertos nascidos no Brasil, excluindo os africanos livres. Também foram excluídos os dispositivos 254 e 265 do Projeto de 1823, de caráter emancipacionista e interventor na relação senhor e escravizado, que diziam:

> Art. 254. [A Assembleia] Terá igualmente cuidado de criar Estabelecimentos para a catequese e civilização dos Índios, emancipação lenta dos negros e sua educação religiosa e industrial.
>
> Art. 265. A Constituição reconhece os contratos entre os Senhores e os Escravos; e o Governo vigiará sobre a sua manutenção.

A retirada desses dois dispositivos consolidava a interpretação senhorial do direito de propriedade de escravizados como um bem absoluto, acima da lei e da ação estatal. Era também a constitucionalização das políticas de silêncio, a qual seria viga mestra da hermenêutica jurídica sobre o conteúdo da cidadania negra. Esse silêncio selava o pacto entre Estado-nação e escravidão, deixando nas mãos dos senhores os rumos do processo de emancipação e, consequentemente, de expansão da cidadania. Com efeito, o silêncio constitucional também jogava para a cúpula do Estado (executivo e diplomacia) o crucial dilema do tráfico de escravizados.

Por fim, a inclusão estratégica de um quarto poder, o moderador, inexistente no Projeto de 1823, estabelecia uma concepção de soberania nacional a planar sobre as disputas facciosas da classe dominante, a exemplo do ocorrido na própria Assembleia. Conforme argumenta Christian Lynch, entre os defensores do Poder Moderador na Constituinte de 1823, Maciel da Costa era aquele que apresentava a visão mais radicalizada do instituto, vinculando o destino da nação à Coroa, a qual teria competências para executar leis e guardar o Império. Tomando a metáfora de José Bonifácio, Maciel argumentava que o monarca era o Argos político, "que com cem olhos tudo vigia, tudo observa". Indo além dos demais parlamentares, para ele, a Coroa era a representação existencial da soberania nacional: mais do que apenas enxergar, ela também "tudo toca, tudo move, tudo dirige, tudo concerta, tudo compõe, fazendo aquilo que a Nação faria se pudesse". Para tanto, era necessário mecanismos administrativos que lhe fornecessem "olhos e braços por todo o Império".[23] O Poder Moderador implicava a centralização político-administrativa contra a autonomia das províncias e as agitações democráticas. Essa concepção seria esculpida na Constituição de 1824 e, no futuro, constituiria o núcleo do projeto saquarema: modelo de organização do Estado e maneira de interpretar o direito. Abandonado nos debates da Constituinte e ausente no Projeto de 1823, o Poder Moderador seria retomado na Constituição pela obra e visão de Maciel da Costa. Ele aparecia no texto final para garantir o essencial. E o essencial era e sempre seria a escravidão, base da ordem social. Em outros termos, evitar as tormentas da excessiva liberdade.

A Constituição de 1824 não foi um resquício do absolutismo ou um exemplo de liberalismo fora do lugar.[24] Ela foi documento de seu tempo, moderno como tal. A maneira como foi aprovada e, posteriormente, tornada eficaz relaciona-se ao quadro mais amplo do mundo Atlântico, dos vínculos e das tensões entre liberalismo e escravidão. Relaciona-se também ao caráter e às disputas da sociedade brasileira da época. Foi essa realidade, na qual a Revolução Haitiana despontou como evento fundamental, que atravessou a elaboração de seus dispositivos e informou os marcos de interpretação e aplicação do texto. Surgida desse momento tumultuoso, a Constituição ganhou vida e eficácia, demarcando a formação social e política do Brasil nas décadas seguintes.

TUMBEIRO DE CIDADÃOS

Logo nas origens do colonialismo, Portugal conheceu o doce e o amargo da exploração escravista. Na virada do século 15 para o 16, na procura de uma rota marítima para as Índias e no estabelecimento de entrepostos comerciais na costa ocidental da África, iniciou, em São Tomé, a primeira engrenagem do sistema atlântico. Chamada de "laboratório tropical" por Luiz Felipe de Alencastro, foi nesta ilha que Portugal rompeu, pela primeira vez, com a política de domínio indireto ou de feitorias, explorando o território por meio do povoamento com africanos traficados do continente. Para tanto, um intenso processo de aprendizagem foi desenvolvido. Foram ampliadas as capacidades sociais e cognitivas, como o trato, o disciplinamento e a arregimentação de escravizados; a adaptação alimentar; a necessidade da política de concessão de benefícios para os colonos; e, especialmente, a visão sobre a lucratividade do comércio de escravizados. São Tomé foi o lugar inaugural de adaptação portuguesa aos trópicos, facilitando, posteriormente, seu condicionamento à América. Instrumento de trabalho (africanos escravizados), tecnologia (o engenho) e a base econômica (plantation de cana-de-açúcar) seriam os mesmos consolidados nos séculos seguintes no Brasil.[25]

No entanto, no ano de 1545, todo esse sistema foi colocado em xeque, alertando para a necessidade de ajustes. Chamadas de "Alvoroços de São Tomé", rebeliões negras estouraram por toda a região. Coordenada a partir das comunidades de fugitivos estabelecidas nos pontos altos do território, os "mucambos", a insurgência desestabilizou a produção açucareira. Fogo, assassinato de senhores e liberdade. Na derrota, a aprendizagem. Para os portugueses, ficaram claros os motivos da vitória da população africana: cisões e entrechoques das facções senhoriais, que, em seus conflitos, chegaram a armar os escravizados; forte desequilíbrio demográfico (muitos africanos para poucos portugueses) e binaridade racial entre brancos e negros, senhores e escravizados; o isolamento geográfico; a política repressiva frouxa em relação ao surgimento dos mocambos; e, particularmente, a polarização dos "mulatos". Para este grupo, filho das relações violentas entre portugueses e africanas, não havia nenhuma alternativa de mobilidade social. Se não fosse por meio de rebeliões, o cativeiro era o único destino. Com isso, engrossaram as fileiras da revolta como forma de conquistar a liberdade. Eram parte da multidão africana em alvoroço. Nesse antagonismo binário, sem grupos sociais intermediários para calibrar a luta entre senhores e escravizados, o primeiro sistema atlântico português foi fulminado.[26] Primeiro como paranoia do colono, depois como consciência colonial, os erros cometidos em São Tomé foram internalizados como conhecimento estratégico. Do outro lado do Atlântico, décadas depois, o Quilombo dos Palmares, surgido em condições similares às da ilha africana e expandido em momento de cisão do poder europeu (durante os conflitos entre portugueses e holandeses), mostrava que o passado poderia se repetir. Mas, dessa vez, estratégias foram montadas. Assim, primeiramente, efetivou-se uma voraz legislação contra negros fugitivos: regulamentação dos capitães do mato (1625 e 1676); exclusão de ilicitude para o homicídio contra quilombolas (1699); marcação a ferro (1741); e definição de quilombo como crime (1741). A norma era a da suspeição racial absoluta, colocando um alvo fatal em cada negro que se encontrasse distante de um senhor. À repressão aberta na base, combinaram-se sofisticados mecanismos de integração subalterna de setores negros livres. Diante do implacável regime de perseguição aos fugitivos imposto pelas leis antiquilombos, a família patriarcal dos senhores passou a exercer profunda força atrativa sobre os libertos, pois o "negro sem senhor" era facilmente enquadrado na legislação como criminoso. Assim, aquele que conseguia alforria era condicionado a continuar próximo de seu antigo dono, reforçando laços de dependência. Ademais, entre os séculos 17 e 19, com a colonização dos sertões, a dinamização do mercado em decorrência da exploração mineira e a formação de milícias para combater quilombolas e indígenas, a população livre foi requisitada para desempenhar funções militares e econômicas. Esse caudaloso e duradouro processo, baseado num quadro social e jurídico antinegro, fez surgir uma nova camada social semidiferenciada, oriunda da violência intrínseca do escravismo colonial.[27] Para manter esse sistema, era necessário combinar taxas consideráveis de alforrias com um volumoso tráfico transatlântico de escravizados. Era a mecânica do funil: grande porta de entrada na introdução de africanos escravizados e pequena fresta de saída na formação do setor dos libertos. A África paria, o Brasil administrava.

Essa era a artimanha portuguesa, que mostrou seu maior vigor na entrada do século 19. No Caribe, "homens livres de cor" e escravizados se juntavam para subverter a ordem colonial. Essas rebeliões ilustravam a verdade aprendida muito cedo em São Tomé. Nas visões senhoriais sobre a Revolução Haitiana, destacou-se aquela para a qual o estopim dos eventos em São Domingos ocorreu quando o Parlamento francês se recusou a conceder direitos de cidadania aos "livres de cor". Essa decisão teria colaborado para a unificação da população negra escravizada e livre, marcando o início da destruição da "pérola das Antilhas".

Assim, a consciência colonial acumulada no Atlântico se transformou em norma constitucional, positivando a base de sustentação do Império negreiro. Como demonstram as tensões na Assembleia de 1823, nas poucas palavras da definição de cidadão repousava o mecanismo de reiteração social do escravismo brasileiro. Ao dizer que "são cidadãos brasileiros os que no Brasil tiverem nascido, quer sejam ingênuos, ou libertos", o artigo 6. I, da Constituição de 1824, cristalizou uma aprendizagem oriunda da colônia. A disjunção da cidadania entre libertos nascidos no Brasil e na África representava o fundamento de uma sociedade na qual a escravidão era garantida pela ampliação da base social de sustentação interna (que incluía os setores livres não brancos) e pela reprodução da classe trabalhadora do outro lado do Atlântico (por meio do tráfico de escravizados). Formação e identidade do cidadão brasileiro tiveram como lado oculto a escravização do ventre africano. A verdade de 1824 era a transformação da aprendizagem colonial em aquisição evolutiva do constitucionalismo: a Constituição como estandarte do escravismo nacional.

Portanto, o artigo 6. 1 era um paradoxal e engenhoso dispositivo senhorial. Por um lado, surgiu diante da agência dos setores negros livres, que, desde a colônia, cavavam rotas de liberdade e participavam de movimentos políticos. Como os debates em Lisboa e na Assembleia de 1823 demonstram, negar cidadania a esse grupo era colocar em risco a "causa do Brasil", abrindo caminho para um levante generalizado. Por outro lado, o artigo sedimentou práticas do domínio senhorial aprendidas desde a colônia, que, articuladas pela "ideologia da alforria" e o tráfico de escravizados, garantiam o prolongamento da escravidão no tempo.

Seguindo o argumento de Sidney Chalhoub, a ideologia da alforria decorria da inviolabilidade da vontade senhorial, da onipotência jurídica dos proprietários de escravizados. Com isso, o senhor tinha domínio total sobre a concessão da liberdade a seus escravizados. Essa soberania despótica sobre a vida de outra pessoa afastava a intervenção do Estado, da lei ou de terceiros. Tal concepção decorria da hermenêutica senhorial do direito à propriedade (visto como absoluto) e era essencial à manutenção da ordem escravista. A ideologia da alforria construía o imaginário de que, para conquistar a liberdade e a cidadania, o negro deveria ser obediente, submisso e dependente do senhor. Com o artigo 6. 1, pessoalização e privatização do controle social, marcas da escravidão e da concentração de poder nas mãos dos senhores, foram inscritos no coração dos direitos políticos.[28] O circuito alforria-cidadania transferiu para o espaço público as sutilezas, os símbolos, a moral, as dependências e a violência típicas da casa-grande. Lógicas de domínio da servidão introjetadas na concepção de cidadão. Ainda que escravizados e livres pudessem extrair da prática de alforria atitudes e conclusões diametralmente opostas às dos senhores, aproveitando a existência do instituto para alargar as portas da liberdade e desgastar a hegemonia escravocrata, a estrutura estabelecida pela Constituição condicionou tanto as possibilidades quanto os limites dessas disputas. Um grilhão fora colocado na cidadania, contendo seu potencial revolucionário.

Em síntese: mais cidadania significava mais escravismo. Mais escravizados para mais cidadãos. A liberdade destruindo a liberdade, diria Du Bois. Até porque sobre os "novos" cidadãos negros pairava a sombra da casa-grande.

Além de tentar garantir a continuidade da escravidão, o artigo 6. I foi concebido e operado para manter a rigidez estrutural da sociedade brasileira. Primeiramente, a cidadania dos libertos não era plena, na medida em que eles não podiam ser eleitores nem elegíveis. A Constituição de 1824 dividiu os cidadãos em três graus dentro de um sistema indireto de eleições: cidadão passivo, aquele sem renda suficiente para votar; cidadão ativo com direito à voto no colégio de eleitores, desde que com renda suficiente; cidadão ativo eleitor e elegível, do qual estavam excluídos os libertos. O texto assim dispunha sobre essa última exclusão: "art. 94. Podem ser Eleitores, e votar na eleição dos Deputados, Senadores, e Membros dos Conselhos de Província todos, os que podem votar na Assembleia Paroquial. Excetuam-se: II. Os Libertos".

No caso dessa restrição, não era a renda o corte definitivo, mas sim o laço com a escravidão. Tratava-se de mecanismo de barragem da influência da participação política negra sobre o quadro representativo e institucional da época, refreando qualquer possibilidade de reforma radical, ainda que num horizonte distante. Era mais um prolongamento do controle senhorial sobre a cidadania e marcava a origem da barreira ao voto negro. Essa trava foi uma das estratégias de longa duração da classe senhorial, desdobrando seus efeitos até anos recentes. Décadas mais tarde, em 1871, com a aprovação da Lei do Ventre Livre, ela parecia estar em risco. De acordo com a Constituição de 1824, diferentemente do liberto, o ingênuo nascido em liberdade tinha plenitude dos direitos políticos. Com isso, após a aprovação da norma de 1871, filhos de mães escravizadas não encontrariam restrições para votar ou serem eleitos. Nascia no horizonte a possibilidade de uma forte representação negra. No entanto, em 1881, por meio da Lei Saraiva, foi estabelecida, pela primeira vez, a exclusão do voto dos analfabetos. A disposição era uma sorrateira tática para negar o voto da população negra diante do potencial democratizante da Lei do Ventre Livre e da eventual abolição da escravidão. O silêncio sobre a raça para gerar uma exclusão racialmente orientada. O impacto da Lei Saraiva foi profundo. Após a lei, apenas 5% da população livre ficou apta a votar (isto é, de 8,4 milhões de homens e mulheres, apenas quatrocentos homens). O número de eleitores passou de 10% da população em 1872 para 1% em 1886, com um impacto pesadíssimo e direcionado sobre os negros. Essa centenária exclusão senhorial só caiu há algumas décadas, em 1985, quando o número de analfabetos ainda era de 19 milhões de brasileiros, 25% da população adulta. Fantasmas do Império perambulando até as portas da Nova República.[29]

No cotidiano do século 19, as fronteiras entre liberdade e escravidão eram sempre incertas e fluidas para os libertos, pois eles carregavam na pele o antônimo do sentido de ser cidadão, isto é, a branquidade. A raça tornava precária a condição de liberdade e era reforçada por normas de vigilância e punição, que eram substanciadas pelo medo da rebelião negra. Esse aparato jurídico generalizava a suspeição sobre todos os negros e fortalecia a autoridade dos senhores, pois o grande testemunho de liberdade do liberto ainda era a voz emanada da casa-grande.[30] Com a retirada das disposições programáticas sobre emancipação e intervenção estatal na relação entre senhores e escravizados, o artigo 6.1 transformava o livre-arbítrio dos senhores sobre a propriedade escrava em livre-arbítrio sobre a construção e difusão da cidadania no país.[31] Com isso, o conceito mais caro da Era das Revoluções era administrado da soleira da casa-grande. A relação entre Estado e cidadão encapsulava, no plano estrutural, os vínculos de dependência entre senhores e libertos. Dessa forma, a definição de cidadão foi mecanismo de calibragem do binômio alforria-tráfico, enlaçando de uma vez por todas direitos políticos e escravismo — cidadania e exclusão social. De fundo, o direito de propriedade, que tinha o corpo escravizado como núcleo provedor de sentidos, permitia não só comprar, vender, explorar, torturar, assassinar, forçar engravidar para mais lucrar, estuprar, mutilar, separar famílias etc. O direito de propriedade também permitia controlar o horizonte político do potencial cidadão.

O mundo da liberdade era rebaixado ao capricho dos senhores. A mudança estrutural da esfera pública mimetizava a plantation. Ao inscrever a escravidão no coração da modernidade política no país, o artigo 6.1 foi instrumento ideológico e institucional de hegemonia da classe senhorial. Tendo o Haiti no horizonte, ele constitucionalizou um eficaz mecanismo contra rebeliões negras, pois travejou a base social de apoio ao escravismo e cindiu a população não branca. É importante notar que a fluidez entre liberdade e escravidão para os libertos pesava sobre sua capacidade de enfrentamento mais direto da ordem. Da mesma forma, as políticas senhoriais de dependência dificultavam a inserção plena dos ex-escravizados no mundo dos direitos. Assim, a despeito de condicionar o campo das lutas sociais, a previsão constitucional de cidadania deve ser entendida dentro dessas práticas cotidianas de controle social e gestão da liberdade, não sendo algo que informava por si só a dificuldade de união insurgente e generalizada entre livres e escravizados.

Nesse contexto, o dispositivo também foi disputado e interpretado pela população não branca. Como aponta Hebe Mattos: "nos anos que seguiram a Independência, proliferaram no Rio de Janeiro pasquins exaltados com sugestivos títulos como *O Homem de Cor*, *O Brasileiro Pardo*, *O Mulato* ou *O Cabrito*". Mobilizando o texto da Constituição de 1824, a pauta dessas publicações era a igualdade racial, exigindo tratamento equânime para todos os cidadãos brasileiros. "No Brasil, diziam: 'não há senão escravos e cidadãos' e, portanto, 'todo cidadão pode ser admitido nos cargos públicos civis e militares, sem considerar outra diferença que a dos seus talentos e virtudes'."[32] Da mesma forma, a Constituição e o liberalismo foram utilizados por intelectuais negros, como Antônio Pereira Rebouças, que se valia do quadro normativo para defender a desracialização da sociedade e das instituições públicas. No Parlamento, o deputado batalhou para que a raça não fosse um fator impeditivo no acesso a cargos e estabelecimentos. Para tanto, Rebouças utilizou o artigo 6. I para garantir o acesso de libertos a cargos públicos, como a Guarda Nacional. Por mais que o liberto tivesse restrições em seus direitos políticos, a Constituição fazia dele cidadão, podendo, em tese, acessar todos os empregos que seus talentos e virtudes permitissem. Com sua forte convicção nas liberdades individuais, Rebouças também se posicionou contra o tráfico e pelos direitos dos escravizados, a exemplo do pecúlio e da compra da liberdade, contrariando o princípio da inviolabilidade senhorial. Assim, o político tentava impulsionar um programa moderado de emancipação e enfrentamento ao racismo baseado no marco da Constituição de 1824. Interpretava os dispositivos constitucionais de maneira favorável aos negros ao mesmo tempo que enfrentava seus silêncios.[33]

Mas tudo isso é só o começo da história, pois essa infernal engenharia não impediu os senhores de instrumentalizarem o artigo 6.1 como arma ideológica na defesa do tráfico e da escravidão. O dispositivo serviu de base para forjar uma representação do Brasil como paraíso dos negros. Na boca dos representantes da casa-grande, a concessão de cidadania aos libertos seria prova da bondade, doçura e ausência de preconceitos dos brasileiros, pois a Constituição de 1824 não fazia distinções de cor entre seus cidadãos. Neste país, diziam os senhores, nada impedia o escravizado de conquistar sua dignidade e ascender na vida, nem mesmo a lei. A norma, assim, seria um retrato da escravidão branda. Escravidão que fazia um favor ao africano, pois o retirava de seu continente bárbaro para introduzi-lo em uma atmosfera liberal e civilizada, na qual, com poucos movimentos, se passava de escravizado a cidadão.[34] Assim a hermenêutica senhorial do artigo fundia cultura jurídica e identidade nacional para rejeitar denúncias de racismo e enquadrar reivindicações de direitos da população negra.

Para afastar críticas à escravidão e ao tráfico de escravizados, a classe senhorial mobilizou a Constituição de 1824 como prova de sua singularidade brasileira. Nossa maior particularidade seria a relação entre escravidão paternal e direito liberal, que não discriminava, mas protegia e integrava o negro na sociedade nacional. Tratava-se do paternalismo liberal, conforme o conceito de Tâmis Parron, "a tese de que as perspectivas de ascensão social para o africano e de aquisição de cidadania para seus filhos estavam abertas pela dinâmica da alforria (*paternalismo*) e garantidas pela Constituição de 1824".[35] Tal estratégia retórica foi um dos baluartes da política do contrabando negreiro.

Logo em 1827, quando foi ratificada a convenção antitráfico com a Inglaterra, Cunha Mattos discorreu sobre como a importação forçosa de africanos não era um problema. Pelo contrário, compatibilizava-se com a identidade nacional:

> É prematura [a convenção] por não termos por ora no Império do Brasil uma massa de população tão forte que nos induza a rejeitar um imenso recrutamento de gente preta, que pelo decurso do tempo e pela mistura de outras castas, chegará ao estado de nos dar cidadãos ativos e intrépidos defensores da pátria.[36]

Direito e identidade nacional, constitucionalismo e harmonia racial com pitadas de ideologia da mestiçagem. Tudo sob a óptica e a batuta da supremacia branca:

> Se não houvesse quem comprasse os pretos sentenciados à escravidão, eram mortos infalivelmente logo que fossem colhidos, ou nos dias dos — costumes —, isto é, aniversário de falecimento dos pais, ou aclamações dos príncipes reinantes. [...] É melhor que os pretos escravos sejam sacrificados na África do que serem conduzidos para o Brasil, onde podem vir a ser muito menos desgraçados?
>
> [...] Estas poucas linhas mostrarão a ridicularia dos puritanos e daqueles que pensam que, no Brasil, só os brancos devem como puros servir nos nossos exércitos. Os holandeses sabem quanto sofreram dos pretos de Henrique Dias. As castas melhoram: venham para cá pretos, logo teremos pardos e, finalmente, brancos, todos descendentes do mesmo Adão, de um mesmo pai![37]

No discurso, a defesa do tráfico encampava a visão de uma sociedade racialmente democrática. Nela, a mestiçagem e o transcurso do tempo eram mecanismos de acesso à cidadania, de acordo com a Constituição de 1824. Direito e nacionalidade instrumentalizados ideologicamente na defesa da devassa africana. Vejamos outro exemplo.[38] Fazendeiro, político e intelectual orgânico da classe senhorial, José Carneiro da Silva foi um ator fundamental na relativização da Lei Feijó (1831), que declarava livre todos os escravizados vindos de fora do Império e impunha penas aos traficantes. Ele fez parte do conjunto de parlamentares, estadistas e diplomatas responsável pela monumental reabertura do contrabando de escravizados entre 1836 e 1850, quando o número de africanos desembarcados no Brasil atingiu cifras inéditas. Em menos de quinze anos, cerca de 700 mil pessoas e a totalidade de seus descendentes foram sacrificados "à revelia de doutrinas filantrópicas, de tratados internacionais e de leis ou medidas nacionais".[39] A ilegalidade sistêmica e a economia política da morte como fundamentos do país.

Em 1838, ano decisivo para a virada contrabandista com a chegada do Regresso ao poder, Carneiro da Silva publicou sua *Memória sobre o commercio dos escravos, em que se pretende mostrar que este tráfico é, para eles, antes um bem do que um mal*. O título da obra já denota o nível de sadismo. No livro está presente uma das mais absurdas representações da escravidão:

> Eu tenho visto escravos que só tem desta condição o nome. Oficiais peritos, eles não só trabalham para seus senhores, como para si, e chegam por meios lícitos a ajuntar o dinheiro necessário para liberdade, que algumas vezes chega a preço alto. Tenho visto escravos senhores de escravos, com plantações, criações de gado vacum e cabalar, e finalmente com um pecúlio vasto e rendoso. Tenho visto muitos escravos libertarem-se, tornarem-se grandes proprietários, serem soldados, chegarem a oficiais de patente, e servirem outros empregos públicos que são tão úteis ao Estado.[40]

Para o paraíso retratado desde a casa-grande, a escravidão era uma palavra. Ser "escravo", apenas um nome. A realidade era esvaziada da violência cotidiana e preenchida com o enfileiramento de exemplos anedóticos. Típica retórica senhorial a atravessar os séculos, pois, como diriam os contemporâneos ligados à extrema direita, são o "luxo e a riqueza das sinhás pretas" que iluminam a identidade do que foi a escravidão no Brasil. O objetivo esclarecia o que estava em jogo: retratava-se o reino da liberdade negra como forma de defender o contrabando de africanos num momento em que o mundo já havia reduzido o tráfico transatlântico apenas a Brasil e Cuba. A Constituição servia de instrumento basilar dessa estratégia, como ilustra o discurso de Holanda Cavalcanti em 1850, diante do incremento da pressão inglesa:

> E devo acrescentar que o escravo no Brasil é mais feliz do que o escravo na África: não digo por teoria; passei anos na África, corri todas as possessões portuguesas, achei-me em circunstâncias de ter um perfeito conhecimento disto. Lhes direi que esses africanos que foram importados como escravos no Brasil são mais felizes que a maior parte dos seus concidadãos. Os próprios escravos vindos da África em grande número têm sido libertados, e se a Constituição não lhes dá o nome de brasileiros, dá a seus filhos quando livres. Qual foi a nação, em que parte do mundo, a raça cruzada tem as prerrogativas que tem no Brasil? E são os ingleses que nos vêm ensinar filantropia![41]

Tal estratégia escravocrata perduraria para além do fim do tráfico. Após a aprovação da Lei Eusébio de Queirós, diversas publicações buscaram aproveitar o término do contrabando para avançar na causa emancipacionista. Em 1852, um curioso manuscrito anônimo reage contra essa estratégia. Intitulado *Notícia Histórica do Princípio da Escravidão, desde o Anno do Mundo 1657, e antes de Jesus Cristo 2347 anos, como passo a mostrar, em resposta a uma folha impressa pelos ingleses,* o texto vale-se de mais de cinquenta passagens bíblicas para legitimar a ordem escravocrata. Nele também se encontra a retórica que articulava cidadania e harmonia racial, direito e nação, na proteção da casa-grande:

> Comparem os pretos da Costa da África com a sua liberdade toda, sempre em guerra uns com os outros, a venderem os pais e os filhos... Compare, digo, estes com os pretos cativos do Brasil: e vejam uns são oficias de diferentes ofícios, como pedreiros, carpinteiros, sapateiros, alfaiates, funileiros, ferreiros, serralheiros, caldeireiros, barbeiros, carpinteiros de machado, calafates, bordadores de ouro e prata e de matiz, pintores, douradores; outros no negócio de diversas quitandas; e civilizados; a maior parte deles já são cidadãos brasileiros etc., etc.[42]

A defesa do contrabando de escravizados estilizou forma e conteúdo da imaginação nacional elaborada pela classe senhorial. Essa maneira de conceber o Brasil ganhou foros científicos por meio do pensamento senhorial tardio, chamado de ensaísmo da década 1930. Ênfase na experiência pessoal, compilação excessiva de situações excepcionais, gosto por anedotas, tom ameno e linguagem intimista (a sobrepor os laços da Casa sobre o espaço público) se contrapõem a abstrações e ideias estrangeiras, como a universalidade dos direitos humanos. Pois são os ingleses que "nos vêm ensinar filantropia!". Neste cortejar senhorial, o uso da Constituição permitiu que o argumento pró-escravista fosse apresentado como laico, liberal e moderno. Relato individual, romantização da escravidão, idealização das relações raciais e constitucionalismo entrelaçavam-se, fundindo "brasilidade" e direito. Projetado pelos senhores como hermenêutica constitucional, o "cadinho de Brasil tão nosso" a blindar o país do universalismo dos direitos humanos. Usada como símbolo de liberdade e generosidade nacional para com os negros, a Constituição de 1824 permitiu representar o paraíso para manter o inferno. Este vínculo entre cultura jurídica e identidade nacional definiu os limites do político no espaço público — o que era linguagem e aquilo que estava fora de compreensão, pois não correspondia aos esquadros da nação. O uso do artigo 6.1 teve amplas consequências. Propiciou, como em nenhum outro lugar, a manutenção do tráfico e da escravidão sob o signo da ordem constitucional moderna. Forneceu a base social e a ideologia da política escravista do Império, assim como sua perpetuação ao explicar sua matriz civilizacional para além da abolição.[43] Garantiu uma duradoura concepção de cidadania estruturada não pelo princípio da comunidade de iguais, mas pela lógica de extração e dependência da casa-grande. Por fim, substanciou, como traço da brasilidade, o silêncio dos juristas a respeito do racismo e dos direitos dos negros.

Portanto, chamar de inclusiva a definição de cidadania no Império é apenas prolongar a percepção senhorial sobre o passado, relativizando o quadro social em que o dispositivo foi concebido e aplicado. Fincada no escravismo, a razão antinegra está tanto na gênese do artigo durante os eventos de 1823 e 1824 como em sua operacionalização cotidiana ao longo do século 19. Sob o poder da supremacia branca, raça e cidadania eram fundidas na formação do país. Ademais, a narrativa dominante sobre a suposta liberalidade do texto constitucional brasileiro reforça o silêncio sobre a Revolução Haitiana, que não só aboliu o cativeiro e gerou repercussões por todo o Atlântico, mas também legou Constituições nas quais ser cidadão significava o oposto de escravidão, não seu complemento necessário.

Na verdade, nada melhor expressou o projeto de negação do Haiti no Brasil do que o constitucionalismo verde e amarelo, visto por exemplo no debate das cotas, a conectar a história oculta de 1824 à moral senhorial por trás dos *cidadãos antirracistas contra as leis raciais*, com seus retardatários panfletos da tradição constitucional da casa-grande.

CONSTITUCIONALISMO SENHORIAL

Os primeiros anos da Constituição não foram tranquilos. Até fins da década de 1830, crises institucionais e revoltas marcaram a experiência do Império. Em 1826, d. Pedro I atropelou a Assembleia e, consequentemente, a classe senhorial ao negociar diretamente com a Inglaterra um tratado antitráfico. A convenção estabeleceu a ilegalidade do trato de africanos no Atlântico a partir de março de 1831, enquadrando tal prática como pirataria. A abdicação do monarca, logo depois, foi um recado claro da casa-grande: com a escravidão não se brinca. Iniciada a Regência, em 1831, e sem a força de uma autoridade central, a palavra liberdade alçou voo pelo país. Movimentos republicanos e federalistas, levantes populares e rebeliões de escravizados deram o tom. No Parlamento, fruto desse tempo agitado, foram aprovadas leis descentralizadoras,[44] uma reforma constitucional e, pasme-se, a abolição do tráfico de escravizados, justamente uma das causas da queda do primeiro monarca.

Logo em 1832, o Código de Processo Criminal foi aprovado, conferindo grande importância ao juiz de paz, autoridade eletiva e vinculada aos poderes locais. Quanto aos juízes municipais e promotores, "sua escolha se faria com base em lista tríplice apresentada pelas Câmaras municipais, isto é, igualmente seria ouvida a localidade". Um ano antes, pela Lei de 18 de agosto de 1831, foi criada a Guarda Nacional, "organizada em todo o Império por municípios e subordinada aos juízes de paz". O objetivo era reduzir a atuação do Exército nacional no que fosse possível.[45]

Por outro lado, em 1834, o Parlamento aprovou o Ato Adicional, que reformava a Constituição de 1824. "Os Conselhos Gerais das Províncias eram transformados em Assembleias Legislativas Provinciais, sendo especificadas suas atribuições de maneira a criar óbices à intervenção do Executivo central." Essa disposição mostrava uma mudança de direção em relação às reformas dos anos anteriores: fortalecer o elo entre governo central e províncias, enfraquecendo os poderes estritamente locais. Sentia-se também a composição entre forças centralizadoras e descentralizadoras: o Conselho de Estado foi suprimido, mas o Poder Moderador e o Senado vitalício permaneceram. Da mesma forma, com o artigo 26 do Ato Adicional, a Regência trina e permanente, designada pelo Legislativo, foi transformada em una, eletiva e temporária, fortalecendo sua autoridade.[46]

Em 1831, no contexto das disputas e reformas sobre os rumos do Estado, surgiu a Lei Feijó, que abolia o tráfico de escravizados. É importante afastar o mantra de que foi uma lei "para inglês ver". Nos primeiros anos, o número de africanos desembarcados no Brasil foi reduzido drasticamente, alcançando o volume mais baixo desde o século 17. Baseado nas pesquisas de Tâmis Parron e Beatriz Mamigonian, Txapuã Magalhães sintetiza: "[...] o período de 1831-1834 representa apenas 6% do total de importação ilegal para os anos de vigência da Lei de 1831 até a edição da Lei Eusébio de Queirós (1831-1850)". Tratava-se de uma forte demonstração da orientação de frações da classe dominante e do governo de suprimir o contrabando. A perspectiva para os primeiros anos após a aprovação da lei foi, portanto, de "término do tráfico ou, ao menos, de inexistência de um contrabando sistêmico, não se podendo considerar o período de 1831-1850 como se fosse um todo contínuo".[47]

Eram tempos de horror para os senhores, especialmente os do Vale do Paraíba, grupo que mais tinha interesse na estabilidade do sistema escravista e no comércio de seres humanos. Com o estilhaçamento da plantation haitiana na virada do século 18 para o 19, as produções do algodão, do açúcar e do café rejuvenesceram em larga escala no Sul dos Estados Unidos, em Cuba e no Brasil, em um processo de hiperespecialização produtiva. Se, no fim do século 18, São Domingos era responsável por 30% do açúcar, 50% do café e quantias consideráveis do algodão consumidos no mundo, em 1850 "os sulistas americanos perfizeram 60% do algodão mundial; o Brasil respondeu a 50% do café; e Cuba, a 30% do açúcar". Como descrito anteriormente, nesta nova fase da plantation, tecnologia industrial, como máquinas a vapor e ferrovias, ampla disposição de crédito e racionalização iluminista do trabalho escravo deram o tom da "segunda escravidão", diferente em qualidade, quantidade e profundidade da escravidão colonial. No Brasil, esse processo foi liderado pela fração mais poderosa da classe senhorial, os saquaremas, que tinham como base social e de ação justamente o Vale do Paraíba. Ao forjarem o Estado brasileiro, construíram-se, simultaneamente, como classe dirigente em um projeto baseado na manutenção e na expansão da escravidão e do tráfico de escravizados.[48]

No entanto, em meados da década de 1830, com reformas políticas e rebeliões por toda parte, tudo ainda estava em aberto, deixando em risco o projeto dos senhores do Vale. Ideias revolucionárias, conspirações negras, cisões entre as elites e influência estrangeira pareciam criar as condições para uma insurgência generalizada. O primeiro alerta foi dado no dia 13 de maio de 1833. Na região de Carrancas, Minas Gerais, escravizados da fazenda da influente família Junqueira iniciaram uma rebelião com o objetivo de conquistar a liberdade. Liderados por Ventura Mina, os rebeldes mataram nove integrantes da família senhorial, restando vivos somente aqueles que não se encontravam no local. Trinta e uma pessoas foram indiciadas por envolvimento no levante e dezessete foram condenadas à pena de morte. Foi a maior condenação ao patíbulo e ao linchamento público da história do Brasil. Devido à influência dos Junqueira e à atitude dos escravizados, as notícias rapidamente chegaram na Corte, horrorizando a classe senhorial e seus representantes. Em decorrência da revolta, foi iniciado o projeto de tramitação da Lei de Pena de Morte contra escravizados rebeldes, o qual seria aprovado dois anos depois, após a Rebelião dos Malês.[49]

A Rebelião dos Malês disparou o alerta máximo. Na madrugada do dia 25 de janeiro de 1835, dia de Nossa Senhora da Guia e da Festa do Bonfim, cerca de quatrocentas a seiscentas pessoas saíram às ruas de Salvador com o objetivo de chegar ao Recôncavo para colocar fim à escravidão. Era o ápice do ciclo das revoltas escravas baianas da década de 1830, marcadas pela ação direta, coletiva e violenta. Os malês eram os africanos muçulmanos na Bahia, independentemente de sua origem étnica, constituindo uma minoria considerável (de 15 a 20% dos africanos). Vinham especialmente do Golfo do Benin e dos povos fulani, haussá e borno (em decorrência das guerras originadas da fundação do califado de Sokoto, em 1804), incluindo os iorubás (oriundos das guerras e desintegração do império de Oyó, 1796-1835). Além da expressão dos conhecimentos e habilidades militares que vinham do outro lado do Atlântico, a Revolta era parte das reinvenções do islã nas Américas, particularmente a guerra santa entre fiéis e infiéis, transmutada agora entre africanos escravizados e brancos cristãos. A escravidão era reinterpretada dentro de um quadro muçulmano radicalmente crítico à sociedade baiana e atravessado pela crença na redenção. Em decorrência de uma delação, a Revolta não conseguiu ter o esperado caráter explosivo. Atacada logo de início e recepcionada nas ruas por barricadas previamente montadas, os revoltosos não conseguiram chegar ao Recôncavo, seu objetivo inicial e onde estava a maior parte dos escravizados.[50]

A Revolta foi em poucas horas desbaratada. O medo dos brancos, não. Pois o sinal era claro: os negros não só querem, como acreditam que podem fazer do Brasil um novo Haiti. Como resposta, além da punição exemplar (com rituais jurídicos que serviam como atos de "exorcismo da África que havia em Salvador") e da devassa sobre a comunidade negra,[51] reforçando a suspeição racial generalizada, em poucos dias a Bahia aprovou uma série de normas de desafricanização e controle social.[52] Logo após a Revolta, foi aprovada a Lei nº 9 de 13 de maio de 1835 da província da Bahia, que visava impossibilitar a vida dos africanos livres na região. A norma previa a deportação, a negação da aquisição de bens de raiz, a aplicação de imposto apenas por existir em liberdade e a requisição de novos documentos para comprová-la. A lei impôs a vigilância absoluta sobre cada negro (pois o primeiro indício de africanidade era a própria cor) e estreitou as linhas entre raça, suspeição, crime e inimigo do Estado. Consequentemente, a norma reforçou a dependência dos libertos e livres para com os seus antigos senhores, legitimados como os únicos capazes de atestar a veracidade da liberdade de pessoas negras.

A Lei nº 9 estabelecia:

> Artigo 4º: [Além dos africanos livres, também deveriam ser deportados] todos os africanos libertos, ainda mesmo que não suspeitos, logo que se tenha designado um lugar para a sua reexportação [...]

Artigo 7º: Quaisquer africanos forros assim chegados à província e os suspeitos que depois de expulsos regressarem serão logo presos e processados como incursos no crime de insurreição, e no caso de serem absolvidos, serão novamente mandados sair em custódia, até que o façam.

Artigo 8º: Os africanos forros de qualquer sexo que residirem ou forem achados na província ficarão sujeitos à imposição anual de 10 mil réis.

Artigo 17º: Fica proibida aos africanos libertos a aquisição de bens de raiz por qualquer título que seja, e os contratos já existentes a respeito serão nulos.[53]

Enquanto isso, na Corte, o projeto de lei da pena de morte contra escravizados rebeldes foi desengavetado para ser prontamente aprovado como a Lei nº 4 de 10 de junho de 1835. No seu texto podia ser lido:

Determina as penas com que devem ser punidos os escravos que matarem, ferirem ou cometerem outra qualquer ofensa física contra seus senhores etc.; e estabelece as regras para o processo.

Artigo 1º: Serão punidos com a pena de morte os escravos ou escravas, que matarem por qualquer maneira que seja, propinarem veneno, ferirem gravemente ou fizerem outra qualquer grave ofensa física a seu senhor, a sua mulher, a descendentes ou ascendentes, que em sua companhia morarem, a administrador, feitor e as suas mulheres, que com eles viverem.

Artigo 4º: Em tais delitos, a imposição da pena de morte será vencida por dois terços do número de votos; e para as outras pela maioria; e a sentença, se for condenatória, se executará sem recurso algum.

De rito sumaríssimo e sem previsão de recursos, institucionalizava-se o elemento central do poder senhorial: o sacrifício de sangue do pelourinho. O Estado tomava para si a operação da relação entre linchamento, escravidão e supremacia branca.[54] Esses dispositivos reforçavam e complementavam aquilo que já estava expresso no Código Criminal do Império. Promulgado em 1830 com a intenção de trazer as "luzes" para o sistema penal brasileiro, dando conteúdo ao artigo 179. XIX da Constituição de 1824, que abolia "os açoites, a tortura, a marca de ferro quente e todas as demais penas cruéis", o Código permitia a continuidade da violência corporal contra os escravizados no contexto da ordem jurídica liberal. Em seu artigo 60, estabelecia que, "se o réu for escravo, e incorrer em pena, que não seja a capital ou de galés, será condenado na de açoites, e depois de os sofrer, será entregue a seu senhor, que se obrigará a trazê-lo com um ferro, pelo tempo e maneira que o Juiz designar". Na medida em que a pena privativa de liberdade representava um prejuízo para os senhores ao impedir o trabalho do escravizado, a positivação da tortura calibrava os fins da pena.

Além disso, os artigos 113 a 115 disciplinavam o crime de insurreição, definido como o ato de buscar a liberdade à força cometido por vinte ou mais escravizados. Aos cabeças, fossem escravizados ou livres, a pena era de morte no grau máximo, de galés perpétuas no médio, e por quinze anos no mínimo. O açoite era a punição destinada aos demais. Já para aqueles que aconselhassem, ajudassem ou excitassem os escravizados a se insurgirem, a pena era de prisão, variando entre oito e vinte anos.

No entanto, normas locais, codificação da tortura, criminalização da luta por liberdade e estatização dos rituais de morte, fazendo do cadafalso política pública, eram pouco, muito pouco para lidar com o vulcão rebelde contra o qual se erigia a "causa do Brasil". Os senhores do Vale sabiam disso e começaram a atuar. Os saquaremas tinham o Regresso como lema e a aplicação da Constituição como programa.

Autointitulados de "constitucionais" e organizados em torno do Partido Conservador, os saquaremas irão chegar ao poder em 1838, construindo uma hegemonia que perdurará até 1868. Diante das reformas e instabilidades do período regencial, o partido emergiu com um programa claro endereçado aos grandes proprietários escravistas: restaurar a ordem. Na prática, isso significava fortalecer novamente o poder central e garantir a reabertura do contrabando de escravizados. De imediato, montaram uma blitz no debate público para reverter o ambiente de condenação moral ao tráfico, reconstruindo sua legitimidade e afastando a aplicação da Lei Feijó de 1831.[55] Concomitantemente, aprovaram medidas centralizadoras, como a reforma do Código de Processo Criminal e, em 1841, a recriação do Conselho de Estado, que havia sido suprimido pelo Ato Adicional de 1834.[56] Era a vitória da centralização em benefício do poder senhorial.

Em relação ao processo criminal, destacavam-se o lugar dado à polícia e o enfraquecimento dos juízes de paz: "a lei de 3 de dezembro de 1841 criava uma rede de polícia formada de delegados e subdelegados de livre nomeação do governo e a qual se transferiam as principais atribuições policiais que pelo Código de 1832 competiam aos juízes de paz". Esses funcionários eram subordinados ao chefe de polícia, que por sua vez estavam submetidos ao ministro da Justiça, entendido como "primeiro-chefe e centro de toda a administração policial do Império". No mesmo sentido,

> os juízes municipais e os promotores passavam a ser nomeados diretamente pelo Imperador, deixando, portanto, de ser indicados pelas câmaras municipais (artigo 13 e 22). Pela mesma lei, os delegados de polícia recebiam a atribuição de organizar a lista dos jurados (artigo 28).[57]

Com isso, fixada de cima para baixo, uma correia de transmissão centralizadora foi estabelecida sobre todo o sistema de justiça, enrijecendo o controle social.

Além dessas medidas, a Lei de Interpretação do Ato Adicional de 12 de maio de 1840 retirou a polícia judiciária das mãos das Assembleias Legislativas Provinciais. Essa norma foi estratégia vitoriosa do Regresso em estabilizar uma hermenêutica centralizadora e conservadora da Constituição de 1824, sem a necessidade de uma reforma do texto constitucional. Portanto, o enlace entre ordem, escravidão e Constituição sufocava e incorporava leituras divergentes da carta de 1824, universalizando-se sobre as elites políticas.[58]

Em 1842, com a dissolução da Câmara pelo Poder Moderador e a ascensão ao poder do Partido Conservador, levantes ocorreram nas províncias de São Paulo, Rio de Janeiro e Minas Gerais com o objetivo de salvaguardar as reformas implementadas na Regência. Chamadas de Revoltas Liberais, essas insurgências foram reprimidas pela Coroa, que teve sua atuação legitimada pelos saquaremas. Luzia, a cidade mineira onde ocorreu o principal fracasso dos rebeldes, passou a denominar o campo liberal no Império. Essa derrota foi decisiva para reforçar a referência conservadora perante o conjunto da classe senhorial, indo além do próprio Vale. Com isso, os saquaremas apresentavam-se como aliados do monarca e enquadravam os renitentes conflitos entre distintos setores da elite: as diferenças deviam ser resolvidas no âmbito das instituições representativas e jamais poderiam colocar em risco a ordem social, isto é, a sociedade escravocrata.[59]

Tudo isso sob a bandeira da Constituição, pois, depois das tormentas da liberdade, o regresso ao texto fundamental era a chave da boa política. O uso da Constituição não era mera retórica simbólica, pois significava efetivar o espírito de 1824, quebrado nos anos de Regência. Era, especialmente, colocar em operação sua mecânica institucional a favor da ordem. Poder Moderador, Conselho de Estado e Senado foram os cavalos de batalha do Partido Conservador. Os saquaremas, ao se constituírem como classe, criavam o Estado-nação brasileiro e, neste movimento, interpretavam e aplicavam os institutos constitucionais. Por meio deles, construíram o constitucionalismo senhorial capaz de garantir o vigor do escravismo ao longo do século 19 no Brasil.

O conceito de Poder Moderador tem suas origens no discurso monarquista durante o período revolucionário francês. Tratava-se de uma tentativa de salvar a monarquia em um contexto desfavorável a ela. Atribuía-se à Coroa a capacidade de intervenção nos demais poderes em nome da soberania nacional. O quarto poder foi recepcionado durante a Revolução do Porto e gozou de certa aderência na Constituinte de 1823, especialmente por aqueles que tentavam fortalecer o monarca sem atiçar os ânimos liberais. Os defensores sintetizavam sua importância: era necessário um "poder neutro", capaz de planar sobre as divergências políticas de momento, e atento permanentemente à essência nacional, com força suficiente para realizar um controle político-estrutural de constitucionalidade em momentos de crise. Portanto, seria uma instituição monárquica nos esquadros do liberalismo, uma vez que seguia as regras da separação dos poderes e do Estado de Direito, mas com força suficiente para desviar dos problemas que conduziam os governos fracos à anarquia e à revolução.[60]

Diante do clima favorável ao modelo de assembleia, o Poder Moderador não esteve presente no Projeto de 1823. Em 1824, como causa e consequência do próprio fechamento da Constituinte — iluminando, novamente, a grande influência de Maciel da Costa sobre o texto final da Constituição —, o quarto poder surge como chave da organização política do Império.

Artigo 98 da Constituição do Império: O Poder Moderador é a chave de toda a organização Política, e é delegado privativamente ao Imperador, como Chefe Supremo da Nação, e seu Primeiro Representante, para que incessantemente vele sobre a manutenção da Independência, equilíbrio, e harmonia dos mais Poderes Políticos.

A redação do artigo 98 é o pulo do gato: enquanto na França a chave da organização política era a *distinção* entre Coroa e Assembleia, a mutação constitucional brasileira atribuía esta chave ao próprio Poder Moderador.[61] Portanto, ele surgiu e foi colocado em prática pela classe senhorial como mecanismo central para a execução dos três papéis fundacionais do Estado: impedir a desordem gerada pelas facções, garantir a unidade territorial e unificar o mercado.[62]

O último aspecto significava manter e expandir as relações econômicas baseadas no tráfico e na escravidão. Os vínculos do comércio de escravizados com a coordenação pelo alto da ordem social eram sentidos no cotidiano. A unificação do mercado dependia da montagem da infraestrutura (estradas, rotas, melhoramentos e padronização da moeda, pesos, medidas e impostos) e da centralização das forças de controle social (Exército, magistratura e polícias). Como diria visconde de Uruguai, o líder saquarema Paulino José Soares de Sousa, "sem centralização não haveria Império". Muito menos escravidão duradoura.[63]

No processo de luta e consolidação do Estado-nação, a interpretação dominante sobre o Poder Moderador foi aquela empreendida pelo Partido Conservador, que conseguiu hegemonizar esse instrumento a favor da classe senhorial. O ano de 1842, como dito, foi central para essa interpretação vencedora: centralização a serviço dos senhores e exercício do poder político somente pelas vias institucionais. Por meio do Poder Moderador, uma mensagem era passada aos liberais: o sistema político comporta os dois partidos, desde que mantidas as bases e os interesses estabelecidos pelo Regresso.[64] Conservadorismo liberal, ordem escravocrata e Constituição entrelaçam-se definitivamente. Com isso, fortalecia-se a hermenêutica conservadora do Poder Moderador. Tratava-se de um poder politicamente neutro, suprapartidário, que expressava a soberania nacional e acautelava, nos termos do artigo 101, os poderes instituídos de seus próprios desvios. Esse dispositivo seria o coração da máquina:

Artigo 101. O Imperador exerce o Poder Moderador:

I. Nomeando os Senadores, na forma do Artigo 43.

II. Convocando a Assembleia Geral extraordinariamente nos intervalos das Sessões, quando assim o pede o bem do Império.

III. Sancionando os Decretos, e Resoluções da Assembleia Geral, para que tenham força de Lei: Artigo 62.

IV. Aprovando, e suspendendo interinamente as Resoluções dos Conselhos Provinciais: Artigos 86 e 87.

V. Prorrogando, ou adiando a Assembleia Geral, e dissolvendo a Câmara dos Deputados, nos casos, em que o exigir a salvação do Estado; convocando imediatamente outra, que a substitua.

VI. Nomeando, e demitindo livremente os Ministros de Estado.

VII. Suspendendo os Magistrados nos casos do Artigo 154.

VIII. Perdoando, e moderando as penas impostas e os réus condenados por Sentença.

IX. Concedendo Anistia em caso urgente, e que assim aconselhem a humanidade, e bem do Estado.

A partir do texto e da interpretação regressista da Constituição de 1824, o Poder Moderador era entendido como a vontade suprema da sociedade, responsável pela sua existência e conservação, sendo a Coroa representante da nação. Com a hereditariedade, o monarca recobre-se de legitimidade, pois não seria atravessado pelos vícios e desejos do poder. Por ter, ao mesmo tempo, tudo e nada a perder, o imperador estaria distanciado de desejos, paixões de momento e demagogias.[65] Assim, encarnaria as razões nacionais, a permanência do Estado e a preservação da ordem. Ele não governa, mas equilibra e conserva. O interesse geral da nação "infunde-se nele, e constitui seu verdadeiro ser", diria o conservador Brás Florentino Henriques de Sousa, professor da Faculdade de Direito de Recife.[66] A dar interpretação à chave constitucional, o jurista pontuava:

> o governo deve ser guiado não pela vontade móvel, inconstante dos cidadãos reunidos e consultados periodicamente, mas sim pelas necessidades e interesses sucessivamente estabelecidos no curso das idades até o momento atual inclusivamente.[67]

Portanto, o Poder Moderador, como receptáculo da soberania nacional, balizava-se pelo substrato histórico, pela tradição e pela conservação dos direitos e bens que daí resultam. Sua autoridade estaria no sedimento acumulado lentamente nas profundezas do rio, não nas turbulentas águas da superfície. Somente a monarquia hereditária possuiria essa visão de longo alcance e as capacidades de segurança, duração e existência da nação:

> A realeza é uma instituição animada, que não vive, que não morre, mas que dura; que atravessa os séculos em sua majestosa permanência, recordando o passado, regulando o presente, preparando o futuro: base estável da ordem e do repouso no meio das ondas agitadas que as paixões populares levantam contra a hierarquia social, contra a propriedade, contra as leis; base de tal sorte indispensável que, no dia em que se abate, tudo desaba com ela.[68]

Assim, como grande panaceia do Partido Conservador, o Poder Moderador consolidava a soberania nacional sobre o princípio democrático, representando o que há na nação de sempre idêntico, que não passa, que está presente em todos os lugares. A utilização do principal instrumento do instituto, a dissolução da Câmara e do gabinete ministerial, fazia do Poder Moderador tema de convergência institucional, centralização e unificação nacional. Poderoso dispositivo da ordem, ele estava carnalmente atado àquilo que mais tinha de permanente, universalizado e enraizado nos interesses nacionais: a escravidão.

Conforme argumenta Salles, a relação entre Coroa e escravismo se dava nos planos simbólico e administrativo, mimetizando casa-grande e Estado:

> Como símbolo da respeitabilidade e probidade dos costumes e hábitos da civilização imperial, o Poder Moderador, como expressão do poder pessoal do Imperador, era uma espécie de reprodução do papel do senhor patriarcal em seu domínio privado. Por outro lado, o poder pessoal do Imperador, expresso na forma constitucional do Poder Moderador, referia-se ao quadro institucional formal do Império. Neste último e mais importante sentido, ele era o elo entre o poder pessoal patriarcal e o domínio público. Simultaneamente, representava, para além de simples elo, a subordinação daquele poder ao quadro institucional. Não se trata apenas da questão jurídica do lugar do Poder Moderador na constituição. A questão dizia respeito à estabilização das relações de poder no interior da classe dominante e entre esta e os setores sociais subalternos (burocracia, profissionais liberais, comerciantes industriais) num jogo político com regras estabelecidas e aceitas.[69]

Foi por meio do Poder Moderador que a classe senhorial conseguiu subordinar e coordenar o sistema parlamentar, permitindo a representação dos distintos setores da sociedade escravocrata, em que a diferença era exercida sob o consenso da casa-grande. Eliminava-se, assim, o clima faccioso, pois a autoridade da Coroa submetia a força pessoal e local dos senhores ao quadro institucional. Com isso, o Poder Moderador alinhava as frações da classe dominante dentro de uma coerência nacional. Ao ser o guardião das instituições políticas, da soberania nacional e dos interesses públicos, ele não só estabilizava as relações no interior das elites, mas entre estas e os setores subalternos.[70] Dentro do longo embate entre senhores e escravizados, dos longínquos São Tomé e Palmares às chamas do Haiti, com os recentes tremores da Regência e, particularmente, de 1842, o Poder Moderador é construído como segredo interno, ajuste constitucional a impedir uma das causas das rebeliões negras: o despertar da senzala em decorrência das brigas de família no interior da casa-grande. Portanto, conforme pensado pelos constituintes, o quarto poder era operado em autonomia paradoxal. Por um lado, ele era essencial para a manutenção do regime escravista (garantindo as regras do jogo, a unidade e a ordem). Por outro, o Poder Moderador também gozava de certa liberdade para evitar a autoimplosão da classe senhorial e, consequentemente, da sociedade brasileira. Um alto comando realista para fixar no chão a crença na onipotência dos senhores. É esse paradoxo que explica não só a longevidade do escravismo nacional, mas também sua crise e sua queda concomitantes com as do Império.

O exercício de um instrumento tão poderoso não poderia ser realizado sem boas doses de meditação. O Conselho de Estado foi essa consciência senhorial por trás da autoridade. Principal órgão formador da cultura jurídica dos oitocentos, no qual se evidenciava os modos pelos quais a Constituição do Império foi interpretada e aplicada,[71] por muito tempo o Conselho foi visto como uma instância de cúpula e vinculada às razões de

Estado, descoladas da classe senhorial.[72] Nada mais enganoso, até porque não se tem como falar de razão de Estado no Brasil sem falar de escravidão. Criado em 1824, suprimido em 1831 pelo Ato Adicional e reativado, dentro das reformas regressistas, com amplas competências em 1841, o Conselho conheceu seu apogeu entre 1842 e 1874.[73] Ascensão e queda seguiram a hegemonia saquarema. Segundo o artigo 142 da Constituição, o Conselho seria consultado:

> Em todos os negócios graves e medidas gerais da pública administração; principalmente sobre a declaração da guerra, ajustes de paz, negociações com nações estrangeiras, assim como em todas as ocasiões, em que o Imperador se proponha a exercer qualquer das atribuições do Poder Moderador.

Junto ao Senado, foi a mais estável e sólida das instituições monárquicas, excedendo, a partir de 1841, suas atribuições originais. De acordo com a Lei 234, responsável por recriar o órgão, ele era composto pelos ministros de Estado e por doze membros ordinários nomeados pelo imperador, que também o presidia. O cargo de conselheiro era vitalício, porém o monarca podia dispensá-lo de suas funções por tempo indefinido. Entre seus quadros, figuraram representantes das frações da classe dominante, seja dos grupos dirigentes da economia (negociantes do grosso trato e proprietários de terras e escravizados), seja das oligarquias regionais, "antigas famílias que, desde o período colonial, controlavam os poderes locais e estendiam sua esfera de influência não só para além dos próprios limites provinciais, como em direção ao poder central".[74] Assim, o Conselho de Estado era um dos espaços centrais no fortalecimento e afinamento das redes de sociabilidade e parentesco da elite política do Império.

Conforme argumenta Maria Martins, era no cotidiano da institucionalidade que se ajustavam os vínculos íntimos entre classe senhorial e razão de Estado, diluindo as fronteiras entre ambos. Culturas política, jurídica e burocrática que faziam da soberania nacional um instrumento da casa-grande:

> As instituições formais e informais da elite brasileira reforçavam essas relações, servindo como espaços privilegiados de debate e produção intelectual. A convivência nos salões da moda, nos grandes eventos sociais, nos bancos escolares, nos órgãos da administração, nas diretorias de empresas públicas e privadas aproximava naturalmente o grupo. Tal processo de integração tinha continuidade nas Faculdades de Direito de Olinda, São Paulo ou Coimbra, uma formação acadêmica comum que lhes havia proporcionado uma identidade intelectual e cultural que complementava as relações provenientes de uma origem ou convívio cada vez mais estreitos, intensificando os laços de amizade e parentesco que se desenvolveriam na vida profissional.[75]

Essa característica das instituições do Império desmonta a descrição distanciada e neutra do funcionamento do Conselho, assim como ilumina a primordial função jurídica exercida pelo órgão: ao se pronunciar sobre atos normativos e administrativos das províncias, ele atuava como válvula de escape dos processos de centralização e descentralização, garantindo relativa competência das províncias, desde que dentro de uma coerência nacional. Esse elemento é decisivo para o constitucionalismo senhorial e sua distribuição escalonada da "raça" pelo Estado brasileiro, pois jogava para a legislação local o controle mais imediato da população negra (e, assim, a produção de normas abertamente racistas), ao mesmo tempo que enquadrava essa mesma legislação dentro da ordem escravista.[76] Federalização do controle social e da repressão dentro de um quadro unitário da escravidão.

O Conselho era a consciência da monarquia, atuando como dispositivo temporal. Instituição do tempo presente a fundar e vigiar o amanhã, garantindo que os mortos governassem os vivos ao buscar antever, projetar e dominar o futuro — controlar o ritmo das reformas e resguardar a ordem hierárquica, os direitos adquiridos e a governabilidade. Com o controle de constitucionalidade prévio e posterior às leis, uniformizava a inteligência jurídica e a interpretação normativa. Ademais, atuava como tribunal superior de reclamações administrativas. Com isso, garantia a continuidade estatal diante das possíveis descontinuidades políticas. Servia de caixa acústica, mediando e, especialmente, abafando divergências dentro da classe dominante. Portanto, o Conselho era lócus de construção da hegemonia senhorial, dando perpetuidade às ideias da casa-grande a respeito da gestão do Estado.

Referindo-se à atuação do Conselho no debate sobre a Lei do Ventre Livre, Salles ilumina o papel senhorial do órgão nas engrenagens do Império e a sua função como regulador do tempo:

> A discussão iniciava-se justamente no núcleo de formulação política mais abrangente e mais infenso às pressões políticas imediatas do Império. Ali, estadistas experimentados, conservadores, liberais, outros quadros destacados da vida pública buscavam antecipar o futuro. [...] O núcleo do Estado imperial era capaz de refletir estas opiniões e interesses, detectar, organizar e encaminhar a discussão de uma temática vital e referi-la ao quadro mais amplo da manutenção da ordem imperial como única forma efetiva e duradora de existência concreta dos interesses da classe dominante em sentido amplo. Só esta capacidade de referir os interesses últimos da classe dominante a um sistema de alianças; a interesses subalternos de

outras classes e grupos sociais; a um regime político e a um sistema de governo; a um conjunto de valores e interesses mais amplos da nação e do povo; numa palavra, a organização de uma ordem, permitia que, mesmo que a longo prazo inutilmente, se tentasse evitar e controlar a "torrente" que o futuro anunciava.[77]

A função de refreamento e ajuste do tempo pelo Conselho dentro da estrutura do constitucionalismo senhorial foi descrita pelo maior intelectual orgânico da classe senhorial, Bernardo Pereira de Vasconcelos:

As ideias, os sentimentos e os interesses mudam as instituições; elas devem acomodar-se ao estado social [...]. Não quero um Conselho de Estado imutável, mas quero se não torne tão amovível que até acoroçoe e instigue o movimento. Eis a conciliação que pretendo conseguir, cujo fim é conciliar a fixura com o movimento, que é natural, que não cabe ao homem evitar [...]. As instituições devem ser de tal maneira estabelecidas que, sem obstar ao movimento, resistam às inovações rápidas e precipitadas que podem abismar o país.[78]

A atuação do Conselho era marcada pelo entrelaçamento de pequenos e grandes temas, questões ordinárias com problemas de Estado, numa lógica de harmonização normativa e diluição do antagonismo. Neste aspecto, ele foi a cúpula da política da escravidão do Império, controlando institucionalmente as posturas legais sobre a instituição e, de fundo, a própria marcha emancipacionista no país. Como aponta Txapuã Magalhães,[79] o Conselho construiu um enquadramento jurídico favorável à hegemonia saquarema e à segunda escravidão no Brasil, tendo no retrovisor a experiência da Revolução Haitiana, evento que aparecia em inúmeros debates e pareceres do órgão. Do Conselho emergiu uma cultura jurídica que tinha como núcleo a defesa da ordem pública e a interpretação do direito de propriedade como direito absoluto.⁸⁰ No último caso, a interpretação da propriedade era baseada no domínio total de um ser humano sobre o outro, em sua sobreposição ao princípio da liberdade e na proteção contra qualquer tentativa de intervenção legal ou estatal sobre a relação pessoa-coisa, senhor-escravizado. Ademais, o direito de propriedade era alçado à chave da soberania nacional e da ordem constitucional. A hermenêutica senhorial do artigo 179. XXII da Constituição reluzia a crença da onipotência da casa-grande. Esse dispositivo estabelecia:

> Artigo 179: A inviolabilidade dos Direitos Civis, e Políticos dos Cidadãos Brasileiros, que tem por base a liberdade, a segurança individual, e a propriedade, é garantida pela Constituição do Império, pela maneira seguinte:
> [...]
> XXII. É garantido o Direito de Propriedade em toda a sua plenitude. Se o bem público legalmente verificado exigir o uso, e emprego da Propriedade do Cidadão, será ele previamente indenizado do valor dela. A Lei marcará os casos, em que terá lugar esta única exceção e dará as regras para se determinar a indenização.

Na lógica das instituições do Império, o direito fundamental à propriedade escrava era elevado à razão de Estado e à núcleo da nação. Neste aspecto em específico, cabe um pequeno parêntesis, pois mais uma vez o constitucionalismo haitiano faz um importante contraponto. Enquanto, no início do século 19, os textos constitucionais firmaram o direito de propriedade sem especificar o que ele significava (como o próprio caso do artigo 179. XXII da Constituição do Império), abrangendo aí a possibilidade da propriedade de escravizados (em sua plenitude), as Constituições haitianas explicitamente definiram a propriedade como "o direito de usufruir e dispor do próprio trabalho e indústria", conforme estabelecido na carta de 1806 e em sua revisão de 1816. Assim, enquanto o direito de propriedade era utilizado por toda parte para manter, proteger e expandir o escravismo dentro dos esquadros do liberalismo, no Haiti ele era definido de "uma maneira que tornava inadmissível a escravidão — vista como uma violação dos direitos do homem e uma violação do direito de um indivíduo à sua própria propriedade ou pessoa".[81] Na contemporaneidade, em que o direito de propriedade cada vez mais se absolutiza, reciclando a perversão da cultura jurídica senhorial, a história apagada do Haiti nos deixa importantes lições.

São os contornos práticos desse direito à propriedade escrava que sedimentaram as bases das instituições de cúpula do Império. A escravidão construiu o Conselho, bem como o Conselho construiu a escravidão. Esse vínculo carnal é evidenciado em quatro grandes temas: a aplicação da Lei nº 9 de 1835; a interpretação da Lei Feijó de 1831; a emancipação do ventre; e as associações negras.[82] Em relação ao primeiro caso, referente aos pedidos de escravizados pela comutação da pena de morte, a atuação do órgão é dividida em duas fases, sendo a segunda de maior duração. Como foi dito, a Lei nº 9 de 1835 surgiu durante o ciclo de revoltas escravas, especialmente Carrancas e Malês. Era uma resposta direta a qualquer negro que pensasse em se levantar contra o sistema.[83] Nesse momento acalorado da Regência, a atuação do Conselho geralmente foi por negar as demandas de comutação, demarcando a soberania da pena de morte. No entanto, a partir da década de 1840, com a estabilidade trazida pela hegemonia saquarema, o Conselho passou, paulatinamente, a ceder a alguns pedidos dos condenados. Era a consciência de que, num período de diminuição das rebeliões da senzala, a estratégia mais adequada era evitar cenas de horror e conflito direto, afirmando a predominância de um Estado pretensamente civilizado e liberal sobre o poder punitivo local dos senhores. Isto é,

> a interpretação da lei está inserida em uma política do Conselho de Estado de manter a ordem no Império e criar a imagem de um cativeiro e um Estado menos duros com os escravos, com o objetivo de evitar revoltas escravas que concretizassem o medo do Haiti.[84]

O lema era modernizar a punição da casa-grande, movendo-a da exclusividade dos pelourinhos privados para os esquadros do liberalismo senhorial.

Para rejeitar o pedido da Assembleia da província de São Paulo para a aplicação mais feroz da Lei nº 9 de 1835, o Conselho praticamente reproduz as palavras de Silva Lisboa na Constituinte de 1823. Isto é, que a causa da Revolução Haitiana foi o terror do Código Negro francês:

> Se uma feroz perversidade fosse tal geralmente, como diz a Assembleia Legislativa da Província de São Paulo, o caráter distintivo dos nossos escravos; eles que tanta parte têm na produção, da nossa população livre; eles com a péssima educação que recebem de muitos dos seus senhores, com a proteção destes nos seus crimes estranhos, sem uma polícia poderosa e vigilante que os corrija nos primeiros desvios de seus deveres; eles que contam entre muitos indivíduos sabendo ler e que adquirem pela leitura dos jornais amplas noções sobre a liberdade; eles já teriam feito, ao menos, temíveis tentativas para darem no Brasil o espetáculo do Haiti.
>
> Bem diverso, porém, é o espetáculo que os nossos escravos nos estão dando. Muitos deles se enobrecem no cativeiro pelos exemplos de uma sublime fidelidade para com seus senhores, e estes geralmente os empregam, sem receio, no que o serviço doméstico

tem de mais íntimo e reservado, resultando daí tão frequentes concessões de liberdade baseadas em mútuas afeições entre os senhores e os escravos.

Todas estas considerações fazem ver que a nossa sociedade está em um íntimo encadeamento de interesses, de sentimentos e de ações com a classe dos escravos, e que não se deve adotar uma justiça penal a respeito deles baseada na má aplicação do princípio institivamente seguido pelos povos bárbaros, ou pouco civilizados; isto é, que o mal merece o mal.[85]

O parecer é uma aula. Primeiro, o Haiti como contramodelo do Brasil, especialmente do que os senhores não devem fazer. Violentar desmesuradamente os escravizados é atiçá-los para a revolta. Segundo: o paternalismo liberal a todo vapor, com o uso da Constituição de 1824 para idealizar a escravidão, na qual escravizados e senhores supostamente cooperavam docemente, na qual os negros encontravam vias abertas à liberdade e, assim, à cidadania. A pena de morte feria esses sentimentos nacionais. Tudo isso ironicamente negado pelo próprio pedido da Assembleia, oriundo da demanda senhorial por mais violência como forma de aplacar as constantes rebeliões e fugas em São Paulo.[86] Por fim e não menos importante, a hermenêutica favorável da Lei nº 9 de 1835 estava amparada nas políticas de silêncio. Sem falar de direitos dos escravizados (como o direito à integridade física) e da revogação normativa, usava-se uma interpretação de cúpula para regular arbitrariamente caso a caso, mantendo-se em aberto a possibilidade de utilização da pena de morte. Essa situação de indeterminação permanente era central para uma cultura jurídica na qual a gestão da escravidão estava pautada pela gestão da ilegalidade, pois boa parte dos escravizados permanecia no cativeiro de forma ilegal por causa da Lei Feijó de 1831. Falar de lei, nomear direitos dos negros, era atear fogo neste delicado cenário. Por isso o direito não podia ser construído nos padrões de abstração e universalização da norma, pois a aplicação da lei se dava pela generalização do casuísmo.

Com isso, entramos no segundo tema do Conselho, a própria interpretação da Lei Feijó de 1831, que formalmente abolia o tráfico de escravizados. A atuação do órgão visava controlar os riscos da ilegalidade e sua influência sobre a atuação dos cativos. A hermenêutica era realizada sob o princípio da soberania nacional, seja para, no plano interno, defender o interesse dos proprietários brasileiros, seja para, no âmbito externo, rechaçar as pressões diplomáticas britânicas. Assim, antes da Lei Eusébio de Queirós de 1850, quando finalmente o tráfico cessou, a postura do Conselho foi de sufocar os argumentos favoráveis aos direitos dos africanos livres. Depois de 1850, o órgão ajudou a garantir a vitória da classe senhorial, mesmo diante do fim do contrabando, ao fixar o lema: "Olhar para o futuro e esquecer o passado". Assim, a política jurídica era focar os futuros traficantes, mantendo a salvo aqueles que já eram proprietários.[87] Tratava-se, portanto, de uma modulação temporal do princípio da propriedade, transformando o crime de redução de pessoa livre à escravidão, previsto no artigo 179 do Código Criminal do Império, em direito civil adquirido.[88] Era também uma revogação indireta, tácita e silenciosa da Lei de 1831, que virava uma norma zumbi, desencarnada de seu sentido, mesmo ainda estando vigente. De novo, a indeterminação permanente — o casuísmo estrutural quando se trata dos direitos dos negros.

A interpretação favorável ao contrabando foi complementada por mais três elementos. Primeiro, o Conselho manteve a salvo os grandes investidores do negócio, concentrando-se apenas no dono, no capitão ou no mestre, no piloto e no contramestre da embarcação, e no sobrecarga. Prendiam-se os "aviõezinhos" e "chefes dos morros", preservavam-se os ilibados cidadãos de bem magnatas do ramo. Depois, na interpretação sobre os direitos dos africanos livres, o órgão perpetuou o limbo jurídico, pois privilegiou a submissão da liberdade à ordem, impondo restrições de mobilidade àqueles que haviam cumprido o tempo de trabalho para particulares ou órgãos públicos, conforme designado por autoridades imperiais (trabalho este análogo à própria escravidão, ressalte-se).[89] Por fim, conjugando esta Lei com o sentido do artigo 6º. 1 da Constituição de 1824, por meio do qual o africano só encontrava um lugar jurídico no Brasil como escravizado, o Conselho atuou na proibição do desembarque de qualquer pessoa "de cor" livre ou liberta vinda do estrangeiro, vinculando expressamente escravidão e liberdade à cor da pele. Isto é, o critério de entrada no país não era a condição social, mas puramente a cor.[90] O medo das ideias trazidas de fora por pessoas negras livres assombrava o sono dos conselheiros, a fina flor letrada da casa-grande.

Sobre a liberdade dos ventres, o Conselho, antes da década de 1860, ratificou a ideia de que não deveria haver qualquer ingerência do Estado nas concessões de liberdade pelos senhores. Era a interpretação do princípio da propriedade como algo absoluto. No entanto, após o fim do tráfico e, especialmente, com a Guerra Civil nos Estados Unidos (1861-1865), a postura mudou. O órgão passou a adotar a posição de que era melhor atuar e reformar a instituição do cativeiro como forma de evitar maiores problemas.[91] Em 1867, Nabuco de Araújo sintetizava: a emancipação não poderia se tornar "uma questão política e presa dos demagogos". Era preciso adiantar-se para rechaçar o Haiti:

> Devemos, pois, contar com a impaciência dos escravos, com a sua predisposição para as desordens e para inércia no trabalho; devemos esperar insurreições parciais. É preciso, portanto, tomar

medidas para dominar a situação que possa vir depois da lei. Talvez se diga: e por que quereis legislar quando sabeis que a lei importará animosidade e desordens? Respondo que no estado das coisas, se não legislarmos, o mal será maior, a pressão dos acontecimentos ainda tornará mais terrível e medonha a nossa situação. Por tudo que tenho lido e observado, temo muito menos as consequências da lei, do que as incertezas da imprevidência: antes as consequências que houve na Martinica e Guadalupe, do que os precedentes havidos em São Domingos.[92]

Com isso, os debates dentro do Conselho sobre a Lei do Ventre Livre buscaram não só antecipar, mas construir uma proposta emancipacionista esvaziada no nível de interferência legal na relação entre senhores e escravizados. A política do silêncio, novamente, foi central. Ela foi sentida na retirada do dispositivo que fixava uma data para a abolição (31 de dezembro de 1899); na exclusão da previsão de uma "Junta Central Protetora da Emancipação"; e na não utilização da palavra "ingênuo", a qual pontuava que os filhos dos ventres livres não eram libertos e, portanto, possuíam plenos direitos políticos (apesar da palavra "ingênuo" ter sido excluída no Conselho e no texto final da Lei do Ventre Livre, ela balizou a interpretação da norma na prática). Tudo isso se inseria em uma política jurídica de legalizar o passado de ilegalidade e encaminhar o futuro, com uma abolição sem grandes abalos.[93] Como os eventos da década de 1880 demonstram, tal política não foi plenamente bem-sucedida.[94]

Por fim, e como visto no primeiro capítulo, o Conselho adotou uma política de não reconhecimento jurídico do associativismo negro. Novamente, a interpretação da Constituição de 1824 balizava as decisões do órgão, pois ela supostamente informava um quadro legal sem distinções raciais, onde todos os cidadãos eram tratados de maneira igual, independentemente da cor ou origem. Em termos contemporâneos, argumentava-se que as associações negras praticariam uma espécie de "racismo reverso", pois criavam uma classe separada que feria a harmonia e as boas relações entre brasileiros. Portanto, esse tipo de associativismo era contrário à ordem constitucional, à cultura jurídica e à identidade nacional. Os argumentos para atacá-lo foram os mesmos utilizados contra a política de cotas mais de um século depois, neste eterno clichê senhorial que é o Brasil. Obviamente, esses arroubos de igualdade não impediram os conselheiros de dizer que a população de origem africana era carente de civilização e, portanto, incapaz de reivindicar direitos de associação, diferentemente dos europeus. Portanto, a "raça" só poderia ser utilizada para concessão de direitos aos de cor branca. Dessa forma ela não feria a "brasilidade", pelo contrário, enobrecia-a. Tais argumentos ajudaram a fortificar a postura mais geral do Conselho e da classe senhorial em relação à emancipação. A libertação dos cativos deveria ser realizada de forma individualizada, rejeitando-se qualquer movimento coletivo organizado e baseado na identificação étnico-racial. Novamente, o órgão operou para controlar os rumos da abolição na tentativa de evitar que os negros tomassem as rédeas do processo. O Estado senhorial contra a autodeterminação cidadã. O dispositivo temporal a projetar-se sobre o futuro da liberdade.

O Conselho, portanto, foi palco central do constitucionalismo senhorial, com o qual representantes da classe dominante interpretavam a Constituição de 1824 nos travejamentos da política da escravidão e do contrabando. O órgão também buscou garantir que os senhores "caíssem para cima" nos momentos decisivos do século 19, como em 1850, 1871 e 1888. A cada nova queda, a casa-grande levantava, mas perdia vigor. O Conselho também. Não por acaso, ele e a escravidão desapareceram conjuntamente. Porém, o pós-Abolição assombrado pelos fantasmas senhoriais iluminava a capacidade dos conselheiros de controlar o amanhã para muito além do Império.

Por fim, analisemos o terceiro coração do constitucionalismo senhorial, o Senado. No início do século 19, um polo de referência para o modelo de Senado vitalício foi a França de Napoleão, com a Constituição de 1799. Nas Américas, essa fórmula exerceu profunda influência em Simón Bolívar, que a ela acrescentou a hereditariedade. Para o caraquenho, tal concepção não feria o princípio republicando de combate aos privilégios, na medida em que era necessária uma casa de sábios treinados, capazes de manter a estabilidade e a essência da nação. O Senado também seria fundamental para guiar a sociedade na criação cotidiana da República diante do passado monárquico. No argumento de Bolívar, tal lógica é acentuada por sua concepção de que a América Latina ainda estava marcada pela incivilidade, dividida em classes antagônicas e separada por ódios étnico-raciais. Essa conjuntura requeria instituições autocráticas. Assim, o Senado encarnava uma paradoxal aristocracia republicana da libertação. Essas ideias atlânticas, ricocheteando pelo Caribe e pelos Andes, ajudam a iluminar o contexto e o papel do Senado no Brasil Império.[95]

Sem diferenças entre o Projeto de 1823 e o texto de 1824, o arranjo constitucional permitia a proximidade do Senado em relação ao imperador e ao Executivo. Critérios de elegibilidade (idade, renda e formação de lista tríplice, da qual o senador definitivo era escolhido pelo monarca), vitaliciedade e ausência da possibilidade de dissolução pelo Poder Moderador, tudo isso fazia do Senado um espaço aristocrático coeso, dirigente e de baixa rotatividade, assentado no conservadorismo, na unidade política e na perenidade. O órgão auxiliava no ajuste fino dos grupos políticos e na formação de alianças mais duradouras entre as frações da classe dominante.[96]

A vitaliciedade foi central para o alcance desses objetivos. Conforme aponta Pimenta Bueno, grande dirigente do Partido Conservador, quatros aspectos são ilustrativos da função política dessa característica: 1) formava-se um espaço de representação das ideias conservadoras e do interesse geral, a serviço da nação e não dos interesses locais e móveis; 2) o senador, uma vez escolhido, estava independente do povo e da Coroa, não se vinculando a paixões momentâneas, nem se sentido impelido a atendê-las; 3) ao valorizar a escolha de homens idosos, "sábios" e "tranquilos", o Senado era uma instituição de intelectuais orgânicos atrelados a interesses de longa duração; e 4) a vitaliciedade permitia a moderação contra possíveis extremismos da Câmara. Para um Estado-nação que se fez gerenciando e protegendo a escravidão, a importância desses aspectos para a classe senhorial dispensa comentários.

O caráter do Senado explica o seu papel em diferentes fases do Império. No Primeiro Reinado, atuou na blindagem do imperador, barrando e esvaziando projetos iniciados na Câmara. Nos anos iniciais da Regência, ainda tomado pelos caramurus, recebeu fortes ataques da oposição liberal. No entanto, sua estrutura passou incólume ao reformismo da época, até porque, com o passar dos anos, a antiga oposição virou situação e, com a hegemonia saquarema, fez do Senado seu campo de articulação. A trajetória de Bernardo Pereira de Vasconcelos ilumina essa mudança no interior do órgão: o político foi de oposição liberal na Câmara, agindo contra o autoritarismo da Coroa no Primeiro Reinado, à líder do Regresso e do Partido Conservador no Senado, para o qual foi eleito no crucial ano de 1838. Assim, para a classe senhorial, o Senado se tornou fundamental na preservação do sistema bipartidário, especialmente diante das constantes dissoluções e mudanças na Câmara. Ao permitir a reprodução e perpetuação dos quadros e valores da casa-grande, o órgão espelhou institucionalmente os interesses escravocratas.[97]

Portanto, ao final da Regência, o Senado foi a ponta de lança da vitória saquarema, encerrando o ciclo de tensões que vinha desde a Independência a respeito do lugar de representação da nação — se na Assembleia ou na Coroa. Com seu auxílio, a balança foi desequilibrada a favor do Parlamento, obrigando a Coroa a constituir um executivo partidário e representativo da sociedade agrária escravista. A interpretação senhorial do ambíguo e complicado arranjo institucional da Constituição de 1824 foi estabilizada, direcionando o Estado-nação e seus órgãos para a defesa do contrabando de escravizados e para a escravidão. A fortaleza montada pelos saquaremas no Senado foi essencial nesse processo.[98]

Assim, o constitucionalismo senhorial disputou, interpretou e deu efetividade ao texto constitucional, colocando-o em movimento para garantir importante vitórias do escravismo ao longo do século 19. Falar da Constituição de 1824 sem falar dessa história é omitir o fundamental, pois é este entrelaçamento entre constitucionalismo e escravismo que está nas bases da cultura jurídica e do Estado-nação brasileiro.

TEMPO REGRESSIVO DA CONSTITUIÇÃO

O fim desse sistema foi anunciado em 1868. No dia 16 de julho, após controvérsias entre o imperador e Zacarias de Góes e Vasconcelos, líder do Partido Progressista e presidente do Conselho de Ministros, o gabinete foi destituído e os conservadores ascenderam ao poder. Três dias depois, a Câmara viria a ser dissolvida. A rapidez, a força e o autoritarismo das medidas ganharam ares de golpe, abrindo uma incurável disjunção entre

Coroa e elite política. Os progressistas ficariam fora do poder por dez anos. Os partidos seriam reorganizados, surgindo um novo Partido Liberal, um novo Partido Conservador e novas agremiações republicanas. Em 1870, o Partido Republicano Fluminense divulgou um fulminante manifesto, caracterizando como déspotas o Poder Moderador e o Conselho de Estado. Para complementar, no mesmo período, d. Pedro II pautou a discussão da libertação dos ventres, causando grande incômodo aos senhores. A tramitação do projeto no Parlamento transformou a disjunção entre Estado e elite política em uma profunda cisão dentro da classe dominante. Diferentemente de 1850, não houve consenso capaz de gerar vitória plena dos senhores em mais uma derrota do escravismo. Monarquia e escravidão entravam, pela primeira vez, em rota de colisão. Nos anos seguintes, o abolicionismo seria iluminado por essa intuição, impelindo a Coroa a destruir a escravidão e, como efeito rebote desse movimento, a implodir-se.[99] Foi pendular a dinâmica do ocaso do Império.

A Constituição de 1824 entrava em contagem regressiva. Após 1868, a interpretação hegemônica sobre a inviolabilidade do Poder Moderador passou paulatinamente a ruir. As decisões e posturas do imperador foram cada vez mais contestadas, e sua falibilidade ganhou a arena política. De chave do sistema, o monarca virou incômodo latente. Sua consciência institucional, o Conselho de Estado, foi pelo mesmo caminho, perdendo prestígio, especialmente na capacidade de controlar o ritmo da emancipação. O abolicionismo tomaria ruas, cafés, jornais e associações políticas, da mesma forma que avolumariam novamente quilombos, fugas e rebeliões escravas. A Abolição era pauta convergente, um movimento de massas a irromper contra a institucionalidade construída pelos saquaremas. Com a Lei do Ventre Livre, o centro organizacional da cultura jurídica e da soberania nacional dos oitocentos — o direito absoluto dos senhores sobre a propriedade escrava — também foi mortalmente atacado. A partir dessa norma, o Estado ganha papel decisivo na direção dos processos de alforria. Pela primeira vez o princípio da legalidade constrange a casa-grande, consolidando-se a percepção de que os escravizados têm direitos.

Na acepção de Chalhoub, com o controle legal da propriedade escrava, a Lei do Ventre Livre encerrou o tempo da absoluta inviolabilidade da vontade senhorial. Finalmente a alforria se tornou um direito, deixando de ser ato arbitrário do senhor.[100] A renitente corrente colonial foi quebrada. Ademais, um fundo nacional destinado à emancipação de escravizados foi criado, a matrícula dos cativos passou a ser obrigatória, o processo se tornou sumário nas causas de liberdade e o recurso ex officio foi instituído nas decisões mantenedoras da escravidão. Assim dispunha a Lei:

> Artigo 1º: Os filhos de mulher escrava que nascerem no Império desde a data desta lei, serão considerados de condição livre.
>
> Artigo 4º: É permitido ao escravo a formação de um pecúlio com o que lhe provier de doações, legados e heranças, e com o que, por consentimento do senhor, obtiver do seu trabalho e economias. O Governo providenciará nos regulamentos sobre a colocação e segurança do mesmo pecúlio.
>
> § 2º O escravo que, por meio de seu pecúlio, obtiver meios para indenização de seu valor, tem direito a alforria. Se a indenização não for fixada por acordo, o será por arbitramento. Nas vendas judiciais ou nos inventários o preço da alforria será o da avaliação.
>
> Artigo 7º: Nas causas em favor da liberdade:
>
> § 1º O processo será sumário.
>
> § 2º Haverá apelações *ex officio* quando as decisões forem contrárias à liberdade.

Por fim, a Lei de 1871 encerrou o ciclo iniciado em 1850: a escravidão tinha um fim biologicamente determinado. Sem o tráfico e com os ventres livres, não chegavam nem nasciam mais pessoas escravizadas. Já era possível ver o sol da liberdade alvorecer no horizonte. Neste meio do caminho, entre o fim de uma longa noite e o raiar do dia, seria aprofundada uma transformação em curso da própria escravidão, pois a escassez de escravizados os concentraria nas zonas rurais cafeeiras. Ao ser reduzido a uma parcela da sociedade, o sistema escravista perdeu elasticidade horizontal, disseminação e base de legitimidade social. Com isso, passou a ser cada vez mais alvo de críticas. A lógica de reiteração nacional instituída pela Constituição de 1824 entrava em seus estertores. O vasto Império de cidadãos e escravizados ia cair.

Na descrição dessa sucessão de eventos, é comum a percepção de que a crise instaurada em 1868 pelas investidas de d. Pedro II sobre o Gabinete e a Câmara dos Deputados significou o início do apocalipse senhorial no Brasil. Os anos de casa-grande começavam a ficar para trás. No entanto, sugiro um outro olhar sobre esse processo, no qual o colapso formal da ordem jurídica escravista não significa o fim da matriz civilizacional dos senhores.[101] Nesta correção de percurso, comecemos do princípio: a mente ao mesmo tempo criadora e fruto dessa realidade. Roberto Schwarz[102] e Sidney Chalhoub[103] apontam como a consciência senhorial, forjada na relação de posse de um humano por outro, é caracterizada pela negação da dialética entre indivíduo e exterioridade. No cotidiano da escravidão, para os senhores, a exterioridade básica é a própria alteridade do sujeito escravizado, negada pelo direito de propriedade absoluto. Esse direito permite não só a compra, venda e exploração do trabalho, mas todo tipo de abuso, sadismo e violência. Essa negação básica é generalizada na quebra sucessiva da dialética entre indivíduo e exterioridade em níveis mais amplos. Aprendido e internalizado no domínio sobre o escravizado, o senso de onipotência impede o indivíduo de ser tensionado por tudo que é externo a ele: outro indivíduo, acordos coletivos, contratos, a sociedade, a lei. Assim, a consciência senhorial sujeita e rebaixa a modernidade à sua própria volubilidade. Não há realidade que resista ao egocentrismo, ao arbítrio irresponsável e à impunidade da casa-grande.

Esse "eu" absoluto e vazio, universal e medíocre, é perpassado não só pelo capricho e o autoritarismo, mas por um amor próprio exagerado e pela busca eterna de autossatisfação. Não há paródia melhor dessa egolatria que a luta infindável de Brás Cubas por um emplasto que lhe conferisse imortalidade, pois os senhores são bons demais até para a própria morte. No limite, desejam controlar os efeitos do tempo sobre a vida. Essa é a consciência de raça e classe por trás do constitucionalismo senhorial, que deu a forma fundacional ao Estado-nação brasileiro e à sua respectiva cultura jurídica. No âmbito dos processos históricos, isso se manifestou de maneira decisiva com o Regresso. O programa dos conservadores era a defesa da Constituição contra a anarquia da liberdade universal. Regressar aos fundamentos. Mas a própria palavra Regresso significava uma concepção do tempo, astutamente captada por Bernardo Pereira de Vasconcelos: "a ideia do mundo não é a do movimento, e melhor lhe pode caber a denominação da ideia de resistência".

Isso significava frear o carro da Revolução. Refrear o tempo e as ideias que aceleravam a história naquele convulsivo início de século 19. Parar o que havia sido levado aos extremos pela Revolução Haitiana: o fim da escravidão, do tráfico e da plantation e o início da era dos direitos dos negros. Impedir a realização da igualdade racial. Regresso também significava estender infinitamente ao futuro a visão onipotente de mundo construída da varanda da casa-grande. Abolir um amanhã no qual o escravizado apareça como humano, decretando a própria morte da consciência senhorial. Para evitar esse cenário, os senhores adotaram medidas práticas, a reger o mundo dos mortos, dos vivos e dos que ainda não nasceram. Lutaram para que a escravidão, mesmo morta, tivesse uma vida póstuma, a assombrar os tempos vindouros. A fazer do presente um incessante retorno da plantação. Assim, o modelo constitucional desenvolvido pelos senhores no Império foi constituído por um paradoxo interno: ele pressupunha seu próprio fim atrelado ao término da escravidão (ou seja, um desgaste interno constante como condição de existência e expansão, o qual levaria à sua queda) e, igualmente, era dotado de um mecanismo de perpetuação dentro do Império e, particularmente, de sobrevida para além deste (a eternização da matriz civilizacional mesmo diante do fim da monarquia).

Assim, a aplicação regressiva do texto de 1824 pelo constitucionalismo senhorial serviu de instância propulsora a fundar e estabilizar o Estado-nação brasileiro. Ao girar o relógio para trás, tal aplicação garantiu, para a posterioridade, um modelo singular de reiteração social. A duzentos anos de seu início, a vigência retumbante da plantation sob um regime aberto de exploração e perseguição de negros, indígenas, pobres e periféricos é a prova da robustez do mundo criado pelos senhores. Um mundo assombrado que também perpetuou sua cultura jurídica.

Pois a cultura jurídica senhorial está na absolutização do direito de propriedade sobre os demais princípios constitucionais, como a liberdade e a igualdade. Está na distribuição escalonada, de cima para baixo, da "raça" como marcador expresso de exclusão na prática jurídica, em que ela é mais visível nas instâncias locais (tribunais de primeira instância ou códigos de conduta policial), mas é afinada e legitimada silenciosamente pela cúpula do poder (tribunais superiores, Ministério Público e autoridades de governo), em cumplicidade criminosa com a barbárie.[104] Está no arbítrio, na volubilidade e no casuísmo permanente na interpretação da lei, fazendo da norma instância de indeterminação estrutural, como nos vaivéns da jurisprudência dos tribunais superiores, que não só não contam um romance ruim, mas, em sua inconsistência e ambivalência de critérios, são incapazes de narrar coisa alguma. Está na nostalgia do Império, presente nos manuais de direito, nos hábitos, maneirismos, trejeitos e traquejos dos juristas, no gosto pelo ornamento e pela distinção social, na imposição das redes privadas e econômicas de sociabilidade sobre o espaço público. Está no mito de que os juristas sabem tudo, no desejo coletivo de ouvir a opinião de ministros de tribunais superiores, nas entrevistas de coluna inteira com o novo magistrado da vez, nos juízes super-homens, nos juízes "capa de revista", nos juízes senadores, nos juízes fiadores da democracia, nos juízes destruidores da democracia, nos juízes políticos. Está no gosto pela autoridade, no "quem diz" como critério de verdade, na capitalização de si e dos seus por aqueles que fazem doutrina e jurisprudência para abrir mais negócios, vender mais livros e gerar mais lucros do que direitos. Está na entronização do medíocre. Está no apetite despudorado por regalias e supersalários, baseado em suposições senhoriais sobre a divisão do mundo do trabalho em funções "qualificadas" e "desqualificadas". Está na apropriação de carreiras públicas como privilégio, símbolo de casta e nobreza perante o restante dos meros mortais, que jamais terão seus nomes eternizados em estátuas, bustos, salas de anfiteatros e murais com fotos dos membros históricos de uma corte qualquer. Está no prolongamento da atmosfera aristocrática em todo tribunal, onde serviçais, garçons, motoristas, roupeiros, estagiários e um batalhão de funcionários garantem o bem-estar e fazem o trabalho dos excelentíssimos senhores doutores, das necessidades básicas à produção de sentenças. Está na conivência ultrajante com a supremacia branca nas carreiras jurídicas de Estado, em seus mecanismos de recrutamento e nas formas de decisão. Está nas políticas de silêncio a respeito da lei, em que a norma deixa de ser mediadora, condutora e constrangedora da postura dos juristas diante do real, os quais limpam suas mãos diante da sujeira do mundo, como faziam os conselheiros diante do tráfico, como fazem os magistrados de hoje também diante do tráfico, guerra aos negros e pobres autorizadora da violência policial, sublimada pelo aceite passivo da verdade do inquérito.[105] Está nas políticas de silêncio sobre os direitos dos grupos não brancos, pois dos tribunais de mármore não se escuta o massacre cotidiano, abafado pela perpetuação da ideologia do paraíso racial. Está na permanência do império dos bacharéis, eternos avalistas da modernização da plantation e da integração subalterna do Brasil no sistema-mundo. Está na hermenêutica senhorial a interpretar e a destruir os dispositivos da Constituição cidadã. Está no compromisso da cultura jurídica em desterrar a liberdade, a igualdade e a democracia, de fazer do direito uma mera extensão da casa-grande.

Pois entre os fantasmas desse cemitério podem ser encontrados senhores e juristas.

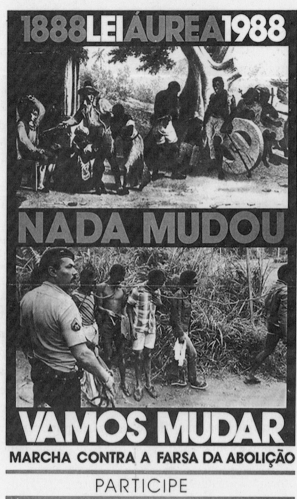

Cartas da manifestação, 1988, Luiz Carlos Gá. Acervo: PACC/UFRJ.
Pasta Relações Raciais, coleção Centenário da Abolição.

EPÍLOGO

Vamos mudar?

No ano de 1988, quando o Brasil voltava seus olhos para a Assembleia Constituinte, o movimento negro trouxe para o debate público os significados do centenário da Lei Áurea. Organizado sob os lemas de combater a "farsa do 13 de maio" e "realizar a Segunda Abolição", atos e manifestações foram programados por todo o Brasil, muitos dos quais encerrados sob o cassetete da polícia. No Rio de Janeiro, a violência começou no momento em que os manifestantes se dirigiam ao monumento em homenagem a Zumbi.[1] Em um dos cartazes de chamada para os eventos, duas imagens ecoavam o passado sobre o presente. Na primeira, um mercado de escravizados. Na segunda, a polícia amarrava jovens pelo pescoço, na famosa fotografia de Luiz Morier.

A foto capta uma batida policial na estrada Grajaú-Jacarepaguá, no Rio de Janeiro, em 1982. Perguntado sobre a cena, o fotógrafo comentou: "A sensação que tive quando os avistei era de que a Lei Áurea não valeu de nada. Estavam sendo carregados pelo pescoço como escravos". A velocidade com que a imagem correu o mundo contrasta diante da vagarosidade regressista do tempo local. Os seis homens eram moradores de uma comunidade próxima e todos estavam com a carteira de trabalho na mão.

No cartaz do movimento negro, entre as imagens, os dizeres: "NADA MUDOU, VAMOS MUDAR". Enquanto o Brasil abria-se para o futuro com o fim da Ditadura Militar e a redemocratização, o movimento negro lembrava quanto de passado tinha o presente.

Tratava-se da consciência radical a respeito da continuidade do mundo dos senhores. Mais do que a compreensão progressiva e triunfalista em torno da Assembleia, o movimento negro desvelava a espiral do tempo, a espalhar assombros da casa-grande sob a nova ordem anunciada. Evidenciava como central na recente democracia aquilo que mais parecia extemporâneo a ela, tido como démodé ou excepcional: o cotidiano de torturas, grupos de extermínio, trabalho escravo e banhos de sangue. Aquilo que não fazia parte do repertório no jantar dos senhores. Alguns anos depois, quando as chacinas de Vigário Geral e da Candelária e o massacre do Carandiru escancaravam, para quem queria ver,[2] que havia mais continuidade do que ruptura, a mesma consciência negra profetizava: ou se exorcizam os fantasmas, ou esta República terá seu futuro abolido. Como que sabendo que a luta se trava também no plano espiritual, no álbum *Sobrevivendo no Inferno* (1997), dos Racionais MC's, a profecia estaria na boca do mais desprezado filho de 1988, o preso morto:[3]

Do ouvido, da boca e nariz
O Senhor é meu pastor
Perdoe o que seu filho fez
Morreu de bruços no Salmo 23
Sem padre, sem repórter
Sem arma, sem socorro.

Concreto relato da realidade presente, o diário encapsulava futuro e passado, pressagiando na longa noite escura do ontem o amanhecer da nova Constituição. A Nova República morreria como um detento, um filho negro das suas periferias. Todos esses eventos dizem muito pouco para a cultura jurídica oficial do país. Em anos recentes, quando parte dela acordou perguntando onde estaria a democracia, esquecia-se de se ver como cúmplice da tragédia. Pois é somente a consciência senhorial que permite esse tipo de autoengano, de cumplicidade, ou melhor, de conluio, forjado na base do silêncio, ainda que o mundo lá fora grite, rebele-se, proteste, saia às ruas, aponte farsas nas datas comemorativas, arrombe a porta das instituições ou coloque toda essa revolta em forma de arte, de música. Se o direito até hoje vive nesse descolamento da realidade mais imediata, ensimesmado nos próprios delírios, bloqueando qualquer tipo de dialética com o que está além da casa-grande, é porque o mundo da Constituição de 1824 ainda está entre nós, fazendo do regresso constitucional morte e vida do constitucionalismo brasileiro.

Mas espiral não é marcha, muito menos é círculo, a regressar eternamente para o mesmo lugar. Há mais no cartaz de 1988. Na encruzilhada de mundos, com sua sobreposição temporal direta, crua e imediata, que traz para o primeiro plano a exigência de cura do trauma cotidiano, o cartaz encerra com uma conclamação dotada da crença radical no movimento, capaz de interromper a macabra valsa senhorial. Conclamação coletiva, democrático convite, e nada mais que poder constituinte: vamos mudar.

GLOSSÁRIO

Cemitério de palavras

Bernardo Pereira de Vasconcelos (1795-1850): Idealizador do Regresso, fundador do Partido Conservador e grande liderança saquarema, Bernardo Pereira de Vasconcelos foi uma das principais figuras políticas na montagem do Estado-nação brasileiro. Nascido em Ouro Preto em 1797, filho de uma família de juristas, bacharelou-se em direito em Coimbra e foi eleito deputado geral por Minas Gerais para a primeira legislatura, em 1826, com apenas 31 anos. No Primeiro Reinado, rapidamente se tornou a principal voz da Oposição Liberal, reconhecido pela suntuosa oratória, acidez, ironia mordaz, escrita arguta e visão de estadista. Entre a Regência e o Segundo Reinado, foi eleito senador em 1838, tornou-se o principal defensor dos interesses do Vale do Paraíba e articulou a emergência dos conservadores na arena política. Intelectual orgânico da casa-grande, Bernardo organizou um projeto nacional em torno da manutenção da escravidão e do tráfico de escravizados, da centralização política, da manutenção da ordem e da interpretação liberal-autoritária da Constituição de 1824. Foi construtor da arquitetura jurídica e institucional do Estado brasileiro, sendo autor dos projetos de Código Criminal do Império (1830) e da Lei de Terras (1850), além das reformas que retomaram o princípio da centralização (Código de Processo Criminal, 1832, e recriação do Conselho de Estado, 1841). Também esteve por trás da Lei de Interpretação do Ato Adicional de 1834, aprovada em 1840, que ceifou as competências das províncias e verticalizou a estrutura do poder judiciário. Entre 1837 e 1838, proferiu seu famoso discurso "Fui liberal", em que manifesta a cosmovisão saquarema e explicita o programa contrarrevolucionário do Regresso:

> Fui liberal; então a liberdade era nova no país, estava nas aspirações de todos, mas não nas leis, não nas ideias práticas; o poder era tudo: fui liberal. Hoje, porém, é diverso o aspecto da sociedade: os princípios democráticos tudo ganharam e muito comprometeram; a sociedade que então corria risco pelo poder, corre agora risco pela desordem e pela anarquia. Como então quis, quero hoje servi-la, quero salvá-la, e por isso sou regressista.[1]

Sua morte por febre amarela em 1850 colaborou para a mudança das posturas escravistas no Parlamento, abrindo espaço para a aprovação da Lei Eusébio de Queirós.

Caramurus: Nos primeiros anos da Regência, três campos conformam a política institucional. Os liberais radicais ou exaltados, chamados também de "jururubas" ou "farroupilhas", que tinham como principal demanda mudanças descentralizantes, como o Federalismo e, no limite, a República. Os liberais moderados (chimangos), principais representantes dos interesses escravistas, que buscavam controlar o nível e a velocidade das reformas, para que a ausência de um monarca não precipitasse a convulsão social. A partir de 1835, das fileiras moderadas saíram importantes figuras do Regresso, a exemplo de Bernardo Pereira de Vasconcelos. Por fim, os restauradores (caramurus) pleiteavam o retorno de d. Pedro I e o absolutismo, perdendo força com a morte do antigo monarca em 1834.

Conselho de Estado: O Conselho de Estado foi criado com a Independência, ratificado pela Constituição de 1824, extinto com a reforma constitucional de 1834 e reestabelecido por lei em 1841. Conforme argumenta Maria Fernanda Vieira Martins no texto *A velha arte de governar*, a instituição "seguia o modelo dos velhos conselhos áulicos europeus, com membros vitalícios, sofrendo a influência de uma prática político-administrativa tradicionalmente associada ao regime monárquico no velho continente".[2] De acordo com a Lei nº 234, de 30 de novembro de 1841, o Conselho era "composto de doze membros ordinários, além dos ministros de Estado" (art. 1º) e dividia seus trabalhos em reuniões plenas, presididas pelo imperador, ou em seções, lideradas pelos ministros de Estado a que pertencesse os objetos das consultas. O cargo de conselheiro de Estado era vitalício, porém o monarca podia dispensá-lo de suas funções por tempo indefinido (art. 2º). Havia até doze conselheiros extraordinários, também nomeados pelo imperador, que atuavam em caso de impedimento dos ordinários ou quando fossem chamados para alguma consulta (art. 3º). Conforme expresso no art. 7º, o Conselho de Estado era órgão intrinsicamente vinculado à Coroa ("Incumbe ao Conselho de Estado consultar em todos os negócios, em que o Imperador houver por bem ouvi-lo, para resolvê-los") e ao exercício do Poder Moderador ("em todas as ocasiões, em que o Imperador se propuser exercer qualquer das atribuições do Poder Moderador, indicados no artigo 101 da Constituição"). Por meio de pareceres e projetos normativos, também se posicionava sobre "decretos, regulamentos e instruções para a boa execução das leis, sobre propostas que o poder executivo tenha de apresentar à Assembleia Geral". Assim, atuava como um verdadeiro intérprete superior da Constituição e do ordenamento jurídico do Império, dirimindo divergências na aplicação das normas, estabelecendo precedentes e enquadrando juridicamente uma infinidade de temas, que iam de questões cotidianas a polêmicas estruturais.

Instrumento de coordenação das elites e de implementação da política do Regresso, o Conselho teve o seu apogeu durante a hegemonia saquarema, entrando em declínio com as demais instituições do Império a partir da década de 1870. Desse modo, conforme aponta Martins, a instituição foi indispensável para dar sentido prático ao quadro constitucional, normativo e institucional do Estado-nação:

> A obra do Conselho, sua ação normativa da administração e da Justiça, formativa das instituições públicas e centralizadora do poder assumiu um papel fundamental na construção de uma identidade política para o Estado brasileiro que garantiu a estabilidade da monarquia de Pedro II por quase meio século. Nesse sentido, as discussões acerca da abolição da escravidão, a reforma eleitoral e os caminhos do país na guerra do Paraguai importavam tanto quanto os crimes do juiz de Direito no interior da província, a aposentadoria de um velho coronel ou as últimas esperanças de um réu escravo condenado pela morte de seu senhor. O que então se colocava era a direção de sua ação, o volume, a extensão e o conjunto de sua obra, que buscou o reforço da autoridade central, o controle da vida política e a manutenção da ordem e das hierarquias no país. [...] O Conselho representou, portanto, o grande instrumento da conciliação, entendida não apenas como a necessidade de superação de diferenças partidárias, por mais sinceras que fossem essas divergências, mas, no sentido que assumiu para a instituição, representava a busca de equilíbrio entre a

tradição e o moderno, entre a fixura e o movimento. Conciliação e movimento — no sentido da resistência provincial e da ânsia de reformas — pareciam as palavras de ordem da nova situação política inaugurada com o Regresso.[3]

Conselho de Ministros: De acordo com a Constituição de 1824, o imperador era o chefe do Poder Executivo e o exercia por meio de seus ministros de Estado (artigo 102), os quais eram nomeados e demitidos livremente pelo monarca em decorrência das atribuições do Poder Moderador (artigo 101. I). No Segundo Reinado, o conjunto dos ministros de Estado era chamado de Conselho de Ministros ou Gabinete. No entanto, conforme argumenta Silvana Mota Barbosa no texto *O Conselho de Ministros no Império do Brasil*, a simples leitura desses dispositivos não revela o real funcionamento do ministério ao longo do Império, especialmente após o Decreto nº 523 de 1847. Essa norma estabelecia a figura do Presidente do Conselho de Ministros, nomeado pelo imperador de acordo com o resultado das eleições para a Câmara dos Deputados. Com anuência do monarca, o presidente também passava a nomear os membros do Gabinete, subtraindo a competência constitucional atribuída exclusivamente ao Poder Moderador. Segundo Barbosa, o surgimento do Decreto nº 523 pode ser entendido como parte das políticas dos gabinetes liberais entre 1844-1848, chamado "quinquênio liberal", que tinham como meta diminuir o poder da Coroa e sedimentar as bases de um sistema parlamentarista, dando prevalência ao Poder Legislativo. Assimilava-se a figura do presidente do Conselho de Ministros a do primeiro-ministro. No entanto, os saquaremas hegemonizaram o Gabinete pelos vinte anos seguintes, conformando o cargo de presidente do Conselho ao seu modo: fortalecimento do governo e mecanismo de equilíbrio, harmonização e comunicação nas relações entre monarca e Poder Executivo, blindando-os mutuamente. Essa prevalência da lógica saquarema sobre o Conselho é revelada também pelo período de permanência de cada partido à frente do Conselho: enquanto os liberais estiveram no poder por quinze anos, os conservadores ficaram por 27.

Cortes Gerais Constituintes de Lisboa: As Cortes Gerais e Extraordinárias da Nação Portuguesa, Cortes Gerais Constituintes de Lisboa ou simplesmente Cortes de Lisboa foram resultado da Revolução Liberal do Porto, que buscava a reorganização política do Reino sob os esquadros do constitucionalismo, rearticulando a relação entre monarquia e povo. Trata-se da primeira experiência parlamentar moderna no Império Português, na medida em que os vintistas recusaram a proposta da Regência portuguesa de convocação das Cortes no modelo antigo, composta pelos três Estados (clero, nobreza e povo). Assim, a legitimidade das Cortes se assentava no conceito moderno de representação, com deputados provenientes das distintas partes do Reino. Como argumenta Andréa Slemian no livro *Sob o império das leis*, as Cortes institucionalizavam no mundo português o vocabulário jurídico-político liberal do Estado de Direito. O governo deveria ser balizado e limitado pelas leis, pela separação de poderes e pela garantia de direitos individuais, tidos como invioláveis. No início dos trabalhos das Cortes, em janeiro de 1821, estava definido que seriam cem deputados de Portugal, 65 do Brasil, nove dos Açores e sete dos domínios da África e da Ásia, eleitos pelo sufrágio indireto. O Brasil chegou a eleger 72 representantes entre titulares e suplentes, mas apenas 49 assumiram o cargo, já com os trabalhos das Cortes em andamento. Além das tensões entre portugueses e brasileiros que contribuíram para a Independência do Brasil, as Cortes aprovaram a Constituição Portuguesa de 1822, no dia 23 de setembro daquele ano. Inspirada na Constituição Espanhola de Cádiz (1812) e nas constituições francesas revolucionárias, o texto estabeleceu os direitos individuais, a nação como fonte de soberania, o fim das prerrogativas do clero e da nobreza, a prevalência do Poder Legislativo e a separação dos poderes. Essa tentativa de enterrar definitivamente o absolutismo e de implementar uma monarquia constitucional durou pouco. No dia 3 de junho de 1823, após a Vilafrancada, levante monárquico que restaurou o absolutismo, d. João VI suspendeu a Constituição. Ela voltou à vigência provisoriamente entre 1836 e 1838, durante a Revolução de Setembro, até ser substituída pela Constituição de 1838. Apesar da história breve e turbulenta, o vintismo e a Constituição de 1822 abriram um novo tempo histórico em Portugal ao introduzir a moderna linguagem constitucional.

Cunha Mattos: Raimundo José da Cunha Mattos (1776-1839) nasceu no Faro, Portugal. Formado na Escola Regimental do Algarves, participou da campanha militar contra a França Revolucionária e, após residir dezenove anos em São Tomé, mudou-se para o Brasil em 1817, atuando na repressão à Revolução Pernambucana. Foi governador das armas da província de Goiás entre 1823 e 1826, e deputado na Assembleia Geral por duas legislaturas, 1826-1829 e 1830-1833. Também foi secretário da Sociedade Auxiliadora da Indústria Nacional e um dos fundadores do Instituto Histórico e Geográfico Brasileiro. Conforme ressalta Martha Victor Vieira no artigo *Cunha Mattos: entre a pena e a espada*, ele era um absolutista voraz e defensor da Coroa. Apoiou a dissolução da Constituinte de 1823 por d. Pedro I, pois acreditava que era melhor ser governado despoticamente por um imperador do que viver sob a tirania de parlamentos populares. Guardião dos valores da casa-grande, entendia que os proprietários encarnavam os interesses do país em decorrência de seu "patriotismo material" e, portanto, deveriam estar em aliança com a Coroa. Sua concepção hierárquica e autoritária da sociedade casava-se com sua moral contrarrevolucionária. Martha Vieira argumenta:

> Como um defensor das prerrogativas do monarca e dos direitos dos grandes proprietários, Cunha Mattos condenava que se proclamasse a igualdade, que "mal entendida" provocaria "a insubordinação e o nivelamento de fortuna", levando à revolução e à anarquia. Para evitar esse grande mal, era preciso que o povo fosse contido pelo medo.[4]

Holanda Cavalcanti: Antônio Francisco de Paula de Holanda Cavalcanti de Albuquerque (1797-1863), visconde de Albuquerque, nasceu no engenho Pantorra, na cidade de Cabo de Santo Agostinho, Pernambuco. Filho do coronel Suassuna e irmão dos também políticos, os viscondes de Suassuna e de Camaragibe e o barão de Muribeca, Holanda Cavalcanti pertencia a uma das mais poderosas famílias do Império, grande proprietária de terras e escravizados. Serviu como militar em Moçambique e Macau e atuou na repressão à Confederação do Equador (1824). Membro da ala agrária do Partido Liberal, era um dos saquaremas fora do Partido Conservador. Foi deputado por Pernambuco (1826-1837) e eleito senador em 1838, destacando-se como fervoroso defensor do tráfico e da escravidão. Foi ministro da Fazenda (1830-1831, 1832, 1846-1847, 1862-1863), do Império (1832), da Marinha (1840-1841 e 1844-1847) e da Guerra (1845-1846). Em 1850, tornou-se membro vitalício do Conselho de Estado.

Ingênuos: Na dissertação de mestrado *Ser "ingênuo" em Desterro/SC*, Patrícia Ramos Geremias argumenta que a utilização de "ingênuo" para denominar os filhos das escravizadas nascidos a partir da Lei do Ventre Livre, de 28 de setembro de 1871, "foi incorporada à legislação brasileira por influência da legislação romana que denominava 'ingênuos' os cidadãos considerados livres, sem restrições".[5] O termo apareceu nos debates e projetos que antecederam a aprovação da Lei, em que os filhos de escravizadas seriam considerados "livres e havidos por ingênuos", o que significava ter plenos direitos. No texto final, a palavra foi substituída pela expressão "condição livre". A despeito disso, o termo "ingênuo" pegou e entrou em disputa. Geremias esclarece: "a denominação, que a princípio significava uma cidadania mais ampla para os nascidos de ventre livre no país, passou a ser utilizada mais comumente para se referir aos filhos das escravas. Houve, portanto, uma ressignificação do termo 'ingênuo'".[6] As lutas em torno da palavra expressavam os embates a respeito de até onde iriam os direitos das pessoas negras após o 28 de setembro de 1871 e, consequentemente, qual seria o conteúdo da cidadania no Brasil quando não mais houvesse escravidão.

Jean Jacques Dessalines (1758-1806): Foi um revolucionário haitiano e primeiro imperador do Haiti. Através da oralidade, ele é um dos autores da Declaração de Independência Haitiana (1804), a qual consagrou o nome indígena "Haiti", a abolição da escravidão e a cisura com a França, expressando a "vingança" dos haitianos. Nascido escravizado, tornou-se um dos principais comandantes das tropas revolucionárias, liderando a Revolução após o aprisionamento e morte de Toussaint Louverture em 1803. Como imperador, Dessalines prosseguiu as políticas de seu antecessor em relação ao trabalho agrícola forçado, proibiu a aquisição de propriedade por pessoas brancas, expropriou terras, abriu o comércio com a Inglaterra e os Estados Unidos e negociou a vinda de escravizados deste último para o Haiti. Conforme apontam os estudos de Deborah Jenson, Dessalines é uma das figuras que mais expressou a africanidade da Revolução Haitiana, constituindo o imaginário político da nação e do Caribe como um todo. Alvo de uma emboscada, foi assassinado em 1806.

Jim Crow: Foi como se tornaram conhecidas as leis estaduais e locais que estabeleceram a segregação racial no Sul dos Estados Unidos entre 1877 e 1964. Elas tiveram início com o término da Reconstrução (1865-1877), período de reintegração dos estados sulistas à União após a Guerra Civil e de tentativa de efetivação da cidadania negra. A segregação racial foi declarada constitucional pela Suprema Corte em 1896, no caso *Plessy v. Ferguson*. Homer Plessy, em um ato de desobediência civil, confrontou as normas de Louisiana ao sentar-se em um vagão destinado aos brancos. Ele foi preso e recorreu até o caso chegar à Suprema Corte. De maneira infame e por sete votos a um, o tribunal estabeleceu a doutrina do "separados, mas iguais", legitimando o Jim Crow. Foi o sinal verde para a disseminação da segregação racial nas mais diversas instâncias. Transporte e instalações públicas, escolas, forças armadas e repartições públicas foram racialmente divididos, naturalizando-se a subcidadania negra, que também era enquadrada de forma paralegal por linchamentos e ataques violentos à comunidade afro-estadunidense. Somente em 1954, no caso *Brown v. Board of Education of Topeka*, a Suprema Corte começou a alterar seus precedentes, declarando inconstitucional a segregação em escolas públicas. O caso teve início em 1951, quando o sistema público de ensino de Topeka, Kansas, recusou a matrícula da filha de Oliver Brown em uma escola perto da sua residência, removendo-a para uma instituição distante e segregada. Fruto de uma estratégia coordenada pela Associação Nacional para o Progresso das Pessoas de Cor (NAACP), os Brown e outras doze famílias ajuizaram uma ação para declarar inconstitucional o sistema de segregação escolar. Após derrota na justiça do Kansas, que legitimou a decisão da cidade de Topeka com base na doutrina do "separados, mas iguais" de *Plessy v. Ferguson*, a família Brown recorreu à Suprema Corte. Em maio de 1954, de forma unânime, a Corte declarou que a segregação escolar é inerentemente desigual, violando a cláusula de igual proteção da 14ª Emenda da Constituição dos Estados Unidos. A decisão foi impulso decisivo para a ascensão do Movimento dos Direitos Civis, que, por meio da luta política, levaria às aprovações da Lei dos Direitos Civis de 1964 e da Lei dos Direitos de Voto de 1965, marcos fundamentais na desintegração da estrutura jurídica do Jim Crow.

João Severiano Maciel da Costa (1760-1834): Primeiro visconde com grandeza e marquês de Queluz, foi governador da Guiana Francesa (1810-1817), deputado constituinte (1823), ministro do Império (1823-1824), presidente da província da Bahia (1825-1826) e ministro dos Negócios Estrangeiros e da Fazenda (1827). Conforme argumentando neste livro, Maciel da Costa talvez seja a peça mais importante do quebra-cabeças do processo de Independência. Suas posições e estratégias no nascimento da nação explicam o quadro sobre o qual se montou a hegemonia da classe senhorial durante o Império. "Pai fundador" e mão pesada por trás da Constituição de 1824, seu ímpeto constituinte articulou a relação entre "haitianismo" e direito nas origens do constitucionalismo brasileiro.

José Prudencio Padilla (1784-1828): Filho de um homem negro de São Domingos e de uma mãe indígena *wayuu*, nasceu no porto caribenho de Riohacha, extremo oeste de Nova Granada (hoje Colômbia) e nas imediações da Venezuela. Foi personagem central na libertação do Caribe colombiano e venezuelano e uma das mais fantásticas figuras da Era das Revoluções. Aos catorze anos, alistou-se como taifeiro na Real Armada Espanhola e, em alguns anos, chegou à posição de contramestre. Participou da Batalha de Trafalgar, quando foi aprisionado pelos britânicos, permanecendo em Portsmouth até 1808. Em 1810, retorna à América do Sul e inicia sua trajetória nas Guerras de Independência. Participa das forças militares da República de Cartagena (1811-1815) e, em 1816, após exílio no Haiti, lidera a marinha patriota contra a armada espanhola nas águas do Caribe venezuelano e colombiano. Entre 1820 e 1823, libera do controle europeu importantes portos americanos, entre eles Riohacha, Santa Marta, Cartagena e Maracaibo, selando a independência da costa atlântica. Com forte apoio das classes populares e comunidades negras do Caribe em decorrência de seu republicanismo radical e da defesa da igualdade racial, é eleito senador da República em 1822. Por suas ações, relevância, vitórias e popularidade, Padilla recebeu a condecoração de Benemérito da Pátria e foi tido por Simon Bolívar como o homem mais importante da República. No entanto, nos anos seguintes, rapidamente passou a ser alvo de perseguição e ataques pelas elites colombianas. De maneira infundada, foi acusado de incitar uma guerra racial nos moldes do que supostamente teria acontecido no Haiti. Para Bolívar, Padilla virou o maior representante da "pardocracia", suposto movimento pela implementação de um governo de pessoas pardas e pretas e de violência contra os brancos. Em 1828, decidem pelo seu assassinato. Padilla é acusado de traição, preso e levado para Bogotá. Mesmo no cárcere, manobram para envolvê-lo na Conspiração Setembrina, que tentou assassinar Bolívar. No dia 2 de outubro de 1828, na chamada Plaza de la República, hoje chamada Plaza

Bolívar, Padilla, despido de suas insígnias e distinções militares, subiu ao patíbulo e foi fuzilado. Suas últimas palavras foram: "Viva a República! Viva a liberdade!".

José Bonifácio de Andrada e Silva (1763-1838): Descendente de uma das famílias mais ricas de São Paulo, foi político, naturalista, poeta e estadista. Figura central no processo de Independência, é tido como um dos primeiros pensadores sociais brasileiros, na medida em que pensava o Brasil como tarefa, isto é, que tipo de programa o país deveria adotar para se desenvolver e alcançar um lugar entre as chamadas "nações civilizadas". Em 1783, foi viver em Portugal para estudar na Universidade de Coimbra, onde cursou direito, matemática e filosofia natural. Na Europa, testemunhou as rápidas transformações pelas quais passava o continente, bem como fez parte da resistência à França na Guerra Peninsular. Aos 56 anos e após viver mais de trinta em Portugal, retornou ao Brasil em 1819. Entre 1819 e 1823, participou ativamente da arena política, articulando a centralização política em torno da Coroa com os interesses dos grandes proprietários. Como vice-governador provisório de São Paulo, esteve por trás das propostas paulistas para as Cortes de Lisboa. Posteriormente, como ministro dos Negócios do Reino e Estrangeiros, participou das ações que levaram à Independência. Ao longo da Assembleia Constituinte, distanciou-se de d. Pedro, especialmente quando sua concepção de monarquia constitucional passou a entrar em choque com as pretensões do imperador. A isso somaram-se o projeto de constituição apresentado por seu irmão, Antônio Carlos Ribeiro de Andrada Machado, que enfraquecia a Coroa, e as críticas incendiárias contra o despotismo realizadas por seu outro irmão, Martim Francisco Ribeiro de Andrada. Com a dissolução da Constituinte, os três foram exilados. Retornou ao Brasil em 1829, exercendo a tutoria de d. Pedro II por breve período (1831-1833), e passou os últimos anos de vida recluso em sua casa na ilha de Paquetá.

No artigo *Como transformar portugueses em brasileiros*, Valdei Lopes de Araujo expõe como a visão de José Bonifácio se transformou com o desenrolar do processo de Independência. A perspectiva político-administrativa, ainda enraizada na restauração do Reino no Brasil de acordo com as especificidades locais, foi substituída pelas reflexões a respeito de um programa nacional, que tinha como cerne a identidade da população brasileira. Forjada dentro de um modelo de história universal, em que os povos transitam da barbárie à civilização, essa identidade deveria ser construída pelo Estado. É neste contexto que se inserem suas propostas de "integração" das comunidades indígenas na ordem social e econômica da nação, de abolição gradual do tráfico e da escravidão e da "mistura de raças" visando a homogeneização, embranquecimento e "aperfeiçoamento" da população. Essa concepção racializada do mundo era subordinada aos interesses dos grandes proprietários e mediada pelo medo de que no Brasil se repetissem os eventos da Revolução Haitiana. Valdei Araujo sintetiza:

> A defesa da extinção do tráfico e da escravidão é sustentada por dois conjuntos de argumentos. De um lado, a escravidão seria contrária aos "princípios eternos da razão e da religião"; de outro, prejudicial aos interesses econômicos e políticos dos proprietários. A cada dia ficava mais evidente que a existência de uma multidão potencialmente explosiva era uma ameaça constante à ordem que se procurava instaurar. As relações sociais derivadas da existência da escravidão levavam ainda à degeneração moral dos homens livres, acostumados ao enriquecimento fácil, alheios a qualquer tipo de trabalho regular. Uma sociedade em que a riqueza nascia

da exploração de outros seres humanos não poderia desenvolver a industriosidade e a firmeza moral necessárias à verdadeira civilização.[7]

Ademais, como aponta Caroline Passarini Sousa no texto *Raça, gênero e maternidade*, o projeto de emancipação gradual de Bonifácio era atravessado pela tutelagem dos libertos, os quais deveriam ser educados para a cidadania, e pelo paternalismo e controle sobre as mulheres negras. Vistas, ao mesmo tempo, como fonte de riqueza e como estabilizadoras do tipo nacional, elas deveriam ser alvo de políticas que diminuíssem a possibilidade de revoltas e aumentasse a miscigenação do povo. Portanto, no paradoxal projeto nacional de José Bonifácio, a negação da autonomia negra e indígena era um passo necessário para a democratização da cidadania no país.

José Carneiro da Silva (1768-1864): Foi primeiro barão e visconde com grandeza de Araruama, fazendeiro, político e intelectual orgânico da classe senhorial. Irmão de João Carneiro da Silva, barão de Ururaí, construiu grande força política e econômica em torno da criação de gado e das plantações de cana de açúcar no Rio de Janeiro, particularmente na região de Quissamã. Eleito para a Assembleia Legislativa da Província do Rio de Janeiro em 1844, foi grande liderança do Partido Conservador, articulando interesses dos senhores de escravizados do norte fluminense. Foi também coronel comandante supremo da Guarda Nacional nos municípios de Macaé e Capivari.

José Custódio Dias (1767-1838): Era descendente de poderosa família do sul de Minas Gerais, produtora de gado. Segundo Caroline Costa Pimentel Barbosa, na dissertação *Um construtor do Estado imperial*, José Custódio Dias conciliava as funções sacerdotais com a administração da fazenda da família. Foi deputado nas Cortes de Lisboa, na Assembleia Constituinte do Brasil e na Câmara entre 1826 e 1835, ano em que se tornou senador.

José da Silva Lisboa (1756-1835): Barão e visconde de Cairu, foi economista, historiador, jurista, publicista e apoiador inconteste da monarquia, seja nos tempos de d. João VI, seja com d. Pedro I. Era defensor da centralização do poder, tendo combatido a Confederação do Equador. Também tentou reconciliar Portugal e Brasil no período pré-Independência. Ocupou diversos cargos públicos, tendo sido desembargador, deputado e senador.

Lei Eusébio de Queirós (nº 581, de 1850): Proibiu a entrada de africanos escravizados no Brasil. Defendida pelo ministro da Justiça Eusébio de Queirós e aprovada numa das viradas do Partido Conservador, as causas de sua promulgação e aplicação são múltiplas. Entre elas estão a intensificação da pressão inglesa na década de 1840, com a aprovação das leis Bill Parmerston (1839) e Aberdeen (1845), culminando no Incidente de Paranaguá em 1850; a continuidade do medo de revoltas escravas, impulsionado pela Conspiração Congo no Vale do Paraíba em 1848; e a epidemia de febre amarela (1849-1850), que era atribuída aos africanos contrabandeados e que vitimou Bernardo Pereira de Vasconcelos, o principal bastião escravista nas instituições do Império. A estratégia conservadora por trás da aprovação da Lei nº 581 era a de "cair para cima". Conforme a famosa exposição de Eusébio de Queirós na Câmara dos Deputados em 1852, a norma objetivava olhar para o futuro esquecendo o passado. Em termos práticos, isso significava a anistia dos contrabandistas, a legitimação da propriedade escrava ilegalmente adquirida e a blindagem da escravidão como instituição social. De qualquer forma, a longo prazo, o fim definitivo do contrabando de escravizados teve consequências estruturais para o Brasil e para a transformação da ordem escravocrata. Ele concentrou a escravidão nos latifúndios do Sudeste e das zonas de expansão agrária, intensificando o tráfico interprovincial. Com a ausência da universalidade territorial e social do escravismo, a norma colaborou na deslegitimação do sistema perante o grosso da sociedade brasileira. Como resultado dos dois fenômenos anteriores, a Lei amplificou a tensão entre senhores e escravizados, na medida em que os escravizados dos grandes plantéis em fazendas eram submetidos a condições cada vez mais degradantes. Em algumas décadas, os efeitos da Lei Eusébio de Queirós sobre a estrutura da sociedade brasileira permitiram a janela histórica sobre a qual agiu o protesto negro, ponta de lança da falange abolicionista e do caminho que levou ao 13 de maio de 1888.

Lei Feijó: De 7 de novembro de 1831, foi a primeira lei a proibir o tráfico de africanos para o Brasil. Mais gravosa que o Tratado Anglo-Brasileiro, assinado em 1826 por d. Pedro I, a norma surgiu nos primeiros meses da Regência e foi fruto das transformações e disputas do momento. Tratava-se também de uma forma de afirmar a soberania do Brasil tanto em relação às ações da Inglaterra como em relação às decisões do antigo monarca. Conforme exposto ao longo deste livro, a expressão "lei para inglês ver", que ganhou corpo ao ser atribuída à Lei Feijó, elide a história, na medida em o governo brasileiro agiu para coibir o contrabando nos cinco primeiros anos de vigência da norma. Entre 1831 e 1835, o volume de africanos importados regrediu ao nível mais baixo desde o final do século 17. Somente com a Operação Saquarema, a partir da segunda metade da década de 1830, a lei deixa de ser aplicada e o contrabando volta a ser sistêmico.

Manuel Piar (1774-1817): Nascido e criado entre os setores populares da ilha de Curaçao, foi importante general das Guerras de Independência contra a Espanha. Aos dez anos, mudou-se para a província da Venezuela. Em 1810, ingressou nas tropas patriotas e foi um dos principais responsáveis por impor derrotas ao exército espanhol na região da Guianas e no leste da Venezuela. Quando o exército bolivariano se exilou na Jamaica e, depois, no Haiti, Piar permaneceu na região e facilitou o retorno das tropas de Bolívar em 1816. Neste momento, entre as lideranças patriotas, Piar provavelmente era aquele que detinha o maior apelo popular, especialmente entre a população negra. Suas origens humildes e vínculos raciais, além do próprio carisma e tino militar, amplificavam sua fama e liderança. Ele também denunciou a política de concentração de poder em caudilhos oriundos da antiga elite venezuelana, ainda que declarando absoluta lealdade a Bolívar. No entanto, após troca de cartas entre os dois e na ausência de acordo, Piar decidiu por se retirar da frente das tropas. Logo depois, no entanto, Bolívar recebeu uma carta do oficial Juan Francisco Sánchez acusando Piar de planejar uma insurreição das pessoas negras para matar todos os *criollos* brancos. Para escapar das acusações, Piar fugiu para as matas do interior venezuelano, dirigindo-se para a bacia do Orinoco, onde foi capturado. A acusação era de "insubordinação, sedição, conspiração e deserção". Baseado em rumores e no testemunho de uma única pessoa, sem qualquer prova de que havia uma conspiração em curso e insuflado pela pressão de Bolívar, o tribunal militar, presidido por Carlos Soublette, um reconhecido rival de Piar, decretou a sentença: rebaixamento total de patente e pena de morte com fuzilamento. No dia 16 de outubro de 1817, Piar foi fuzilado na praça principal de Angostura. Foi enterrado numa vala comum, sem rito fúnebre, pois a Igreja Católica se recusou a fazer uma certidão de óbito e a reservar um espaço para ele no cemitério da cidade.

Muniz Tavares (1793-1876): Francisco Muniz Tavares foi doutor em teologia pela Universidade de Paris, padre, monsenhor, escritor e historiador. Participou ativamente da Revolução Pernambucana em 1817, sendo encarcerado por três anos na Bahia. Foi constituinte nas Cortes de Lisboa e na Assembleia de 1823 e voltou a ser deputado entre 1845 e 1847. Com o processo de Independência, abandonou posições mais radicais para aderir ao centralismo em torno de d. Pedro, entrando em confronto com frei Caneca durante a Confederação do Equador (1824), conforme apontam as pesquisas de Fred Cándido da Silva.[8] Foi também secretário da legação brasileira em Roma (1826-1832), monsenhor da Capela Imperial, presidente dos estabelecimentos de caridade do Recife (1853-1860), sócio-fundador e primeiro presidente do Instituto Arqueológico, Histórico e Geográfico Pernambucano e sócio do Instituto Histórico e Geográfico Brasileiro.

Nabuco de Araújo (1813-1878): Pai de Joaquim Nabuco, figura central do abolicionismo conservador, José Tomás Nabuco de Araújo Filho foi magistrado, deputado por Pernambuco (1843-1844 e 1850), presidente da província de São Paulo (1851--1852), ministro da Justiça (1853-1857, 1858-1859 e 1865-1866), senador (1858-1878) e conselheiro de Estado (1866-1873) do Império do Brasil. Era filho do também magistrado, deputado, presidente de província, ministro da Justiça e senador José Tomás Nabuco de Araújo. Parte do grupo saquarema, pertencente à classe senhorial e ator burocrático, Nabuco de Araújo foi membro do Partido Conservador (até 1862), da Liga Progressista (união de ex-conservadores e liberais) (1862-1868) e do renovado Partido Liberal (1869-1878). A partir de fins da década de 1860, especialmente após sua entrada no Conselho de Estado e da elaboração da Lei do Ventre Livre, da qual foi relator, foi peça central no desmembramento interno do bloco saquarema, quando se afasta das diretrizes do grupo dominante do Partido Conservador, seja em relação à operação do sistema monárquico, seja na defesa de um emancipacionismo gradualista. Nesse período, foi um dos autores do *Manifesto centro-liberal*, que defendia a reforma da escravidão (sem abolição), a descentralização em favor das províncias e a preponderância do Gabinete sobre o Poder Moderador. Todas essas medidas eram defendidas de forma limitada, afastando mudanças radicais. Como argumenta Beatriz Piva Momesso, na tese *Letras, ideias e culturas políticas*, a despeito das transformações, Nabuco de Araújo manteve um núcleo político comum ao longo da vida: "a defesa do Parlamento qualificado e consequentemente do voto censitário, a opção perene pela monarquia constitucional e o zelo pelo conteúdo da Constituição".[9] Além disso, a autora acrescenta que o político jamais foi um abolicionista. Antes de ser relator da Lei da Emancipação Gradativa, posicionou-se contrariamente à concessão de alforrias e a favor da aplicação de penas corporais aos escravizados da Casa de Detenção. Após esse período, tornou-se um emancipacionista conservador, "defensor da liberdade gradativa e controlada dos escravos, como forma de inserir o Brasil no cenário do progresso e, porque não dizer, para preencher a sua trajetória e escrever os centros liberais nas glórias da História".[10] Dessa forma, a reconstrução proposta pela tese de Beatriz refuta o retrato feito por Joaquim Nabuco de seu pai na obra *Um estadista do Império*, tratando-o como um "liberal informe que evoluiu e tomou corpo nos anos sessenta, atingindo seu auge em 1871 com sua suposta proposta abolicionista".[11]

Pimenta Bueno (1803-1878): Filho do médico e de origem humilde, José Antonio Pimenta Bueno, o marquês de São Vicente, nasceu em Santos, onde viveu até a juventude. Apadrinhado por

Martim Francisco Ribeiro de Andrada, tornou-se amanuense e foi jornalista do *Farol Paulistano*, primeiro periódico impresso de São Paulo. Entre 1828 e 1832, cursou direito na Faculdade de Direito do Largo de São Francisco, tornando-se, logo depois, magistrado. A partir da década de 1830, iniciou sua carreira política: deputado provincial em 1834, presidente da província do Mato Grosso (1835-1837), plenipotenciário em Assunção no Paraguai (1844-1847) e ministro da Justiça (1847-1848). Nesse momento, afastou-se do Partido Liberal para ingressar no Conservador, sendo indicado para presidente da província do Rio Grande do Sul em 1850. Em 1852, entrou para o Senado. Na década de 1850, aprofundou seus laços com d. Pedro II e publicou, em 1857, a obra *Direito público brasileiro e análise da Constituição do Império*, "que cristaliza de forma definitiva sua reputação de jurista e de defensor intransigente da monarquia", nas palavras de Eduardo Kugelmas, no texto *Pimenta Bueno, o jurista da Coroa*. A avaliação de Pimenta Bueno a respeito da Constituição de 1824 "adquiria por vezes tons de celebração, a que não faltaram adjetivos como 'sábia, liberal, protetora'. Não por acaso, o livro tornou-se leitura de cabeceira do imperador, da princesa Isabel e do conde d'Eu", prossegue Kugelmas.[12] Em 1859, foi indicado para o Conselho de Estado. No órgão, Pimenta Bueno ganhou destaque por apresentar estudos e projetos pautados pelo monarca. A partir de 1866, Pimenta Bueno apresentou cinco projeto de lei relativos à liberdade dos ventres. Tornava-se representante central do reformismo conservador, em que o emancipacionismo gradual era preferível aos possíveis males trazidos pelo prolongamento indefinido da escravidão. As propostas seriam saneadas em uma única por Nabuco de Araújo. A reviravolta política do fim da década de 1860 levou Pimenta Bueno à presidência do Gabinete em 1870, que durou menos de cinco meses. A rápida queda é resultado das disputas no interior do Partido Conservador relacionadas à escravidão, que, no toma lá dá cá, inviabilizaram o Gabinete Pimenta Bueno e, ao mesmo tempo, permitiram a formação da maioria pró-reforma no Parlamento. Após a aprovação da Lei do Ventre Livre, saiu do palco principal do Império. Faleceu em 1878.

No artigo *O publicismo e a política conservadora no século XIX*,[13] Luciana Rodrigues Penna afirma que Pimenta Bueno ilustra o "caso de um político-jurista fortemente identificado com o Partido Saquarema", valendo-se da retórica jurídica e constitucional como arma de "direção política". A posição como intelectual saquarema determinou sua hermenêutica jurídica e constitucional. Luciana Penna aponta que Pimenta Bueno, em sua obra *Direito público brasileiro*,[14] utilizou

> estratégias de "edição" do passado histórico, não problematizando a origem outorgada da Constituição, nem os sentidos de resistência, contestação e "reação" contidos nas "Reformas Constitucionais" das décadas de 1830 e 1840. O título do manual de Pimenta Bueno possui em parte uma representação ambivalente, sendo o direito público a encarnação da "ciência", o domínio da teoria jurídica como conhecimento acumulado pela humanidade, um saber "universal", domínio da elite letrada. Já a análise da Constituição representava a inteligibilidade do sistema político vigente, traduzido aos leigos pela pena dos "doutos" ou "publicistas". Desse modo, o manejo da linguagem e o uso do sentido de cientificidade e generalidade emprestado à "interpretação constitucional" por Pimenta Bueno refletem a sua posição na hierarquia social e política, repercutindo como apologia da "Constituição".[15]

Luciana aduz que a obra de Pimenta Bueno é dedicada aos herdeiros da classe dominante, operando como um manual em defesa da ordem hierárquica e autoritária do Segundo Reinado. Trata-se de um pensamento constitucional que afastava o estudo comparativo de outros sistemas políticos ("que lhe demandaria estender o abrigo constitucional às monarquias descentralizadas, aos regimes em que o monarca fosse apenas chefe de Estado e mesmo aos regimes republicanos") e esvaziava o sentido histórico e político das instituições do Império.[16]

Regresso: Era o nome do programa político adotado por políticos conservadores a partir da segunda metade da Regência e que determinou os fundamentos institucionais do Segundo Reinado. A principal base social dos regressistas eram os saquaremas, proprietários e agentes econômicos da Bacia do Vale do Paraíba (ver verbete "saquaremas"). Em linhas gerais, o programa do Regresso era baseado nos seguintes aspectos: inviolabilidade da vontade e da propriedade senhorial e defesa ostensiva do contrabando e da escravidão até onde fosse possível; oposição, ataque e perseguição às vozes antiescravistas; garantia da posse ilegal dos africanos escravizados (inversão da presunção de liberdade); unidade territorial e ordem estatal (contra liberdades regionais); autoridade da Coroa (em desfavor do Parlamento, que deveria ser representativo das frações da classe senhorial e dos proprietários); princípio monárquico (prejuízo da democracia, repressão violenta contra rebeliões e uso estratégico do Poder Moderador). Seu principal instrumento político era o Partido Conservador, também entendido como partido da ordem, partido negreiro e partido da Constituição, simbolizando as bandeiras regressistas.

O termo fora cunhado por Bernardo Pereira de Vasconcelos, em discurso histórico de 1837. A partir do sentido empregado pelo político, Regresso também pode ser entendido como um regime de temporalidade atrelado a uma forma de construção do Estado e de imaginar a nação, que refreia incessantemente o caráter universal dos princípios da Era das Revoluções. Neste sentido, para além do movimento político, o Regresso é um cronótopo, um dispositivo espaço-temporal a fazer da escravidão vida póstuma. Ele é oriundo da cultura jurídica senhorial, que, por um lado, freou a mensagem inaugurada pela Revolução Haitiana e, por outro, preparou-se para que o pós-Abolição fosse imagem e semelhança dos tempos de casa-grande e senzala. Assim, aproximando os dois sentidos do termo, o Regresso pode ser entendido como um projeto político-institucional atrelado à sobrevivência temporal do mundo construído pelos saquaremas, o qual se prolonga indefinidamente sobre o futuro, abolindo-o.

Saquaremas: Eram o núcleo de conservadores fluminenses atrelados ao programa do Regresso a partir do período final da Regência. Eles estruturam as bases institucionais do Segundo Reinado e foram dominantes na política brasileira entre 1838 e 1868. Estavam vinculados aos interesses do tráfico de escravizados e da grande propriedade rural escravista, espaços econômicos de onde muito dos saquaremas provinham. A denominação "saquarema" vem do município do Rio onde Joaquim José Rodrigues Torres, o visconde de Itaboraí, tinha uma fazenda, que era ponto de articulação e reuniões dos conservadores. Conforme argumenta Ilmar Rohloff de Mattos no clássico *O tempo saquarema*, a formação do grupo se dá de maneira reflexiva com a formação do Estado nacional. Os saquaremas se formam como campo político — e assim, vanguarda da classe senhorial, dirigindo-a intelectual e moralmente — enquanto disputam e constroem as instituições estatais, as quais possibilitam a universalização de interesses particulares como interesses nacionais. Ao mesmo tempo, o Estado se forma, com seus aparelhos e órgãos ganhando sentido material na prática cotidiana, enquanto é mobilizado e dirigido por atores sociais historicamente determinados. Portanto, além do "núcleo conservador fluminense", saquarema denota a articulação entre Estado e classe senhorial e, também, sua respectiva dinâmica política num determinado tempo histórico (o Segundo Reinado).

No texto *Vale expandido: contrabando negreiro e a construção de uma dinâmica política nacional no Império do Brasil*,[17] Tâmis Parron, Alain El Youssef e Bruno Fabris Estefanes apontam como o chão social dos saquaremas foi a defesa da reabertura do tráfico transatlântico a partir de 1835, após a contenção realizada pela aplicação da Lei Feijó de 1831. A defesa da importação de africanos escravizados no Parlamento e na imprensa por figuras do Regresso como o mineiro Bernardo Pereira de Vasconcelos e os fluminenses Honório Hermeto Carneiro Leão, Joaquim José Rodrigues e Paulino José Soares de Souza, foi de encontro aos "interesses dos cafeicultores e de outros atores econômicos da Bacia do Vale do Paraíba", como o norte açucareiro fluminense, as redes de mercado interno entre a Corte e o sul de Minas Gerais e os comerciantes do Rio de Janeiro. Essa articulação entre atores institucionais, plantation e tumbeiros permitiu ampliar a representação dos valores escravocratas no espaço público, aglutinando lideranças de outras regiões do país, como o baiano Francisco Gonçalves Martins e os pernambucanos Francisco do Rego Barros e Pedro de Araújo Lima, o marquês de Olinda, figura central do Império e que se tornaria regente em 1838, após a renúncia de Feijó. Assim, os interesses senhoriais passam a preencher e determinar politicamente os aparelhos estatais previstos na Constituição de 1824, os quais se transformam em mecanismos de disseminação do poder dos saquaremas naquilo que Parron, Youssef e Estefanes chamam de "Vale expandido" — a expansão e intervenção dos senhores do Vale sobre a dinâmica política de outras regiões do Brasil. Para os autores, a lógica impressa pelos saquaremas levou à interpenetração e à codependência entre, por um lado, o público (eleições, sistema representativo e instituições do Estado) e o privado (interesses dos grandes proprietários) e, por outro, das instâncias de decisão do governo (Parlamento, Gabinete, Poder Moderador e Conselho de Estado). O ajuste tenso e fino desse sistema, em que uma parte sustentava a outra, deu vida e morte ao Império e à escravidão.

Além do tempo histórico, do grupo social e do seu respectivo programa político, "saquarema" também pode ser entendido como um modo de ver o mundo e, particularmente, o direito — uma epistemologia senhorial, na acepção de Sidney Chalhoub, em *Machado de Assis, historiador*.[18] Construída a partir da perspectiva daquele que segura a chibata e, portanto, possui soberania sobre a humanidade alheia, o modo de ver saquarema (chamado por nós em outros textos de "hermenêutica senhorial") tem como princípio fundamental a inviolabilidade da vontade dos senhores, assentada no conteúdo absoluto do direito de propriedade, que está acima das leis e de qualquer regulação pública. Na medida em que a principal forma de propriedade privada era a propriedade escrava, isso significava que a escravidão não poderia ser constrangida pelo princípio da legalidade. Consequentemente, os senhores tinham plenitude para dispor como bem quisessem sobre a vida, a subjetividade, o trabalho e o corpo das pessoas negras; e, ao mesmo tempo, a transição da escravidão para a liberdade não deveria ser alvo de legislação. Ancorada nesse domínio despótico sobre outro humano, a hermenêutica senhorial é ausente da dialética entre indivíduo e mundo exterior, entre sujeito e sociedade, entre o eu e o outro. Com isso, é desprovida dos dilemas morais e normativos trazidos pela empatia, pela alteridade e por contratos sociais, a exemplo das leis e normas jurídicas. Oriunda da estrutura histórica do Brasil Império, a ontologia social da epistemologia saquarema sobreviveu à Abolição, legando uma matriz civilizacional que transcende o Segundo Reinado para nos assombrar e falar por meio de nós no presente.

Simón Bolívar (1783-1830): Foi um militar e político venezuelano, icônica figura dos processos de Independência da América Latina. Nasceu em Caracas, filho de tradicional família da elite mantuana (proprietários de terras e escravizados) e, em 1798, mudou-se para a Espanha. Em 1802, depois de breve período na Venezuela, retornou à Europa, onde acompanhou de perto as transformações políticas em curso. Em 1805, presenciou o coroamento de Napoleão como imperador em Paris e, na Itália, realizou o seu famoso Juramento de Roma, com o qual se comprometeu com a libertação latino-americana. Em 1807, de volta à Venezuela, aderiu aos movimentos por autonomia política e econômica. Entre 1810 e 1812, foi uma das lideranças da Primeira República da Venezuela, quando o país declarou independência sob a liderança de Francisco de Miranda. A partir de 1813, com a campanha do baixo Magdalena, Bolívar iniciou suas grandes vitórias militares. Em 1815, diante da ofensiva espanhola, exilou-se na Jamaica. De lá, exortou sem sucesso a Inglaterra a apoiar os patriotas latino-americanos, no texto que ficaria conhecido como *Carta da Jamaica*. Diante da completa ausência de apoio internacional, Bolívar zarpou para o Haiti no ano de 1816, lugar que ele já havia reconhecido como "asilo para todos os republicanos daquela parte do mundo". Com o apoio do presidente haitiano Alexandre Pétion, Bolívar partiu em 1816 de Lei Cayes com as expedições que resultaram na Independência do Caribe venezuelano e colombiano. Em 1821, foi eleito presidente da Grã-Colombia.

Nesse momento, seus medos raciais cresceram, abandonando definitivamente o compromisso firmado com Pétion de abolição da escravidão. Passou a defender cada vez mais um modelo político-constitucional centralizado e autoritário, capaz de lidar com os "selvagens" das *"tierras bajas"*. A partir de 1826, enfrentou revoltas na Venezuela, em Guayaquil e no Peru. Diante das tensões, em 1828, convocou o Congresso Constituinte de Ocaña como forma de relegitimar o próprio poder. No entanto, ao serem eleitoralmente derrotados pelos santanderistas, os bolivarianistas abandonaram a convenção. Diante do fracasso da estratégia anterior, Bolívar instaurou uma ditadura, que, no entanto, também foi ineficaz. Com suas atitudes, gerou extremo descontentamento e criou um "partido" ao redor de Santander, formado, em geral, por funcionários públicos. Em 1830, José Antonio Paz logrou a Independência da Venezuela, e o Peru invadiu o sul da Colômbia, colocando fim ao sonho de pátria grande de Bolívar. Em abril, pediu demissão do cargo. Frustrado, doente e debilitado, vendo seu projeto ruir, ele afirmaria: "A Independência foi o único bem que conseguimos, à custa de todos os demais". Faleceu nas imediações de Santa Marta no dia 17 de dezembro de 1830, quando tentava retornar para a Venezuela, jamais alcançada.

Sousa França (1780-1856): Manuel José de Sousa França foi advogado, ministro da Justiça e ministro dos Negócios do Império (1831). Também chegou a ser presidente da província do Rio de Janeiro (1840-1841).

Toussaint Louverture (1743-1803): Nascido escravizado, foi a mais famosa liderança política e militar da Revolução Haitiana. No início da insurgência dos escravizados e dos conflitos entre livres de cor e colonos franceses, Toussaint taticamente se aliou aos espanhóis. Posteriormente, quando a França aboliu a escravidão, mudou de lado. Foi um exímio intelectual e articulador político. Por um lado, sem jamais romper definitivamente com a França e pregando a manutenção do sistema de plantation, obteve aliados entre setores médios e altos da então colônia de São Domingos. Por outro, ao encarnar o princípio da abolição da escravidão, tornou-se referência entre os setores escravizados. De maneira singular, mobilizava a linguagem revolucionária da soberania popular e dos direitos fundamentais para colocar a França contra a parede, explicitando as contradições por trás do branco, escravocrata e colonial universalismo europeu. No plano militar, fez convergir a guerra civil e a insurgência escrava numa revolução abolicionista. Destacou-se por suas estratégias de batalha, valendo-se das táticas de guerrilha africana para confundir e derrotar os exércitos coloniais. Conforme argumenta o biógrafo Sudhir Hazareesingh,[19] Toussaint provavelmente ganhou a alcunha de Louverture (que significa "abertura") por parte de oficiais franceses. O nome Louverture descrevia a capacidade de se apropriar de posições inimigas, além de apontar seu talento diplomático e conciliatório. "Abertura" expressava a habilidade de construir vias, desbravar veredas e abrir caminhos em direção à conquista de seus objetivos. Por outro lado, Louverture significava a aspiração de outro futuro. Hazareesingh aponta que Louverture estaria associado a Papa Legba, entidade do vodu haitiano, que ocupa o mesmo lugar de Exu nas religiões de matriz africana no Brasil. Legba é o senhor das encruzilhadas, capaz de abrir os portões do destino, o agente da comunicação, portador da palavra, intermediário entre os planos espiritual e material. Assim, a estratégia política e militar de Toussaint seria uma estratégia exusíaca, pautada pela ambiguidade e pela troça, de jogar com as convicções dos oponentes para ludibriá-los. Uma moral baseada na tiração de onda guerreira.

No entanto, como descreve C. L. R. James no clássico *Os jacobinos negros*,[20] Toussaint tomou atitudes que colocaram em xeque a Revolução e selaram seu destino: tentou se aproximar de Napoleão, não compreendendo que a Revolução Francesa havia guinado para a direita, e tentou manter a produção de açúcar com a imposição do trabalho compulsório, criando desacordos estruturais com as massas de ex-escravizados. Também entrou em confronto com os livres de cor, que buscavam alcançar o domínio de São Domingos, e teve sua imagem debilitada em decorrência da tolerância com os proprietários brancos. Enfraquecido e tendo enfrentado revolta organizada por seu sobrinho Moïse, foi capturado pelas tropas napoleônicas em 1803, vindo a morrer na prisão de Fort de Joux, nos Alpes franceses. Antes de deixar o futuro Haiti, profetizou: "Derrubando-me, vocês apenas cortaram o tronco da árvore da liberdade em São Domingos. Essa árvore irá brotar novamente pelas próprias raízes, pois elas são numerosas e profundas". Símbolo maior da Revolução Haitiana, sua figura atravessou os séculos, inspirando lutas anticoloniais e antirracistas ao redor do mundo, a exemplo das pinturas de Jacob Lawrence, do movimento do Renascimento do Harlem; de sua influência sobre a tradição intelectual caribenha, como Alejo Carpentier, Aimé Césaire, Édouard Glissant, Juan Bosch, Vicente Placoly, Jean Métellus, George Lamming e Derek Walcott; e de seu impacto político sobre o processo de libertação africana.

Notas

PREFÁCIO [PP. 9-15]

1. Thula Rafaela de Oliveira Pires e Ana Luiza Pinheiro Flauzina, "Constitucionalismo da inimizade". *Direito e Práxis*, v. 13, 2022, pp. 2815-40.

2. Beatriz Nascimento, *Uma história feita por mãos negras: relações raciais, quilombos e movimentos*. Org. de Alex Ratts. Rio de Janeiro: Zahar, 2021.

APRESENTAÇÃO [PP. 16-9]

1. Para a noção de "segunda escravidão", veja Dale Tomich, *Pelo prisma da escravidão: trabalho, capital e economia mundial*. São Paulo: Edusp, 2011.

2. Tâmis Parron, "Escravidão e as fundações da ordem constitucional moderna: representação, cidadania, soberania, c. 1780-1830", op. cit. *Topoi*, v. 23, n. 51, Rio de Janeiro, pp. 699-740, set./dez. 2022.

3. Machado de Assis, *Memórias póstumas de Brás Cubas*. São Paulo: FTD, 1992.

4. Vida póstuma da casa-grande (e da escravidão) refere-se à categoria *afterlife of slavery*, teorizada por Saidiya Hartman, que trata das permanências da violência escravista no mundo contemporâneo. Nas publicações em português da obra de Hartman, o termo tem sido traduzido por "sobrevida da escravidão". No entanto, optamos por "vida póstuma da escravidão", conforme utilizado e traduzido por Thula Pires e Juliana Lopes, tendo em vista a possibilidade de relação imediata com a obra machadiana e a consequente interpretação dos assombros da casa-grande desenvolvida no decorrer deste livro. Veja Saidiya Hartman, *Perder a mãe: uma jornada pela rota atlântica da escravidão*. Rio de Janeiro: Bazar do Tempo, 2021; Thula Pires, "Legados de

liberdade". *Revista Culturas Jurídicas*, v. 8, n. 20, 2021, pp. 291-316; Juliana Araújo Lopes, *Imagens de controle e a vida póstuma da escravidão: trabalho doméstico nos jornais durante a Assembleia Nacional Constituinte* (doutorado em desenvolvimento no Programa de Pós-Graduação em Direito da UnB).

SENHORES DOUTORES [PP. 21-57]

1. Ilmar Rohloff de Mattos, *O tempo saquarema*. São Paulo: Hucitec, 1987, p. 288.

2. Dora Lucia de Lima Bertúlio, *Direito e relações raciais: uma introdução crítica ao racismo*. Rio de Janeiro: Lumen Juris, 2019.

3. Arivaldo de Lima Alves foi o primeiro aluno negro do doutorado em antropologia da UnB. Em 1998, ele foi o único estudante reprovado em uma matéria obrigatória. Sem justificativa para a nota e diante da irredutibilidade do docente, Ari levou o caso para os órgãos colegiados da instituição. Após dois anos de enfrentamento, a nota foi revista. O caso foi enquadrado como racismo e homofobia e ensejou a elaboração da política de cotas para a UnB, que passou a ser empregada em 2003.

4. Para registros dessa história, veja Cinthia de Cassia Catoia, "O movimento negro (1940-1950) e a emergência do debate político sobre legislação antirracismo no Brasil". *Revista Café com Sociologia*, v. 7, n. 1, 2018, pp. 30-49; Flavia Mateus Rios, *A institucionalização do movimento negro no Brasil contemporâneo*, São Paulo: FFLCH-USP, 2005. Dissertação (Mestrado em Sociologia); Sueli Carneiro, "A Batalha de Durban". *Estudos Feministas*, v. 10, n. 1, 2002, pp. 209-14; Ari Lima, "A legitimação do intelectual negro no meio acadêmico brasileiro: negação de inferioridade, confronto ou assimilação intelectual?". *Afro-Ásia*, v. 25, n. 26, 2001, pp. 281-312; Evandro Piza Duarte, *Do medo da diferença à igualdade como liberdade: as ações afirmativas para negros no ensino superior e os procedimentos de identificação de seus beneficiários*, UnB, 2011. Tese (Doutorado em Direito).

5. "Cotas foram revolução silenciosa", *Agência Brasil*, 27 maio 2018. Disponível em: <https://agenciabrasil.ebc.com.br/educacao/noticia/2018-05/cotas-foram-revolucao-silenciosa-no-brasil-afirma-especialista>. Acesso em: 4 maio 2024.

6. Tomo emprestado o termo de Sidney Chalhoub, no artigo "The Politics of Silence: Race and Citizenship in Nineteenth-Century Brazil". *Slavery & Abolition*, v. 27, n. 1, 2006, pp. 73-87.

7. Sobre o uso da expressão para debater a relação entre raça e cultura jurídica no Brasil, veja Evandro Piza Duarte e Menelick de Carvalho Netto, "Com a corda no pescoço: Constituição e raça na história brasileira". In: Marcos Queiroz, *Constitucionalismo brasileiro e o Atlântico Negro: a experiência constituinte de 1823 diante da Revolução Haitiana*. Rio de Janeiro: Lumen Juris, 2017.

8. Sidney Chalhoub, "The Politics of Silence", op. cit., p. 75.

9. Ibid.

10. Sidney Chalhoub, *Machado de Assis, historiador*. São Paulo: Companhia das Letras, 2003.

11. Marcos Queiroz, *Constitucionalismo brasileiro e o Atlântico Negro*, op. cit.; João José Reis, *Rebelião escrava no Brasil: a história do Levante dos Malês em 1835*. São Paulo: Companhia das Letras, 2003; Luciana da Cruz Brito, *Temores de África: segurança, legislação e população africana na Bahia oitocentista*. Salvador: Edufba, 2016; Flávio dos Santos Gomes, *Histórias de quilombolas: mocambos e comunidades de senzalas no Rio de Janeiro, século XIX*. São Paulo: Companhia das Letras, 2006.

12. Evandro Piza Duarte e Menelick de Carvalho Netto, op. cit., p. 12.

13. Sobre a definição do senso comum teórico dos juristas, veja Luís Alberto Warat, "Saber crítico e senso comum teórico dos juristas". *Sequência*, v. 3, n. 5, 1982, pp. 48-57.

14. Evandro Piza Duarte e Menelick de Carvalho Netto, op. cit., p. 18.

15. Guilherme Martins Nascimento, Evandro Piza Duarte e Marcos Queiroz, "O silêncio dos juristas: a imunidade tributária sobre o templo de qualquer culto e as religiões de matriz africana à luz da Constituição de 1988". *Revista Quaestio Iuris*, v. 10, n. 2, 2017, pp. 1162-80.

16. Ibid.

17. Michel Foucault, *A ordem do discurso*. São Paulo: Loyola, 2006; Evandro Piza Duarte, *Criminologia e racismo: introdução ao processo de recepção das teorias criminológicas no Brasil*. Santa Catarina: CCJ-UFSC, 1998. Dissertação (Mestrado em Direito).

18. Para o conceito de impensável aplicado à história, veja Michel-Rolph Trouillot, *Silencing The Past: Power and the Production of History*. Boston: Beacon Press, 2015.

19. Marcos Queiroz e Lucas Jupy, "O Haiti é aqui? A Revolução Haitiana no ensino do direito no Brasil". *Revista Culturas Jurídicas*, v. 8, n. 20, pp. 1-21, 2021.

20. Ronald Dworkin, *O império do direito*. São Paulo: Martins Fontes, 2007.

21. José Afonso da Silva, *Curso de direito constitucional positivo*. São Paulo: Malheiros, 2014; Gilmar Ferreira Mendes e Paulo Gustavo Gonet Branco, *Curso de direito constitucional*. São Paulo: Saraiva, 2015; e Luís Roberto Barroso, *Curso de direito constitucional contemporâneo*. São Paulo: Saraiva, 2010.
Não são só os manuais de direito constitucional que repetem essa ladainha. Por exemplo, para uma crítica das narrativas da doutrina do direito do trabalho, veja Vanessa Rodrigues Silva, *Escravizados livres: crítica ao discurso*

jurídico sobre a história do direito do trabalho a partir da representação historiográfica do trabalho escravo, Faculdade de Direito-UnB, 2015. Monografia (Bacharelado em Direito). Para uma análise dos efeitos práticos dessa ladainha sobre o direito dos trabalhadores, veja Raissa Roussenq Alves, *Entre o silêncio e a negação: trabalho escravo contemporâneo sob a ótica da população negra*. Belo Horizonte: Letramento, 2019.

22. Luís Roberto Barroso, op. cit., p. 3.

23. Sobre os casos, veja "Jim Crow" no Glossário deste livro.

24. Sibylle Fischer, "Ontologias atlânticas: sobre a violência e ser humano". *Rasanblaj Caribenho*, v. 12, n. 1, 2015.

25. Alexis de Tocqueville, *A democracia na América: leis e costumes de certas leis e certos costumes políticos que foram naturalmente sugeridos aos americanos por seu estado social democrático*. São Paulo: Martins Fontes, 2005.

26. Hannah Arendt, *Sobre a revolução*. São Paulo: Companhia das Letras, 2011.

27. Achille Mbembe, *Políticas da inimizade*. Lisboa: Antígona, 2017.

28. Laurent Dubois, *Avengers of the New World: the Story of the Haitian Revolution*. Cambridge: Harvard University Press, 2004, p. 21; Pierre-Franklin Tavarès, "Hegel et Haïti ou le silence de Hegel sur Saint Domingue". *Chemins critiques*, v. 2, n. 1, 1994, pp. 13-31; Susan Buck-Morss, *Hegel, Haiti, and the Universal History*. Pittsburgh: University of Pittsburgh Press, 2009; Deborah Jenson, "Hegel and Dessalines: Philosophy and the African Diaspora". *New West Indian Guide*, v. 84, n. 3-4, 2010, pp. 269-75; Celucien L. Joseph, "On Intellectual Reparations: Hegel, Franklin Tavares, Susan Buck-Morss, Revolutionary Haiti, and Caribbean Philosophical Association". *Journal of Pan-African Studies*, v. 9, n. 7, 2016, pp. 167-75; Evandro Piza Duarte, Marcos Queiroz, "A Revolução Haitiana e o Atlântico Negro: o constitucionalismo em face do lado oculto da modernidade". *Direito, Estado e Sociedade*, n. 49, 2016.

29. Luís Roberto Barroso, op. cit.

30. Marcos Queiroz, *Constitucionalismo brasileiro e o Atlântico Negro*, op. cit.; Linda Colley, *A letra da lei: guerras, constituições e a formação do mundo moderno*. São Paulo: Companhia das Letras, 2022.

31. José Afonso da Silva, op. cit.

32. Oliveira Vianna, *Evolução do povo brasileiro*. São Paulo: Companhia Editora Nacional, 1938. Para racismo e direito em Oliveira Vianna, veja Evandro Piza Duarte, *Do medo da diferença à igualdade como liberdade*, op. cit.; "Autoritarismo e racismo: Oliveira Vianna, Constituição e democracia sob os trópicos". *Direito, Estado e Sociedade*, n. 61, 2022.

33. José Afonso da Silva, op. cit., p. 77.

34. Ibid, pp. 167-70

35. Ibid, p. 170.

36. Sobre como a escravidão inscreveu o casuísmo da lei como razão de Estado no Brasil, especialmente diante do descumprimento generalizado da Lei Feijó, 1831, que abolia o tráfico de escravizados, veja Luiz Felipe de Alencastro, "Parecer sobre a arguição de descumprimento de preceito fundamental, ADPF/186". *Revista de História*, 27 abr. 2012.

37. Tâmis Parron, "Escravidão e as fundações da ordem constitucional moderna: representação, cidadania, soberania, c. 1780-1830", op. cit.

38. Luiz Felipe de Alencastro, "África, números do tráfico atlântico". In: Lilia Moritz Schwarcz e Flávio dos Santos Gomes (Orgs.), *Dicionário da escravidão e liberdade: 50 textos críticos*. São Paulo: Companhia das Letras, 2018, p. 60.

39. Para o conceito de segunda escravidão, veja Dale Tomich, *Pelo prisma da escravidão*, op. cit.; Rafael Marquese e Ricardo Salles (Orgs.), *Escravidão e capitalismo histórico no século XIX: Cuba, Brasil e Estados Unidos*. Rio de Janeiro: Civilização Brasileira, 2016.

40. Paulo Bonavides, *Curso de direito constitucional*. São Paulo: Malheiros, 2011, p. 361.

41. Ibid., p. 216

42. Ibid., p. 215.

43. Ibid.

44. Ibid., p. 216.

45. Tâmis Parron, *A política da escravidão no Império do Brasil, 1826-1865*. Rio de Janeiro: Civilização Brasileira, 2011; Ilmar Rohloff de Mattos, *O tempo saquarema*. São Paulo: Hucitec, 1987.

46. Luís Roberto Barroso, op. cit.

47. Elide Rugai Bastos, "A construção do debate sociológico no Brasil". *Ideias — Revista do Instituto de Filosofia e Ciências Humanas*, v. 1, 2013, pp. 287-300; Sergio Tavolaro, "A tese da singularidade brasileira revisitada: desafios teóricos contemporâneos". *Dados*, v. 57, n. 3, 2014, pp. 633-73; Marcelo Jasmin, "Uma sociologia da ausência: Raymundo Faoro e *Os donos do poder*". In: Raymundo Faoro, *Os donos do poder: formação do patronato político brasileiro*. São Paulo: Companhia das Letras, 2021.

48. Para uma apresentação e crítica dessas noções, veja Sergio Tavolaro, op. cit.

49. Sérgio Buarque de Holanda, *Raízes do Brasil*. São Paulo: Companhia das Letras, 1995; Raymundo Faoro, op. cit.; José Murilo de Carvalho, *Cidadania no Brasil: o longo caminho*. Rio de Janeiro: Civilização Brasileira, 2012.

50. Sérgio Buarque de Holanda, op. cit.

51. Raymundo Faoro, op. cit..

52. Luís Roberto Barroso, op. cit., p. 67.

53. Ibid., p. 22.

54. Ibid., p. 68.

55. Sobre o debate entre liberalismo e escravidão, veja Roberto Schwarz, "As ideias fora do lugar". In: *Ao vencedor as batatas: forma literária e processo social nos inícios do romance brasileiro*. São Paulo: Duas Cidades; Editora 34, 2012; Emília Viotti da Costa, "Liberalismo: teoria e prática". In: *Da monarquia à República: momentos decisivos*. São Paulo: Editora Unesp, 2010; Maria Sylvia de Carvalho Franco, "As ideias estão no lugar". In: *Caderno de Debate 1 — História do Brasil*. São Paulo: Brasiliense, 1976; Alfredo Bosi, "A escravidão entre dois liberalismos". In: *Dialética da colonização*. São Paulo: Companhia das Letras, 1992; Tâmis Parron, *A política da escravidão no Império do Brasil, 1826-1865*, op. cit. Sidney Chalhoub, *Machado de Assis: historiador*, op. cit.; Sibylle Fischer, "Ontologias atlânticas: sobre a violência e ser humano", op. cit.; Charles W. Mills, *The Racial Contract*. Nova York: Cornell University Press, 1999; Orlando Patterson, "Freedom, Slavery, and the Modern Construction of Rights". In: Hans Joas e Klaus Wiegandt (Orgs.), *The Cultural Values of Europe*. Liverpool: Liverpool University Press, 2008.

56. Para um grande retrato desse processo histórico, veja Tâmis Parron, *A política da escravidão no Império do Brasil, 1826-1865*, op. cit.

57. Para um retrato dessa concepção, veja Emília Viotti da Costa, "Liberalismo: teoria e prática", op. cit.

58. Roberto Schwarz, "As ideias fora do lugar", op. cit. Valendo-se do marco da Constituição de 1824 para uma crítica dessas noções e da própria ideia de constitucionalização simbólica no Brasil, veja David Francisco Lopes Gomes, *A Constituição de 1824 e o problema da modernidade: o conceito moderno de Constituição, a história constitucional brasileira e a teoria da Constituição no Brasil*. Belo Horizonte: UFMG, 2016. Tese (Doutorado em Direito).

59. Alfredo Bosi, "A escravidão entre dois liberalismos", op. cit.

60. Ibid.

61. Tâmis Parron, *A política da escravidão no Império do Brasil, 1826-1865*, op. cit.; Jeffrey D. Needell, *The Party of Order: The Conservatives, the State, and Slavery in the Brazilian Monarchy, 1831-1871*. Stanford: Stanford University Press, 2006.

62. Luís Roberto Barroso, op. cit., p. 218.

63. Ibid., p. 218-9.

64. Ibid.

65. Gilmar Ferreira Mendes e Paulo Gustavo Gonet Branco, op. cit.; Alexandre de Moraes, *Direito constitucional*. São Paulo: Atlas, 2016.

66. Luciana Rodrigues Penna, "O publicismo e a política conservadora do Brasil no século XIX". *Revista do CESOP*, v. 25, n. 2, 2019, pp. 343-76.

67. Pimenta Bueno, *Direito público brasileiro e análise da Constituição do Império*. Rio de Janeiro: Ministério da Justiça e Negócios Interiores, 1958, p. 388.

68. Sobre a associação entre brancura e liberdade, veja Marcus Vinícius de Freitas Rosa, "Escravos brancos no Brasil oitocentista: tráfico interno, distinções raciais e significados de ser branco durante a escravidão". *Afro-Ásia*, n. 64, 2021, pp. 51-94.

69. Dora Lucia de Lima Bertúlio, op. cit.

70. Gilberto Freyre, *Casa-Grande e Senzala*. São Paulo: Global, 2006. Para uma crítica do impacto do pensamento freyriano no direito, veja Evandro Piza Duarte, *Do medo da diferença à igualdade como liberdade*, op. cit.; Marcos Queiroz, *O Haiti é aqui: ensaio sobre formação social e cultura jurídica latino-americana (Brasil, Colômbia e Haiti, século XIX)*, op. cit.

71. Para a luta entre senhores e escravizados como elemento dinamizador da sociedade brasileira, veja Clóvis Moura, *Rebeliões da senzala*. Porto Alegre: Mercado Aberto, 1988.

72. O uso do termo "espiralar" evoca tradição estética e ética de compreensão das relações entre história, memória e tempo elaborada pelo pensamento negro na diáspora africana. Para a elaboração do conceito, veja Leda Maria Martins, *Performances do tempo espiralar, poética do corpo-tela*. Rio de Janeiro: Cobogó, 2021; Kaiama L. Glover, *Haiti Unbound: a Spiralist Challenge to the Postcolonial Canon*. Liverpool: Liverpool University Press, 2010. Para o uso da abordagem espiralar na análise da cultura jurídica latino-americana, veja Marcos Queiroz, *O Haiti é aqui: ensaio sobre cultura jurídica e formação social latino-americana (Brasil, Colômbia e Haiti, século XIX)*, op. cit.

73. A ideia de futuro abolido vem de Pedro Meira Monteiro, que, ao analisar *Memorial de Aires*, de Machado de Assis, capta um certo refreamento do tempo pela política brasileira. (Pedro Meira Monteiro, "O futuro abolido: anotações sobre o tempo no *Memorial de Aires*". *Machado de Assis em Linha*, v. 1, n. 1, 2008, pp. 40-56.)

74. Ilmar Rohloff Mattos, op. cit., p. 288.

INDEPENDÊNCIAS [PP. 58-101]

1. Laura Giordani, *Cultura visual e história: conexões entre o quadro Independência ou Morte! e a graphic novel Independência ou Mortos (séculos XIX a XXI)*. Pelotas: Instituto de Ciências Humanas-UFPel, 2018. Dissertação (Mestrado em História).

2. Claudia Valladão de Mattos, "Da palavra à imagem: sobre o programa decorativo de Affonso Taunay para o Museu Paulista". *Anais do Museu Paulista*, v. 6, n. 1, 1999, pp. 123-45.

3. Laura Giordani, op. cit.; Cecília Helena de Salles Oliveira e Claudia Valladão de Mattos (Orgs.), *O brado do Ipiranga*. São Paulo: Edusp, 1999.

4. Iara Lis Schiavinatto, "A praça pública e a liturgia política". *Caderno Cedes*, v. 22, 2002, pp. 81-99.

5. Consuelo Alcioni Schlichta, "*Independência ou Morte* (1888), de Pedro Américo: a pintura histórica e a elaboração de uma certidão visual para a nação". *Anpuh — XXV Simpósio Nacional de História*, Fortaleza, 2009.

6. Ibid.

7. Ibid, p. 7.

8. José Murilo de Carvalho, *Os bestializados: o Rio de Janeiro e a República que não foi*. São Paulo: Companhia das Letras, 1987.

9. A inspiração para a utilização deste quadro vem do texto de Marlene Daut, que analisa essa e outras representações da Revolução Haitiana (Marlene L. Daut, "All the Devils Are Here: How the Visual History of the Haitian Revolution Misrepresents Black Suffering and Death". *Lapham's Quarterly*, 14 out. 2020. Disponível em: <www.laphamsquarterly.org/roundtable/all-devils-are-here>. Acesso em: 5 set. 2021.)

10. José Bonifácio de Andrada e Silva, "Representação à Assembleia Geral Constituinte e Legislativa do Império do Brasil sobre a escravatura". In: *Memórias sobre a escravidão*. Rio de Janeiro: Arquivo Nacional, 1988, p. 75.

11. Como será visto adiante, essa escolha é central para a forma constitucional e o horizonte social do Império.

12. Flávio Gomes, "Experiências transatlânticas e significados locais: ideias, temores e narrativas em torno do Haiti no Brasil escravista". *Revista Tempo*, n. 13, 2012, pp. 215-6.

13. João Severiano Maciel da Costa, "Memória sobre a necessidade de abolir a introdução dos escravos africanos no Brasil, sobre o modo e condições como esta abolição se deve fazer e sobre os meios de remediar a falta de braços que ela pode ocasionar". In: *Memórias sobre a escravidão*, op. cit., p. 22.

14. Emília Viotti da Costa, op. cit., p. 155.

15. Essa interpretação dos ventos atlânticos foi primeiramente desenvolvida em Marcos Queiroz, *Constitucionalismo brasileiro e o Atlântico Negro*, op. cit.; Marcos Queiroz, "Caribe, corazón de la modernidad". *Cultura Latinoamericana*, v. 28, n. 2, 2018, pp. 234-50. Para uma análise das conexões correntes marítimas, economia política e história, veja Luiz Felipe de Alencastro, *O trato dos viventes: formação do Brasil no Atlântico Sul*. São Paulo: Companhia das Letras, 2000; Peter Linebaugh e Marcus Rediker, *A hidra de muitas cabeças: marinheiros, escravos, plebeus e a história oculta do Atlântico revolucionário*. São Paulo: Companhia das Letras, 2008; John K. Thornton, *A Cultural History of the Atlantic World, 1250-1820*. Nova York: Cambridge University Press, 2012.

16. Luiz Felipe de Alencastro, op. cit.

17. Apud ibid., p. 63.

18. Luiz Felipe de Alencastro, op. cit.; John K. Thornton, op. cit.

19. Marcus Rediker, *O navio negreiro: uma história humana*. São Paulo: Companhia das Letras, 2011.

20. *Palenques* e *maroons* denominam as comunidades de negros que viviam fora do regime de escravidão na América Hispânica, no Caribe e na América do Norte, a exemplo dos quilombos brasileiros.

21. Julius Scott, *The Common Wind: Currents of Afro-American Communication in the Era of the Haitian Revolution*. Ann Arbor: Duke University, 1986.

22. Julius Scott, "Negroes in Foreign Bottoms: Sailors, Slaves and Communication". In: Laurent Dubois e Julius Scott, *Origins of the Black Atlantic*. Nova York: Routledge, 2010, p. 93.

23. Para o implacto múltiplo da Revolução Haitiana, veja Sibylle Fischer, *Modernity Disavowed: Haiti and the Cultures of Slavery in the Age of Revolution*. Durham: Duke University Press, 2004; Mariana Past, "La Revolución Haitiana y el reino de este mundo: repensando lo impensable". *Casa de las Américas*, jan./mar., 2004, pp. 87-8; Flávio Gomes, "Experiências transatlânticas e significados locais", op. cit.; Marcos Queiroz, *Constitucionalismo brasileiro e o Atlântico negro*, op. cit.; Evandro Piza Duarte, *Do medo da diferença à liberdade como igualdade*, op. cit.; Julius Scott, "Negroes in Foreign Bottoms", op. cit.; Julius Scott, *The Common Wind*, op. cit. Para a ideia de identidade constitucional, veja Michel Rosenfeld, *A identidade do sujeito constitucional*. Belo Horizonte: Mandamentos, 2003.

24. Sibylle Fischer, "Bolívar in Haiti: Republicanism in the Revolutionary Atlantic". In: Carla Calagé, Raphael Dalleo e Luis Duno-Gottberg Luis (Orgs.), *Haiti and the Americas*. Jackson: University Press of Mississippi, 2014, pp. 25-53.

25. Aline Helg, "A República de Simón Bolívar: um bastião contra a 'tirania' da maioria". *Abya-Yala: Revista sobre acesso à justiça e direitos nas Américas*, Brasília, v. 3, n. 3, 2019, pp. 10-40.

26. Alfonso Múnera, "A morte do almirante José Prudencio Padilla: República e racismo na Independência da Colômbia". *Revista Direito Público*, Recife, v. 19, n. 101, 2022, pp. 79-99.

27. Marcos Queiroz, *O Haiti é aqui: ensaio sobre formação social e cultura jurídica latino-americana (Brasil, Colômbia e Haiti, século XIX)*, op. cit.

28. Apud Clóvis Moura, op. cit., p. 79.

29. Francisco Adolfo Varnhagen, *História geral do Brasil antes de sua separação e independência de Portugal*. Belo Horizonte: Itatiaia; São Paulo: Edusp, 1981.

30. Patrícia Valim, *Da sedição dos mulatos à Conjuração Baiana de 1798: a construção de uma memória histórica*. São Paulo: FFLCH-USP, 2007. Dissertação (Mestrado em História); Patrícia Valim, "O Tribunal da Relação da Bahia no final do século XVIII: politização da justiça e cultura jurídica na Conjuração Baiana de 1798". *Tempo*, Niterói, v. 24, n. 1, 2018, pp. 116-39.

31. Luiz Mott, *Escravidão, homossexualidade e demonologia*. São Paulo: Ícone, 1988.

32. Dênis Antônio de Mendonça Bernardes, "1817". In: Mônica Duarte Dantas (Org.), *Revoltas, motins e revoluções: homens livres pobres e libertos no Brasil do século XIX*. São Paulo: Alameda, 2011, pp. 83-4.

33. Marcos Queiroz, *Constitucionalismo brasileiro e o Atlântico negro*, op. cit.; Evandro Piza Duarte, *Do medo da diferença à liberdade como igualdade*, op. cit.

34. Dênis Antônio de Mendonça Bernardes, "1817", op. cit.

35. João José Reis, "O jogo duro do Dois de Julho: o 'Partido Negro' na Independência da Bahia". In: João José Reis e Eduardo Silva, *Negociação e conflito: a resistência negra no Brasil escravista*. São Paulo: Companhia das Letras, 1989.

36. Ibid.

37. Apud Ibid, p. 94.

38. Apud José João Reis, ibid., p. 91.

39. Flávio dos Santos Gomes e Carlos Eugênio Soares. "Sedições, haitianismo e conexões no Brasil escravista: outras margens do Atlântico Negro". *Novos Estudos*, n. 63, 2002, pp. 131-44; Flávio dos Santos Gomes, *Histórias de quilombolas: mocambos e comunidades de senzalas no Rio de Janeiro, século XIX*. São Paulo: Companhia das Letras, 2006; João José Reis, *Rebelião escrava no Brasil: a história do Levante dos Malês em 1835*. São Paulo: Companhia das Letras, 2003; Luciana da Cruz Brito, *Temores da África. Segurança, legislação e população africana na Bahia oitocentista*. Salvador: Edufba, 2016.

40. Marco Morel, *A Revolução Haitiana e o Brasil escravista: o que não deve ser dito*. Jundiaí: Paco, 2017, pp. 208-9.

41. Ibid.

42. Ibid., p. 201.

43. Bethânia Santos Pereira, *Uma nação em construção: trabalho livre e soberania no Código Rural haitiano (1826-1843)*. Campinas: IFCH-Unicamp, 2020. Dissertação (Mestrado em História).

44. Michel Rolph-Trouillot, op. cit.; Patrick Delices, "Oath to Our Ancestors: the Flag of Haiti is Rooted in Vodou". In: Celucien L. Joseph e Nixon S. Cleophat, *Vodou in Haitian Memory: The Idea and Representation of Vodou in Haitian Imagination*. Lanham: Lexington Books, 2016, pp. 21-32.

45. Evandro Piza Duarte e Marcos Queiroz, *Gilberto Freyre and Haiti: the Master-Slave Dialectic in Brazilian Conservative Thought*, op. cit.; Gilberto Freyre, *Nordeste: aspectos da influência da cana sobre a vida e a paisagem do Nordeste do Brasil*. São Paulo: Global, 2004; Gilberto Freyre, *Sobrados e mucambos*. São Paulo: Global, 2013.

46. Karine de Souza e Silva e Luiza Lazzaron Perotto, "A zona do não-ser do direito internacional: os povos negros e a Revolução Haitiana". *Revista Direito e Justiça: Reflexões Sociojurídicas*, v. 18, n. 32, 2018, p. 137.

47. Ibid., p. 125-53.

48. Ibid.

49. Marco Morel, op. cit.

50. Grã-Colômbia é o termo utilizado pela historiografia para se referir à República da Colômbia existente entre 1919 e 1831, englobando, pela maior parte desse período, além da própria Colômbia, os territórios dos atuais Panamá, Venezuela e Equador.

51. Mariana Schreiber, "Racismo: o brasileiro por trás de ação pioneira contra segregação nos EUA em 1833". *BBC Brasil*, 10 maio 2021. Disponível em: <www.bbc.com/portuguese/brasil-56684133>. Acesso em: 5 jan. 2022; Lloyd Belton, "'A Deep Interest in Your Cause': the Inter-American Sphere of Black Abolitionism and Civil Rights". *Slavery & Abolition*, n. 42, 2021, pp. 589-609.

52. Marco Morel, op. cit.

53. Mariana Schreiber, "Racismo: o brasileiro por trás de ação pioneira contra segregação nos EUA em 1833", op. cit.

54. Gladys Sabina Ribeiro, "O desejo da liberdade e a participação de homens livres pobres e 'de cor' na Independência do Brasil". *Caderno Cedes*, v. 22, n. 58, 2002, pp. 30.

55. Flávio Gomes e Roquinaldo Ferreira, "A miragem da miscigenação". *Novos Estudos*, n. 80, 2008, pp. 155.

56. Gladys Sabina Ribeiro, op. cit.

57. Ibid, p. 146.

58. Sobre memória constitucional e discurso dos juristas, veja Evandro Piza Duarte, Gabriela Barreto de Sá e Marcos Queiroz, *Cultura jurídica e Atlântico Negro: história e memória constitucional*. Rio de Janeiro: Lumen Juris, 2019; Evandro Piza Duarte e Guilherme Scotti, "História e memória nacional no discurso jurídico: o julgamento da ADPF 186". *Universitas Jus*, v. 24, 2013, pp. 33-45; Evandro Piza Duarte, *Do medo da diferença à liberdade como igualdade*, op. cit.

59. Gladys Sabina Ribeiro, op. cit.; Emília Viotti da Costa. "Introdução ao estudo da emancipação política do Brasil". In: Carlos Guilherme Mota (Org.), *Brasil em perspectiva*. São Paulo: Difel, 1982.

60. Para uma análise dos textos constitucionais haitianos, veja Sibylle Fischer, "Constituciones haitianas: ideología y cultura posrevolucionarias". *Casa de las Américas*, n. 233, out./dez., 2003, pp. 16-35.

61. Ada Ferrer, "Haiti, Free Soil, and Antislavery in the Revolutionary Atlantic". *American Historical Review*, v. 117, n. 1, 2012, p. 7.

62. Ibid.

63. Debora Jenson, "Living by Metaphor in the Haitian Declaration of Independence: Tigers and Cognitive Theory". In: Julia Gaffield (Org.), *The Haitian Declaration of Independence: Creation, Context, and Legacy*. Charlottesville; Londres: University of Virginia Press, 2016, pp. 72-91.

64. A versão da Declaração de Independência do Haiti utilizada para essa tradução está disponível em Julia Gaffield (Org.), op. cit.

65. Para uma teoria política a partir do conceito de quilombo, veja Beatriz Nascimento, *Quilombola e intelectual: possibilidade nos dias da destruição*. São Paulo: Editora Filhos da África, 2018; Abdias Nascimento, *O quilombismo*. Brasília; Rio de Janeiro: Fundação Palmares, 2002; Clóvis Moura, op. cit.

66. Ada Ferrer, op. cit. Para um debate sobre a importância do princípio do solo livre e sua relação com a precariedade das experiências de liberdade de pessoas negras durante a escravidão (realidade contra a qual o pensamento constitucional haitiano tentava se insurgir), particularmente no Brasil, veja Gabriela Barretto de Sá, *A negação da liberdade: direito e escravização ilegal no Brasil oitocentista*. Belo Horizonte: Letramento; Casa do Direito, 2019.

67. A Tâmis agradeço não só pela disponibilização do texto quando ele ainda não havia sido publicado, mas também por generosas conversas a respeito da política da escravidão no Atlântico, que inspiram as linhas deste ensaio.

68. Tâmis Parron, "Escravidão e as fundações da ordem constitucional moderna: representação, cidadania, soberania, c. 1780-1830", op. cit., p. 701.

69. Ibid., p. 710.

70. Ibid. Para uma interpretação da própria Guerra de Independência dos Estados Unidos como uma contrarrevolução senhorial, que visava garantir o direito à propriedade escrava em um período seminal de agitações abolicionistas, veja Gerald Horne, *The Counter-Revolution of 1776: Slave Resistance and the Origins of the United States of America*. Nova York; Londres: New York University Press, 2014.

71. Sobre a relação entre racismo, controle social e cidadania nos Estados Unidos, veja Evandro Piza Duarte, Marcos Queiroz e Rafael de Deus Garcia, "La rebelión de la prisión de Attica (Nueva York, 1971): opresión racial, encarcelamiento en masa y la retórica de la igualdad". *Revista Estudios Socio-Jurídicos*, v. 22, n. 1, 2020, pp. 113-44.

72. Wilfred U. Codrington III. "The Electoral College's Racist Origins". *Brennan Center for Justice*, 1º abr. 2020. Disponível em: <www.brennancenter.org/our-work/analysis-opinion/electoral-colleges-racist-origins>. Acesso em: 5 maio 2024.

73. Tâmis Parron, "Escravidão e as fundações da ordem constitucional moderna: representação, cidadania, soberania, c. 1780-1830", op. cit.

74. Michel-Rolph Trouillot, op. cit. pp. 78-9.

75. Tâmis Parron, "Escravidão e as fundações da ordem constitucional moderna: representação, cidadania, soberania, c. 1780-1830", op. cit.

76. Michel-Rolph Trouillot, *Silencing The Past*, op. cit., p. 79.

77. Tâmis Parron, "Escravidão e as fundações da ordem constitucional moderna: representação, cidadania, soberania, c. 1780-1830", op. cit.

78. C.L.R. James, *Os jacobinos negros: Toussaint L'Ouverture e a revolução de São Domingos*. São Paulo: Boitempo, 2010; Laurent Dubois, op. cit.; Carolyn Fick, *The Making of Haiti: the Saint Domingue Revolution from Below*. Knoxville: The University of Tennessee Press, 1990; David P. Geggus, *Haitian Revolutionary Studies*. Bloomington: Indiana University Press, 2002.

79. Para a crítica do papel desempenhado pela figura da ama de leite no imaginário branco e social latino-americano, veja Lélia Gonzalez, "Racismo e sexismo na cultura brasileira". *Revista Ciências Sociais Hoje*, Anpocs, 1984, pp. 223-44; Denise Ferreira da Silva, "À brasileira: racialidade e a escrita de um desejo destrutivo". *Estudos Feministas*, v. 14, n. 1, 2006, pp. 61-83; Juliana Araújo Lopes, "Quem pariu Améfrica? Trabalho doméstico, constitucionalismo e memória em pretuguês". *Revista Brasileira de Políticas Públicas*, v. 10, n. 2, 2020, pp. 94-123; Marixa Lasso, *Mitos de armonía racial: raza y republicanismo durante la era de la revolución, Colombia 1795-1831*. Bogotá: Universidad de Los Andes; Banco de la Republica, 2013.

80. Tâmis Parron, "Escravidão e as fundações da ordem constitucional moderna: representação, cidadania, soberania, c. 1780-1830", op. cit.

81. Ibid.; Marixa Lasso, op. cit.

82. Tâmis Parron, "Escravidão e as fundações da ordem constitucional moderna: representação, cidadania, soberania, c. 1780-1830", op. cit.

83. Marixa Lasso, op. cit.

84. Alfonso Múnera, *La Independencia de Colombia: olvidos y ficciones. Cartagena de Indias (1580-1821)*. Bogotá: Planeta, 2021, pp. 45-6.

85. Simón Bolívar. *Obras completas*, 1950, p. 114, apud Alfonso Múnera. "A morte do almirante José Prudencio Padilla". *Revista Direito Público*, v. 19, n. 101, jan/mar 2022, p. 89.

86. Marixa Lasso, op. cit.; Alfonso Múnera, ibid.; Aline Helg, *Liberty & Equality in Caribbean Colombia (1770-1835)*. Chapel Hill; Londres: The University of North Carolina Press, 2004.

87. Em 1973, Roberto Schwarz publicou o ensaio "Ideias fora do lugar", no terceiro número da *Estudos Cebrap*. Poucos anos depois, em 1977, ele serviria de primeiro capítulo ao livro *Ao vencedor as batatas*, marco na renovação dos estudos machadianos. Daquele momento em diante, o ensaio exerceria uma grande força sobre o debate intelectual no país, carregando consigo polêmicas, incompreensões e leituras antagônicas. O centro do texto é pensar a relação das ideias liberais com seus espaços (estruturas históricas nacionais) de enraizamento e circulação. Para Schwarz, na Europa, o liberalismo cumpriu o papel de aparência, encobrindo a essência. A abstração liberal mascarou a exploração do trabalho e a dominação de classe. No Brasil, as mesmas ideias seriam falsas em um sentido diverso e exporiam a impropriedade do nosso pensamento — assim, a incompatibilidade entre liberalismo/ideário moderno e escravidão estaria no plano das convicções da pátria. Segundo o crítico, a escravidão nacional e sua correspondente generalização da lógica do favor imporiam uma vida ideológica específica. Se o escravismo, por um lado, desmentiria de cara as ideias liberais, o favor os absorveria e os deslocaria, originando um padrão particular. Gerou-se uma coexistência estabilizada, em que o liberalismo (as razões europeias) serviram de justificação ao momento de arbítrio do favor. O liberalismo passou de uma ideologia (engano involuntário e bem fundado nas aparências) a penhor intencional de uma variedade de prestígios com os quais nada tem a ver. Legitimou o arbítrio por meio de alguma razão "racional". As ideias burguesas no Brasil funcionaram como ornamento e marca de fidalguia ao mesmo tempo que atestaram a participação na esfera moderna e europeia, que não seria própria da realidade nacional. Com isso, acabaram gerando uma novidade, que é a dissonância incrível entre cultura moderna e contexto escravocrata.

Esse contexto fez com que as ideias operassem como o oco dentro do oco: o discurso impróprio é oco mesmo quando usado propriamente. O "desconcerto" dá o tom da experiência brasileira por meio do dualismo e do factício ("contrastes rebarbativos, desproporções, disparates, anacronismos, contradições, conciliações e o que for"). O contexto não as descartou, mas as descreveu enquanto enviesadas, fora de centro em relação à exigência que elas propunham. Este descompasso entre o ritmo da estrutura e o ritmo das ideias seria o lugar que nos toca na ordem internacional do capital, ao passo que na Europa as transformações na ordem cultural acompanhariam transformações imensas na ordem social. Aqui, as ideias liberais seriam, paradoxalmente, impraticáveis num movimento de verdadeira falsidade. Sem perder a pretensão de origem, gravitam segundo uma regra nova, capaz de, por um lado, rebaixar o cotidiano da vida ideológica e, por outro, facilitar o ceticismo. O contexto nacional abalou na base as pretensões de universalidade das ideias, as quais já vêm informadas desde o início com sua pretensão de abarcar toda a humanidade. Paralelamente, o "atraso" repuxou uma perspectiva crítica mais aguçada e complexa do moderno, tornando ingênuo os supostos grandes esquemas e as ideias ocidentais. Nossas esquisitices nacionais teriam um alcance mundial, pois debochariam da ideologia hegemônica no Ocidente. Portanto, a "chegada" da pretensão moderna nas periferias deu um critério para medir o desvario do progressismo e do individualismo que o Ocidente impõe ao mundo. Machado de Assis e a literatura russa seriam os grandes exemplos dessa postura crítica feita desde a periferia: a desqualificação do pensamento como um ponto nevrálgico por onde passa e se revela a história mundial. O Brasil poria e reporia as ideias europeias sempre em um sentido impróprio, pautado pelo descentramento e desafinação.

As ideias estariam fora do lugar porque estavam fora do centro em relação ao seu uso europeu, e a explicação estava no mecanismo social por trás da estrutura histórica brasileira. Mecanismo que era elemento interno, inescapável e ativo da cultura. Esse descentramento das ideias seria a originalidade nacional, pautada nas conversões e reconversões do liberalismo e do favor. Um efeito local e opaco de um mecanismo planetário (a globalização desigual e combinada do capital).

No ensaio "A escravidão entre dois liberalismos", de 1988, Bosi realiza uma crítica de fundo ao caráter generalizante das hipóteses de impropriedade, descentramento, deslocamento e exterioridade do liberalismo no Brasil. Para ele, de cara, há uma premissa equivocada baseada na confusão de ideias liberais com ideias igualitárias e democráticas, ignorando a relação funcional e convergente entre a normatividade liberal-proprietária e o projeto jurídico e político da classe senhorial no Império. Ademais, em nota no ensaio "Raymundo Faoro leitor de Machado", Bosi compila diversas das críticas que foram feitas ao ensaio de Schwarz, como as de Maria Sylvia de Carvalho Franco ("Homens livres na ordem escravocrata" e "As ideias estão no lugar", que rejeita a hipótese de artificialismo das ideologias ocidentais quando aplicadas à nossa política, demonstrando a unidade estrutural da economia de mercado no Atlântico); Jacob Gorender ("O escravismo colonial", que argumentava que o liberalismo era a ideologia adequada aos proprietários de escravizados, isto é, "as ideias estavam no lugar apropriado, reproduziram o que seus defensores pretendiam"); e Luiz Felipe de Alencastro, Guerreiro Ramos, José Murilo de Carvalho e Wanderley

Guilherme dos Santos, os quais todos apontavam, de diferentes maneiras, como o liberalismo foi a ética e o léxico político utilizados para a construção do Estado-nação brasileiro em acordo com os interesse escravocratas.

Em 1992, com a publicação do livro *Dialética da colonização*, no qual o ensaio "A escravidão entre dois liberalismos" saiu como capítulo, Roberto Schwarz aproveitou para escrever uma resenha e, nela, defender-se das críticas articuladas por Bosi. O texto é de 1993 e se chama "Discutindo com Alfredo Bosi". Nele, Schwarz retoma a ideia de que "o liberalismo e demais instituições modernas tinham conotação absurda no país", impondo uma "sensação de desconcerto, formulada um sem-número de vezes pelos homens do tempo". A explicação estaria "no modo retrógrado pelo qual o Brasil rompeu o estatuto colonial e entrou para o concerto das nações independentes. Tratava-se de incorporar as instituições e ideias necessárias à construção da jovem pátria, mas isso sem quebra da ordenação social e econômica formada na Colônia, tráfico negreiro e trabalho escravo inclusive, ordenação sobre a qual repousariam a liberdade e a prosperidade nas novas circunstâncias. Tanto a funcionalidade de classe como o aspecto desengonçado desse acoplamento saltam aos olhos. Assim, por ajustadas que estivessem à situação, que as filtrou, as ideias e teorias novas não tinham como não fazer também figura escandalosa, desviada do canônico ('o progresso europeu')". Para concluir sua defesa, Schwarz cita Marx, de onde partem as análises e as divergências entre os dois: "O próprio Bosi encontrou o problema ao lembrar a explicação de Marx sobre a plantation norte--americana, cujos proprietários são ditos capitalistas a despeito do trabalho escravo, pois se trata de 'anomalias no interior de um mercado mundial assentado sobre o trabalho livre'. A propriedade escrava seguramente estava aclimatada, mas nem por isso deixava de ser uma anomalia — o equivalente de nosso nonsense liberal-escravista — em face do mercado mundial, sob cuja luz ela deve ser vista, e vice-versa. Não custa lembrar o capítulo célebre em que Marx comenta os ensinamentos que a escravidão colonial encerra para a compreensão do caráter também forçado do trabalho livre na metrópole, destacando as revelações da anomalia sobre a norma, ou da periferia sobre o centro. Como é sabido, na metrópole a expropriação prévia dos trabalhadores os reduziu a força de trabalho e os colocou na dependência do capital para sobreviver, o que tornava dispensável a coação física, sem a qual nas condições de imensidão territorial americana a ninguém ocorreria aceitar os termos do capital, ou seja, aquele mesmo trabalho livre. Assim, longe de ser um traço inconsequente, a discrepância entre a feição local das relações sociais e a sua norma contemporânea, mesmo remota, pertence estrutural e objetivamente à dialética global do sistema, à qual dá acesso, devendo ser estudada, e não descartada, ainda quando os mecanismos de filtragem a abafem ao máximo".

Da parte pequena que nos toca falar deste debate, além do que está já exposto no corpo do livro, alguns problemas podem ser apontados no argumento de Schwarz. Primeiro, sua compreensão do escravismo no século XIX passa I) pelo estabelecimento de um antagonismo entre autoridade e eficácia; II) pelo apagamento da racionalização e da modernização produtiva da escravidão em compasso com as ideias liberais; III) e pela total ausência do impacto das lutas negras, como se o lugar das ideias fosse disputado apenas pelo que ocorre no interior da casa-grande e dos sobrados. O segundo está na sua compreensão da história das ideias, visível nas noções temporais ("progresso", "caráter retrógrado"), espaciais ("importadas", a Europa como certidão de nascimento das ideias) e valorativas (atribuições de progressismo e normalidade/anomalia, todas articuladas por uma análise excessivamente pautada na abstração da nação, que marginaliza o caráter transnacional da luta de classes e, consequentemente, da circulação, formulação, apropriação e criação das ideias). Com isso, resta a nós o caráter excêntrico, exótico e, por que não?, tropical do liberalismo, enquanto a aliança entre o mesmo ideário liberal, o racismo e o imperialismo na Europa dos séculos 19 e 20 se torna turva e negligenciada no argumento. Argumento que, ao aprofundar, estereotipar e cristalizar as noções de centro e periferia, obscurece os vínculos globais entre ideias, raça, capital e lutas sociais.

Referências para a discussão: Roberto Schwarz, *Ao vencedor as batatas: forma literária e processo social nos inícios do romance brasileiro*. São Paulo: Duas Cidades; Editora 34, 2012; Alfredo Bosi, *Dialética da colonização*. São Paulo: Companhia das Letras, 1992; e "Raymundo Faoro leitor de Machado". In: *Brás Cubas em três versões: estudos machadianos*. São Paulo: Companhia das Letras, 2016; Maria Sylvia de Carvalho Franco. "As ideias estão no lugar". *Cadernos de Debate 1. História do Brasil*. São Paulo: Brasiliense, 1976; e *Homens livres na ordem escravocrata*. São Paulo: Unesp, 1997; Jacob Gorender. *O escravismo colonial*. São Paulo: Ática, 1988; Roberto Schwarz, "Discutindo com Alfredo Bosi". In: *Sequências brasileiras: ensaios*. São Paulo: Companhia das Letras, 1999.

ASSOMBROS DA CONSTITUIÇÃO DE 1824 [PP. 102-170]

1. Ricardo Salles. "Notas de um debate. Comentários sobre o texto de Jeffrey Needell 'Formação dos partidos políticos no Brasil da Regência à Conciliação, 1831-1857'". *Almanack Braziliense*. São Paulo, n. 10, p. 52-3, nov. 2009.

2. Para interpretações da Revolução Liberal do Porto e suas consequências para Portugal e Brasil, veja Lucas Gomes Carvalho Pinto, "A Revolução Liberal do Porto de 1820 na historiografia da Independência". *Revista TEL*, v. 12, n. 1, 2021, pp. 26-47; Jônatas Roque Mendes Gomes, "A Revolução Liberal do Porto e as concepções de pacto social no Parlamento brasileiro (1826-1831)". *Passagens*, v. 10, n. 1, 2018, pp. 24-35; José Luis Cardoso, "A Revolução Liberal de 1820: guião de uma revolução inacabada". *Almanack*, n. 30, 2022, pp. 1-37.

3. Para uma análise jurídica e histórica desse momento, veja Márcia Berbel, Rafael Marquese e Tâmis Parron, *Escravidão e política: Brasil e Cuba, c. 1790-1850*. São Paulo: Hucitec; Fapesp, 2010; Andréa Slemian, *Sob o império das leis: Constituição e unidade nacional na formação do Brasil (1822-1834)*.

São Paulo: Hucitec; Fapesp, 2009; Lucia Maria Bastos Pereira das Neves, *Corcundas e constitucionais: a cultura política da Independência (1820-1822)*. Rio de Janeiro: Revan; Faperj, 2003; Denis Antônio de Mendonça Bernardes, *O patriotismo constitucional: Pernambuco, 1820-1822*. São Paulo: Fapesp; Hucitec; Recife: UFPE, 2006.

4. Théo Lobarinhas Piñeiro, "Negociantes, Independência e o primeiro banco do Brasil: uma trajetória de poder e de grandes negócios". *Tempo*, v. 8, n. 15, 2003, pp. 72-3.

5. Tâmis Parron, "Escravidão e as fundações da ordem constitucional moderna: representação, cidadania, soberania, c. 1780-1830", op. cit., p. 726.

6. Para uma síntese desses debates, veja Márcia Berbel, Rafael Marquese e Tâmis Parron, *Escravidão e política*, op. cit.; Rafael Marquese e Tâmis Parron, "Constitucionalismo atlântico e ideologia da escravidão: a experiência de Cádis em perspectiva comparada". *Bulletin for Spanish and Portuguese Historical Studies*, v. 37, n. 2, 2012.

7. Ilmar Rohloff de Mattos, op. cit.

8. Jônatas Roque Mendes Gomes, "O vintismo, as Cortes de Lisboa e a Independência do Brasil". *História, Revista da FLUP*, v. 12, n. 2, 2022, pp. 4-24.

9. Emília Viotti da Costa, 1982, op. cit. Para uma leitura complexa das relações entre as Cortes de Lisboa e a Independência do Brasil, veja Márcia Regina Berbel, "Os apelos nacionais nas cortes constituintes de Lisboa (1821/22)". In: *A Independência brasileira: novas dimensões*. Rio de Janeiro: FGV, 2006; Flávia Calé da Silva, "O projeto paulista para as Cortes de Lisboa". *Princípios*, v. 41, n. 164, 2022, pp. 123-48; Jônatas Roque Mendes Gomes, op. cit.

10. Assembleia Nacional Constituinte do Brasil (1823), *Anais da Assembleia Nacional Constituinte — Tomo I*. Rio de Janeiro: Tipografia do Imperial Instituto Artístico, 1874, pp. 41-2.

11. Gladys Sabina Ribeiro, "'Pés-de-chumbo' e 'Garrafeiros': conflitos e tensões nas ruas do Rio de Janeiro no Primeiro Reinado (1822-1831)". *Revista Brasileira de História*, v. 12, n. 23-4, 1991-1992, p. 157.

12. Assembleia Nacional Constituinte do Brasil (1823), *Anais da Assembleia Nacional Constituinte — Tomo I*, op. cit., p. 53.

13. José Bonifácio de Andrada e Silva, "Representação à Assembleia Geral Constituinte e Legislativa do Império do Brasil sobre a escravatura", op. cit.

14. Assembleia Nacional Constituinte do Brasil (1823), *Anais da Assembleia Nacional Constituinte — Tomo V*. Rio de Janeiro: Tipografia do Imperial Instituto Artístico, 1874, pp. 203-4.

15. Para uma análise detida dos vínculos entre raça e cidadania nos debates de 1823, veja Marcos Queiroz, *Constitucionalismo brasileiro e o Atlântico Negro*, op. cit.

16. Veja a posição de Maciel da Costa citada no capítulo "Independências".

17. Beatriz Galloti Mamigonian, "Africanos livres". In: Lilia Moritz Schwarcz e Flávio Gomes (Orgs.), op. cit., p. 71. Veja também Beatriz Gallotti Mamigonian, *Africanos Livres: a abolição do tráfico de escravos no Brasil*. São Paulo: Companhia das Letras, 2017.

18. Assembleia Nacional Constituinte do Brasil (1823), *Anais da Assembleia Nacional Constituinte* — Tomo V, op. cit., pp. 205-7.

19. Neste sentido, veja Celia Maria Marinho de Azevedo, *Onda negra, medo branco: o negro no imaginário das elites, século XIX*. São Paulo: Annablume, 2008.

20. Assembleia Nacional Constituinte do Brasil (1823), *Anais da Assembleia Nacional Constituinte* — Tomo V, op. cit., p. 209.

21. João Severiano Maciel da Costa, "Memória sobre a necessidade de abolir a introdução dos escravos africanos no Brasil, sobre o modo e condições como esta abolição se deve fazer e sobre os meios de remediar a falta de braços que ela pode ocasionar", op. cit., p. 22.

22. Rafael Marquese e Tâmis Parron, "Constitucionalismo atlântico e ideologia da escravidão", op. cit., p. 15.

23. Christian Edward Cyril Lynch, "O discurso político monarquiano e a recepção do conceito de Poder Moderador no Brasil (1822-1824)". *Dados — Revista de Ciências Sociais*, v. 48, n. 3, 2005, pp. 634-5.

24. Cecilia Helena de Salles Oliveira, "O Poder Moderador e o perfil do Estado imperial: teoria política e prática de governar (1820/1824)". *Anpuh — XX Simpósio Nacional de História*, 2003, p. 2.

25. Sobre a experiência portuguesa em São Tomé, veja Luiz Felipe de Alencastro, *O trato dos viventes*, op. cit.

26. Ibid.

27. Ibid.

28. Sidney Chalhoub, *Visões de liberdade: uma história das últimas décadas da escravidão na Corte*. São Paulo: Companhia das Letras, 2011.

29. Sidney Chalhoub, "The Politics of Silence", op. cit. Para mais detalhes sobre o tema, veja Felipe Azevedo Souza, "A dissimulada arte de produzir exclusões: as reformas que encolheram o eleitorado brasileiro (1881-1930)". *Revista de História*, n. 179, 2020, pp. 1-35.

30. Sidney Chalhoub, "Precariedade estrutural: o problema da liberdade no Brasil escravista (século XIX)". *História Social*, n. 19, 2010, pp. 33-62; Henrique Espada Lima, "Sob o domínio da precariedade: escravidão e os significados da liberdade de trabalho no século XIX". *Topoi*, v. 6, n. 11, 2005, pp. 289-326; Gabriela

Barretto de Sá, *A negação da liberdade*, op. cit.; Maria da Vitória Barbosa Lima, *Liberdade interditada, liberdade reavida: escravos e libertos na Paraíba escravista (século XIX)*. Recife: UFPE, 2010. Tese (Doutorado em História).

31. Tâmis Parron, *A política da escravidão no Império do Brasil*, op. cit.

32. Hebe Mattos, "Ciudadanía, racialización y memoria del cautiveiro en la Historia de Brasil". In: Claudia Mosquera Rosero-Labbé e Luiz Claudio Barcelos, *Afro-reparaciones: memorias de la esclavitud y justicia reparativa para negros, afrocolombianos y razales*. Bogotá: Universidad Nacional de Colombia; Uniblos, 2007, p. 97

33. Hebe Mattos, Ibid., p. 97; Hebe Mattos, *Escravidão e cidadania no Brasil monárquico*. Rio de Janeiro: Jorge Zahar, 2000; Keila Grinberg, *O fiador dos brasileiros. Cidadania, escravidão e direito civil no tempo de Antônio Pereira Rebouças*. Rio de Janeiro: Civilização Brasileira, 2002.

34. Tâmis Parron, *A política da escravidão no Império do Brasil*, op. cit.

35. Ibid., p. 71.

36. Anais da Câmara dos Deputados (ACD), sessão de 16 de junho de 1827, apud João Carlos Escosteguy Filho, *Tráfico de escravos e direção saquarema no Senado do Império do Brasil*. Niterói: ICHF-UFF, 2010, p. 94. Dissertação (Mestrado em História).

37. ACD, sessão de 2 de julho de 1827, pp. 14-6, apud Tâmis Parron, *A política da escravidão no Império do Brasil*, op. cit., p. 69.

38. A sequência de discursos foi retirada da obra *A política da escravidão*, de Tâmis Parron, pesquisa monumental e excelente compilado das estratégias senhoriais na defesa do tráfico e da escravidão no Brasil, a qual exerce profunda influência no argumento geral deste livro.

39. Tâmis Parron, *A política da escravidão no Império do Brasil*, op. cit., p. 173.

40. José Carneiro da Silva, *Memória sobre o commercio dos escravos, em que se pretende mostrar que este tráfico é, para eles, antes um bem do que um mal*, apud Tâmis Parron, ibid., p. 153.

41. Anais do Senado (AS), 27 de maio de 1850, pp. 127-30, apud Tâmis Parron, ibid, p. 242.

42. *Noticia Historica do Princípio da Escravidão, desde o Anno do Mundo 1657, e antes de Jesus Cristo 2347 anos, como passo a mostrar; em resposta a uma folha impressa pelos ingleses... no Rio de Janeiro, com data de 16 de outubro de 1852*, apud Tâmis Parron, ibid., p. 291.

43. Para a ideia de matriz senhorial escravocrata, veja Ricardo Salles, *Nostalgia Imperial: escravidão e formação da identidade nacional no Brasil do Segundo Reinado*. Rio de Janeiro: Ponteio, 2013.

44. Paula Beiguelman, "A organização política do Brasil-Império e a sociedade agrária escravista". *Estudos Econômicos*, v. 15, número especial, 1985, p. 8.

45. Ibid.

46. Ibid.; João Carlos Escosteguy Filho, op. cit.

47. Txapuã Menezes Magalhães, *O Conselho de Estado e a escravidão: em defesa da ordem no Império do Brasil*. Salvador: Faculdade de Direito-UFBA, p. 70. Dissertação (Mestrado em Direito).

48. Tâmis Parron, *A política da escravidão no Império do Brasil*, op. cit., p. 27; Ilmar Rohloff de Mattos, op. cit.

49. João Luiz Ribeiro, *No meio das galinhas as baratas não têm razão: a lei de 10 de junho de 1835: os escravos e a pena de morte no Império do Brasil, 1822-1890*. Rio de Janeiro: Renovar, 2005; Marcos Ferreira de Andrade, "A pena de morte e a revolta dos escravos de Carrancas: a origem da "lei nefanda" (10 de junho de 1835)". *Tempo*, v. 23, n. 2, 2017, pp. 265-89; Ricardo Figueiredo Pirola, *A lei de 10 de junho de 1835: justiça, escravidão e pena de morte*. Campinas: IFCH-Unicamp, 2012. Tese (Doutorado em História); Joaci Pereira Furtado, *Carrancas: o silêncio ao redor*, op. cit.

50. José João Reis, *Rebelião escrava no Brasil*, op. cit.; Luciana da Cruz Brito, *Temores da África*, op. cit.

51. José João Reis, ibid.

52. Luciana da Cruz Brito, op. cit.

53. Para uma análise do contexto histórico e jurídico da aprovação da Lei, veja Luciana da Cruz Brito, ibid.

54. Para essa relação, veja Marcos Queiroz, *O Haiti é aqui*, op. cit.; Orlando Patterson, *Rituals of Blood: Consequences of Slavery in Two American Centuries*. Washington: Civitas; Counterpoint, 1998.

55. Tâmis Parron, *A política da escravidão no Império do Brasil*, op. cit.; Beatriz Galloti Mamigonian, *Africanos Livres*, op. cit.

56. Paula Beiguelman, op. cit., p. 10.

57. Ibid.

58. Ibid.; João Carlos Escosteguy Filho, op. cit.

59. Paula Beiguelman, ibid.

60. Christian Edward Cyril Lynch, op. cit.

61. Ibid.

62. Diego Rafael Ambrosini, "O Poder Moderador na construção do Estado imperial brasileiro". *Leviathan*, n. 1, 2004, pp. 119-54; Cecília Helna Salles de Oliveira, "O Poder Moderador e o perfil do Estado imperial", op. cit.

63. Ibid.

64. Paula Beiguelman, op. cit.; João Carlos Escosteguy Filho, *Tráfico de escravos e direção saquarema no Senado do Império do Brasil*, op. cit.

65. João Camilo de Oliveira Torres, *Os construtores do Império: ideais e lutas do Partido Conservador Brasileiro*. São Paulo: Companhia Editora Nacional, 1968.

66. Brás Florentino Henrique Sousa, *Do Poder Moderador — ensaio de direito constitucional contendo a análise do título V, capítulo I, da Constituição do Império*. Recife, 1864, apud João Camilo de Oliveira Torres, ibid., p. 152.

67. Brás Florentino Henrique Sousa, *Do Poder Moderador*, op. cit., apud João Camilo de Oliveira Torres, ibid., p. 155.

68. Ibid.

69. Ricardo Salles, *Nostalgia imperial*, op. cit., p. 118.

70. Ibid.

71. José Reinaldo de Lima Lopes, "Consultas da Seção de Justiça do Conselho de Estado (1842-1889). A formação da cultura jurídica brasileira". *Almanack Braziliense*, n. 5, 2007, pp. 4-36; José Reinaldo de Lima Lopes, *O Oráculo de Delfos: o Conselho de Estado no Brasil Império*. São Paulo: Saraiva, 2010.

72. José Murilo de Carvalho, *A construção da ordem: a elite política imperial/ Teatro de sombras: a política imperial*. Rio de Janeiro: Civilização Brasileira, 2018.

73. Maria Fernanda Vieira Martins, "A velha arte de governar: o Conselho de Estado no Brasil Imperial". *Topoi*, v. 7, n. 12, 2006, pp. 178-221; Cecília Helena de Salles Oliveira, "O Conselho de Estado e o complexo funcionamento do governo monárquico no Brasil do século XIX". *Almanack Braziliense*, n. 5 2007, pp. 46-53; Txapuã Menezes Magalhães, op. cit.

74. Maria Fernanda Vieira Martins, op. cit., p. 181.

75. Ibid., p. 186.

76. Sobre o uso da raça na legislação local do Império, veja Dora Lucia de Lima Bertúlio, op. cit.

77. Ricardo Salles, *Nostalgia imperial*, op. cit., p. 138.

78. Bernardo Pereira de Vasconcelos, apud Maria Fernanda Vieira Martins, "A velha arte de governar", op. cit., pp. 205-6.

79. Txapuã Menezes Magalhães, op. cit.

80. Ricardo Bruno da Silva Ferreira, *Os fiadores da ordem: uma análise sobre o Conselho de Estado de d. Pedro II*. Niterói: ICHF-UFF, 2016. Tese (Doutorado em Ciência Política).

81. Ada Ferrer, op. cit., p. 52.

82. Em relação aos três primeiros temas, veja o valioso trabalho de Txapuã Magalhães, *O Conselho de Estado e a escravidão*, talvez a melhor pesquisa dos vínculos entre o órgão e a política escravista, da qual este livro muito se vale. Para o quarto ponto, veja Sidney Chalhoub, "Solidariedade e liberdade: sociedade beneficentes de negros e negras no Rio de Janeiro na segunda metade do século XIX". In: Flávio dos Santos Gomes e Olívia Maria Gomes da Cunha (Orgs.), *Quase cidadãos: histórias e antropologias do pós-emancipação no Brasil*. Rio de Janeiro: Saraiva, 2007; Camila Menegardo Mendes Jogas, "Mutualismo e fronteira racial: sociedades de trabalhadores negros e Conselho de Estado no Rio de Janeiro do século XIX". *Revista Trilhas da História*, v. 7, n. 14, 2018, pp. 5-25.

83. João José Reis, *Rebelião escrava no Brasil*, op. cit.; Marcos Ferreira de Andrade, op. cit.

84. Txapuã Menezes Magalhães, op. cit., p. 36.

85. José Próspero Jeová da Silva Caroatá (Org.), *Imperiais resoluções tomadas sobre consultas da seção de justiça do Conselho de Estado. Anno de 1842, em que começou a funcionar o mesmo Conselho, até hoje*. Rio de Janeiro: B. L. Garnier Livreiro Editor, 1884, pp. 508-9, apud Txapuã Menezes Magalhães, *O Conselho de Estado e a escravidão*, op. cit., p. 110.

86. Txapuã Menezes Magalhães, op. cit.

87. Ibid.

88. Para análises desse crime à luz da política da escravidão no Império, veja Gabriela Barretto de Sá, op. cit.; Beatriz Gallotti Mamigonian, "O crime de redução de pessoa livre à escravidão no Brasil oitocentista". *Revista Mundos do Trabalho*, v. 13, 2021, pp. 1-21.

89. Txapuã Menezes Magalhães, op. cit.; Beatriz Gallotti Mamigonian, *Africanos livres*, op. cit.

90. Txapuã Menezes Magalhães, op. cit.

91. Ibid.

92. José Honório Rodrigues (Org.), *Atas do Conselho de Estado, vol. 6*. Brasília: Senado Federal, 1973-1977, p. 111, apud Txapuã Menezes Magalhães, op. cit., p. 137.

93. Txapuã Menezes Magalhães, op. cit.

94. Sidney Chalhoub, *Visões de liberdade*, op. cit.; Celia Maria Marinho de Azevedo, op. cit.

95. Reinaldo Rojas, "Las ideias de monarquía y república en el pensamiento y acción política de Simón Bolívar". *Espacio, Tiempo y Forma*, v. 5, n. 22, 2010, pp. 169-85; Miguel Malagón Pinzón, "El pensamiento republicano de Bolívar en el Proyecto Constitucional de Angostura de 1819 y en la Constitución Boliviana de 1826". *Revista de Derecho*, n. 27, 2007, pp. 98-133.

96. João Carlos Escosteguy Filho, *Tráfico de escravos e direção saquarema no Senado do Império do Brasil*, op. cit.

97. Ibid., pp. 86-7; Paula Beiguelman, op. cit.

98. João Carlos Escosteguy Filho, *Tráfico de escravos e direção saquarema no Senado do Império do Brasil*, op. cit.; Paula Beiguelman, op. cit.

99. José Murilo de Carvalho. *A construção da ordem/ Teatro de sombras*, op. cit.; Sidney Chalhoub, *Visões de liberdade*, op. cit.; Celia Maria Marinho de Azevedo, *Onda negra, medo branco*, op. cit.; Jaqueline Schmitt da Silva, "Zacarias de Góes e Vasconcelos e seus discursos no Senado entre 1868 e 1869". *História Social e Política*, v. 32, n. 50, 2019, pp. 104-14.

100. Sidney Chalhoub, *Machado de Assis, historiador*, op. cit.

101. Ricardo Salles, *Nostalgia imperial*, op. cit.

102. Roberto Schwarz, *Um mestre na periferia do capitalismo: Machado de Assis*. São Paulo: Duas Cidades; Editora 34, 2012.

103. Sidney Chalhoub, *Machado de Assis, historiador*, op. cit.

104. Ana Luiza Pinheiro Flauzina e Thula Rafaela de Oliveira Pires, "Supremo Tribunal Federal e a naturalização da barbárie". *Revista Direito e Práxis*, v. 11, n. 2, 2020, pp. 1211-37; Evandro Piza Duarte e Felipe da Silva Freitas, "Corpos Negros sob a perseguição do Estado: política de drogas, racismo e direitos humanos no Brasil". *Direito Público*, v. 16, n. 89, 2019, pp. 156-79; Gisela Aguiar Wanderley, *Liberdade e suspeição no Estado de Direito: o poder policial de abordar e revistar e o controle judicial de validade da busca pessoal*. Brasília: Faculdade de Direito-UnB, 2017. Dissertação (Mestrado em Direito); Jan Hoffman French, "Rethinking Police Violence in Brazil: Unmasking the Public Secret". *Latin American Politics and Society*, v. 55, n. 4, 2013, pp. 161-81.

105. Evandro Piza Duarte, "Diálogos com o 'realismo marginal' e a crítica à branquidade: por que a dogmática processual penal "não vê" o racismo institucional da gestão policial nas cidades brasileiras?". *Revista Eletrônica Direito e Sociedade — Redes*, v. 8, n. 2, 2020, pp. 95-119.

EPÍLOGO [PP. 171-3]

1. Para detalhes da Marcha Contra a Farsa da Abolição, veja <riomemorias.com.br/memoria/marcha-contra-a-farsa-da-abolicao/>. Acesso em: 20 fev. 2021.

2. Acauam Silvério de Oliveira, "O evangelho marginal dos Racionais MC's". In: *Racionais MC's. Sobrevivendo no inferno*. São Paulo: Companhia das Letras, 2018.

3. Marcos Queiroz e Jordhanna Cavalcante, "Rap como teoria social: Racionais MC's, criminologia e crítica radical". *Boletim do IBCCRIM*, n. 346, 2021, pp. 1-10; Jordhanna Cavalcante, *Dos batuques às pick-ups: tradições, comunidades e contingência discursiva dos Racionais MC's*. Brasília: Faculdade de Direito-UnB, 2023. Dissertação (Mestrado em Direito).

GLOSSÁRIO [PP. 174-203]

1. Bernardo Pereira de Vasconcelos apud José Murilo de Carvalho, "Apresentação". In: José Murilo de Caravlho (Org.), *Bernardo Pereira de Vasconcelos*. São Paulo: Editora 34, 1999, p. 9.

2. Maria Fernanda Vieira Martins, "A velha arte de governar: o Conselho de Estado no Brasil Imperial", *Topoi*, 7:12, 2006, p. 179.

3. Ibid., pp. 213-4.

4. Martha Victor Vieira, "Cunha Mattos: entre a pena e a espada", *Revista de História e Estudos Culturais*, v. 7, jan-abril 2010, p. 12.

5. Patrícia Ramos Geremias, *Ser "ingênuo" em Desterro/SC: a lei de 1871, o vínculo tutelar e a luta pela manutenção dos laços familiares das populações de origem africana (1871-1889)*. Niterói: UFF, 2005, p. 12. Dissertação (Mestrado em História).

6. Ibid.

7. Valdei Lopes de Araujo, "Como transformar portugueses em brasileiros: José Bonifácio de Andrade e Silva". *Intellèctus*, Rio de Janeiro, v. 5, n. 1, 2006, p. 4.

8. Fred Candido da Silva, "Francisco Muniz Tavares e Frei Caneca: contenda na Independência do Brasil", *Revista Tempo, Espaço, Linguagem*, v. 12, n. 1, 2021, pp. 10-25.

9. Beatriz Piva Momesso, *Letras, ideias e culturas políticas: os escritos de Nabuco de Araújo (1843-1876)*. Rio de Janeiro: UERJ, 2015. Tese (Doutorado em História), p. 308.

10. Ibid., p. 309.

11. Ibid., p. 312.

12. Eduardo Kugelmas, "Pimenta Bueno: o jurista da Coroa". In: Eduardo Kugelmas (Org.), *José Antônio Pimenta Bueno, marquês de São Vicente*. São Paulo: Editora 34, 2002, p. 23.

13. Luciana Rodrigues Penna, "O publicismo e a política conservadora do Brasil no século XIX", *Opinião Pública*, v. 25, n. 2, maio-ago., 2019, pp. 343-76.

14. José Antônio Pimenta Bueno, marquês de São Vicente, *Direito público brasileiro e análise da Constituição do Império*. Rio de Janeiro: Typ. Imp. e Const. de J. Villeneuve & C., 1857.

15. Op. cit., p. 366.

16. Ibid., p. 366.

17. Tâmis Parron, Alain El Youssef, Bruno Fabris Estefanes, "Vale expandido: contrabando negreiro e a construção de uma dinâmica política nacional no Império do Brasil". *Almanack*, n. 7, 2014, pp. 137-59.

18. Sidney Chalhoub, *Machado de Assis, historiador*. São Paulo: Companhia das Letras, 2003.

19. Sudhir Hazareesingh, *Black Spartacus: The Epic Life of Toussaint Louverture*. Nova York: Farrar, Straus and Giroux, 2020.

20. C. L. R. James, *Os jacobinos negros: Toussaint L'Ouverture e a revolução de São Domingos*. São Paulo: Boitempo, 2007.

Referências bibliográficas

ALENCASTRO, Luiz Felipe de. "África, números do tráfico atlântico". In: SCHWARCZ, Lilia Moritz; GOMES, Flávio dos Santos. *Dicionário da escravidão e liberdade: 50 textos críticos*. São Paulo: Companhia das Letras, 2018.

_____. *O trato dos viventes: formação do Brasil no Atlântico Sul*. São Paulo: Companhia das Letras, 2000.

_____. "Parecer sobre a arguição de descumprimento de preceito fundamental, ADPF/186, apresentada ao Supremo Tribunal Federal". *Revista de História*, 27 abr. 2012.

ALVES, Raissa. *Entre o silêncio e a negação: trabalho escravo contemporâneo sob a ótica da população negra*. Belo Horizonte: Letramento, 2019.

AMBROSINI, Diego Rafael. "O poder moderador na construção do Estado imperial brasileiro". *Leviathan*, n. 1, 2004, pp. 119-54.

ANDRADE, Marcos Ferreira de. "A pena de morte e a revolta dos escravos de Carrancas: a origem da 'lei nefanda' (10 de junho de 1835)". *Revista Tempo*, v. 23, n. 2, 2017, pp. 265-89.

ARAUJO, Valdei Lopes de. "Como transformar portugueses em brasileiros: José Bonifácio de Andrade e Silva". *Intellèctus*, v. 5, n. 1, 2006.

ARENDT, Hannah. *Sobre a revolução*. São Paulo: Companhia das Letras, 2011.

ASSIS, Machado de. *Memórias póstumas de Brás Cubas*. São Paulo: FTD, 1992.

AZEVEDO, Celia Maria Marinho de. *Onda negra, medo branco: o negro no imaginário das elites, século XIX*. São Paulo: Annablume, 2008.

BARBOSA, Caroline C. Pimentel. *Um construtor do Estado imperial: a trajetória de José Custódio Dias na Câmara dos Deputados, 1823-1835*. Rio de Janeiro: UFRRJ, 2018. Dissertação (Mestrado em História).

BARBOSA, Silvana Mota. "O Conselho de Ministros no Império do Brasil". *Locus: Revista de História*, v. 13, n. 1, 2007.

BARROSO, Luís Roberto. *Curso de direito constitucional contemporâneo*. São Paulo: Saraiva, 2010.

BASTOS, Elide Rugai. "A construção do debate sociológico no Brasil". *Ideias — Revista do Instituto de Filosofia e Ciências Humanas*, v. 1, 2013, pp. 287-300.

BEIGUELMAN, Paula. "A organização política do Brasil Império e a sociedade agrária escravista". *Estudos Econômicos*, v. 15, n. especial, 1985.

BERBEL, Márcia Regina. "Os apelos nacionais nas Cortes Constituintes de Lisboa (1821/22)". In: MALERBA, Jurandir. *A Independência brasileira: novas dimensões*. Rio de Janeiro: FGV, 2006.

BERBEL, Márcia; MARQUESE, Rafael; PARRON, Tâmis. *Escravidão e política: Brasil e Cuba, c. 1790-1850*. São Paulo: Hucitec; Fapesp, 2010.

BERNARDES, Dênis Antônio de Mendonça. "1817". In: DANTAS, Mônica Duarte (Org). *Revoltas, motins e revoluções: homens livres pobres e libertos no Brasil do século XIX*. São Paulo: Alameda, 2011.

_____. *O patriotismo constitucional: Pernambuco, 1820-1822*. São Paulo: Fapesp; Hucitec; Recife: UFPE, 2006.

BERTÚLIO, Dora Lucia de Lima. *Direito e relações raciais: uma introdução crítica ao racismo*. Rio de Janeiro: Lumen Juris, 2019.

BONAVIDES, Paulo. *Curso de direito constitucional*. São Paulo: Malheiros, 2011.

BOSI, Alfredo. "A escravidão entre dois liberalismos". In: _____. *Dialética da colonização*. São Paulo: Companhia das Letras, 1992.

BRASIL (1823), Assembleia Nacional Constituinte do. *Anais da Assembleia Nacional Constituinte — Tomo I a V*. Rio de Janeiro: Tipografia do Imperial Instituto Artístico, 1874.

BRITO, Luciana da Cruz. *Temores de África: segurança, legislação e população africana na Bahia oitocentista*. Salvador: EDUFBA, 2016.

BUCK-MORSS, Susan. *Hegel, Haiti, and the Universal History*. Pittsburgh: University of Pittsburgh Press, 2009.

BUENO, Pimenta. *Direito público brasileiro e análise da Constituição do Império*. Rio de Janeiro: Ministério da Justiça e Negócios Interiores, 1958.

CARDOSO, José Luis. "A Revolução Liberal de 1820: guião de uma revolução inacabada". *Almanack*, n. 30, 2022, pp.1-37.

CARNEIRO, Sueli. "A Batalha de Durban". *Estudos Feministas*, v. 10, n. 1, 2002, pp. 209-14.

CARVALHO, José Murilo de. *A construção da ordem: a elite política imperial/ Teatro de sombras: a política imperial*. Rio de Janeiro: Civilização Brasileira, 2018.

_____. *Cidadania no Brasil: o longo caminho*. Rio de Janeiro: Civilização Brasileira, 2012.

_____. *Os bestializados: o Rio de Janeiro e a República que não foi*. São Paulo: Companhia das Letras, 1987.

CATOIA, Cinthia de Cassia. "O Movimento Negro (1940-1950) e a emergência do debate político sobre legislação antirracismo no Brasil". *Revista Café com Sociologia*, v. 7, n.1, 2018, pp. 30-49.

CAVALCANTE, Jordhanna. *Dos batuques às pick-ups: tradições, comunidades e contingência discursiva dos Racionais MC's*. Brasília, UnB, 2023. Dissertação (Mestrado em Direito).

CHALHOUB, Sidney. *Machado de Assis, historiador*. São Paulo: Companhia das Letras, 2003.

_____. "Precariedade estrutural: o problema da liberdade no Brasil escravista (século XIX)". *História Social*, n. 19, 2010, pp. 33-62.

_____. "Solidariedade e liberdade: sociedade beneficentes de negros e negras no Rio de Janeiro na segunda metade do século XIX". In: GOMES, Flávio dos Santos; CUNHA, Olívia Maria Gomes da. *Quase cidadãos: histórias e antropologias do pós-emancipação no Brasil*. Rio de Janeiro: Saraiva, 2007.

_____. "The Politics of Silence: Race and Citizenship in Nineteenth-century Brazil". *Slavery & Abolition*, v. 27, n, 1, 2006, pp. 73-87.

_____. *Visões de liberdade: uma história das últimas décadas da escravidão na Corte*. São Paulo: Companhia das Letras, 2011.

COLLEY, Linda. *A letra da lei: guerras, constituições e a formação do mundo moderno*. São Paulo: Companhia das Letras, 2022.

COSTA, Emília Viotti da. "Liberalismo: teoria e prática". In: _____. *Da Monarquia à República: momentos decisivos*. São Paulo: Editora UNESP, 2010.

COSTA, João Severiano Maciel da. "Memória sobre a necessidade de abolir a introdução dos escravos africanos no Brasil, sobre o modo e condições como esta abolição se deve fazer e sobre os meios de remediar a falta de braços que ela pode ocasionar". In: COSTA, João Severiano Maciel da; SILVA, José Bonifácio de Andrada e; BARRETO, Domingos Alvez Muniz; BURLAMARQUE, Frederico Leopoldo César. *Memórias sobre a escravidão*. Rio de Janeiro: Arquivo Nacional, 1988.

DAUT, Marlene L. "All the Devils Are Here: How the Visual History of the Haitian Revolution Misrepresents Black Suffering and Death". *Lapham's Quarterly*, 14 de out. 2020. Disponível em: <www.laphamsquarterly.org/roundtable/all-devils-are-here>. Acesso em: 5 jan. 2021.

DELICES, Patrick. "Oath to Our Ancestors: The Flag of Haiti is Rooted in Vodou". In: JOSEPH, Celucien L.; CLEOPHAT, Nixon S. *Vodou in Haitian Memory: the Idea and Representation of Vodou in Haitian Imagination*. Lanham: Lexington Books, 2016.

DUARTE, Evandro Piza. *Criminologia e racismo. Introdução ao processo de recepção das teorias criminológicas no Brasil*. Florianópolis: UFSC, 1998. Dissertação (Mestrado em Direito).

_____. "Diálogos com o 'realismo marginal' e a crítica à branquidade: por que a dogmática processual penal 'não vê' o racismo institucional da gestão policial nas cidades brasileiras?". *Revista Eletrônica Direito e Sociedade — Redes*, v. 8, n. 2, 2020, pp. 95-119.

_____. *Do medo da diferença à igualdade como liberdade: as ações afirmativas para negros no ensino superior e os procedimentos de identificação de seus beneficiários*. Brasília, UnB, 2011. Tese (Doutorado em Direito).

_____. "Autoritarismo e racismo: Oliveira Vianna, Constituição e democracia sob os trópicos". *Direito, Estado e Sociedade*, n. 61, 2022, pp. 107-36.

DUARTE, Evandro Piza; CARVALHO NETTO, Menelick de. "Com a corda no pescoço: Constituição e raça na história brasileira". In: QUEIROZ, Marcos. *Constitucionalismo brasileiro e o Atlântico Negro: a experiência constituinte de 1823 diante da Revolução Haitiana*. Rio de Janeiro: Lumen Juris, 2017

DUARTE, Evandro Piza; FREITAS, Felipe da Silva. "Corpos negros sob a perseguição do Estado: política de drogas, racismo e direitos humanos no Brasil". *Direito Público*, v. 16, n. 89, 2019, pp. 156-79.

DUARTE, Evandro Piza; QUEIROZ, Marcos. "A Revolução Haitiana e o Atlântico Negro: o constitucionalismo em face do lado oculto da modernidade". *Direito, Estado e Sociedade*, n. 49, 2016, pp. 10-43.

_____. *Gilberto Freyre and Haiti: The Master-Slave Dialectic in Brazilian Conservative Thought* (no prelo).

DUARTE, Evandro Piza; QUEIROZ, Marcos; GARCIA, Rafael de Deus. "La Rebelión de la Prisión de Attica (Nueva York, 1971): opresión racial, encarcelamiento em massa y la retórica de la igualdad". *Estudios Socio-Jurídicos*, v. 22, n. 1, 2020, pp. 113-44.

DUARTE, Evandro Piza; SÁ, Gabriela Barreto de; QUEIROZ, Marcos (Orgs.). *Cultura jurídica e Atlântico Negro: história e memória constitucional*. Rio de Janeiro: Lumen Juris, 2019.

DUARTE, Evandro Piza; SCOTTI, Guilherme. "História e memória nacional no discurso jurídico: o julgamento da ADPF 186". *Universitas Jus*, v. 24, 2013, pp. 33-45.

DUBOIS, Laurent. *Avengers of the New World: the Story of the Haitian Revolution*. Cambridge: Harvard University Press, 2004.

DWORKIN, Ronald. *O império do direito*. São Paulo: Martins Fontes, 2007.

ELTON, Lloyd. "'A Deep Interest in Your Cause': the Inter-American Sphere of Black Abolitionism and Civil Rights". *Slavery & Abolition*, v. 42, 2021, pp. 589-609.

ESCOSTEGUY FILHO, João Carlos. *Tráfico de escravos e direção saquarema no Senado do Império do Brasil*. Niterói: UFF, 2010. Dissertação (Mestrado em História).

FAORO, Raymundo. *Os donos do poder: formação do patronato político brasileiro*. Rio de Janeiro: Globo, 2001.

FERREIRA, Ricardo Bruno da Silva. *Os fiadores da ordem: uma análise sobre o Conselho de Estado de d. Pedro II*. Niterói: UFF, 2016. Tese (Doutorado em Ciência Política).

FERRER, Ada. "Haiti, Free Soil, and Antislavery in the Revolutionary Atlantic". *American Historical Review*, v. 117, n. 1 2012, pp. 40-66.

FICK, Carolyn. *The Making of Haiti: the Saint Domingue Revolution from Below*. Knoxville: The University of Tennessee Press, 1990.

FISCHER, Sibylle. "Bolívar in Haiti: Republicanism in the Revolutionary Atlantic". In: CALAGÉ, Carla; DALLEO, Raphael; DUNO-GOTTBERG, Luis. *Haiti and the Americas*. Jackson: University Press of Mississippi, 2014.

_____. "Constituciones haitianas: ideología y cultura posrevolucionarias". *Casa de las Américas*, out/dez, 2003, pp. 16-35.

_____. *Modernity Disavowed: Haiti and the Cultures of Slavery in the Age of Revolution*. Durham: Duke University Press, 2004.

_____. "Ontologias atlânticas: sobre a violência e ser humano". *Rasanblaj Caribenho*, v. 12, n. 1, 2015.

FLAUZINA, Ana Luiza Pinheiro; PIRES, Thula Rafaela de Oliveira. "Supremo Tribunal Federal e a naturalização da barbárie". *Revista Direito e Práxis*, v. 11, n. 2, 2020, pp. 1211-37.

FOUCAULT, Michel. *A ordem do discurso*. São Paulo: Loyola, 2006.

FRANCO, Maria Sylvia de Carvalho. "As ideias estão no lugar". *Caderno de Debate 1 — História do Brasil*. São Paulo: Brasiliense, 1976.

FRENCH, Jan Hoffman. "Rethinking Police Violence in Brazil: Unmasking the Public Secret". *Latin American Politics and Society*, v. 55, n. 4, 2013, pp. 161-81.

FREYRE, Gilberto. *Casa-Grande e Senzala*. São Paulo: Global, 2006.

_____. *Nordeste: aspectos da influência da cana sobre a vida e a paisagem do Nordeste do Brasil*. São Paulo: Global, 2004.

_____. *Sobrados e mucambos*. São Paulo: Global, 2013.

FURTADO, Joaci Pereira. *Carrancas: o silêncio ao redor* (no prelo).

FAFFIELD, Julia (Org.). *The Haitian Declaration of Independence: Creation, Context, and Legacy*. Charlottesville; Londres: University of Virginia Press, 2016.

FEGGUS, David P. *Haitian Revolutionary Studies*. Bloomington: Indiana University Press, 2002.

GEREMIAS, Patrícia Ramos. *Ser "ingênuo" em Desterro/SC: a lei de 1871, o vínculo tutelar e a luta pela manutenção dos laços familiares das populações de origem africana (1871-1889)*. Niterói, UFF, 2005. Dissertação (Mestrado em História).

GIORDANI, Laura. *Cultura visual e história: conexões entre o quadro Independência ou Morte! e a graphic novel Independência ou Mortos (séculos XIX a XXI)*. Pelotas: UFPel, 2018. Dissertação (Mestrado em História).

GLOVER, Kaiama L. *Haiti Unbound: A Spiralist Challenge to the Postcolonial Canon*. Liverpool: Liverpool University Press, 2010.

GOMES, David Francisco Lopes. *A Constituição de 1824 e o problema da modernidade: o conceito moderno de Constituição, a história constitucional brasileira e a teoria da constituição no Brasil*. Belo Horizonte: UFMG, 2016. Tese (Doutorado em Direito).

GOMES, Flávio. "Experiências transatlânticas e significados locais: ideias, temores e narrativas em torno do Haiti no Brasil escravista". *Revista Tempo*, n. 13, 2012, pp. 215-6.

_____. *Histórias de quilombolas: mocambos e comunidades de senzalas no Rio de Janeiro, século XIX*. São Paulo: Companhia das Letras, 2006.

GOMES, Flávio; FERREIRA, Roquinaldo. "A miragem da miscigenação". *Novos Estudos Cebrap*, n. 80, 2008.

GOMES, Flávio; SOARES, Carlos Eugênio. "Sedições, haitianismo e conexões no Brasil escravista: outras margens do Atlântico Negro". *Novos Estudos Cebrap*, n. 63, 2002.

GOMES, Jônatas Roque. "A revolução liberal do Porto e as concepções de pacto social no Parlamento brasileiro (1826-1831)". *Passagens*, v. 10, n. 1, 2018, pp. 24-35.

_____. "O vintismo, as Cortes de Lisboa e a Independência do Brasil". *História, Revista da FLUP*, v. 12, n. 2, 2022, pp. 4-24.

GONZALEZ, Lélia. "Racismo e sexismo na cultura brasileira". *Revista Ciências Sociais Hoje*, Anpocs, 1984, pp. 223-44.

GRINBERG, Keila. *O fiador dos brasileiros: cidadania, escravidão e direito civil no tempo de Antônio Pereira Rebouças*. Rio de Janeiro: Civilização Brasileira, 2002.

HARTMAN, Saidiya. *Perder a mãe: uma jornada pela rota atlântica da escravidão*. Rio de Janeiro: Bazar do Tempo, 2021.

HELG, Aline. "A República de Simón Bolívar: um bastião contra a 'tirania' da maioria". *Abya-Yala*, v. 3, n. 3, 2019, pp. 10-40.

_____. *Liberty & Equality in Caribbean Colombia (1770-1835)*. Chapel Hill; Londres: The University of North Carolina Press, 2004.

HOLANDA, Sérgio Buarque de. *Raízes do Brasil*. São Paulo: Companhia das Letras, 1995.

HORNE, Gerald. *The Counter-Revolution of 1776: Slave Resistance and the Origins of the United States of America*. Nova York; Londres: New York University Press, 2014.

JAMES, C. L. R. *Os jacobinos negros: Toussaint L'Ouverture e a revolução de São Domingos*. São Paulo: Boitempo, 2010.

JASMIN, Marcelo. "Uma sociologia da ausência: Raymundo Faoro e *Os donos do poder*". In: FAORO, Raymundo. *Os donos do poder: formação do patronato político brasileiro*. São Paulo: Companhia das Letras, 2021.

JENSON, Deborah. "Hegel and Dessalines: Philosophy and the African Diaspora". *New West Indian Guide*, v. 84, n. 3-4, 2010, pp. 269-75.

_____. "Living by Metaphor in the Haitian Declaration of Independence: Tigers and Cognitive Theory". In: GAFFIELD, Julia (Org.). *The Haitian Declaration of Independence: Creation, Context, and Legacy*. Charlottesville; Londres: University of Virginia Press, 2016.

JOGAS, Camila Menegardo M. "Mutualismo e fronteira racial: sociedades de trabalhadores negros e Conselho de Estado no Rio de Janeiro do século XIX". *Revista Trilhas da História*, v. 7, n. 14, 2018, pp. 5-25.

JOSEPH, Celucien L. "On Intellectual Reparations: Hegel, Franklin Tavares, Susan Buck-Morss, Revolutionary Haiti, and Caribbean Philosophical Association". *Journal of Pan-African Studies*, v. 9, n. 7, 2016, pp. 167-75.

KUGELMAS, Eduardo. "Pimenta Bueno: o jurista da Coroa". In: _____ (Org.). *José Antônio Pimenta Bueno, marquês de São Vicente*. São Paulo: Editora 34, 2002.

LASSO, Marixa. *Mitos de armonía racial: raza y republicanismo durante la era de la revolución, Colombia 1795-1831*. Bogotá: Universidad de Los Andes, Uniandes, 2013.

LIMA, Ari. "A legitimação do intelectual negro no meio acadêmico brasileiro: negação de inferioridade, confronto ou assimilação intelectual?". *Afro-Ásia*, v. 25, n. 26, 2001, pp. 281-312.

LIMA, Henrique Espada. "Sob o domínio da precariedade: escravidão e os significados da liberdade de trabalho no século XIX". *Topoi*, v. 6, n. 11, 2005, pp. 289-326.

LIMA, Maria da Vitória Barbosa. *Liberdade interditada, liberdade reavida: escravos e libertos na Paraíba escravista (século XIX)*. Recife: UFPE, 2010. Tese (Doutorado em História).

LINEBAUGH, Peter; REDIKER, Marcus. *A hidra de muitas cabeças: marinheiros, escravos, plebeus e a história oculta do Atlântico revolucionário*. São Paulo: Companhia das Letras, 2008.

LOPES, José Reinaldo de Lima. "Consultas da Seção de Justiça do Conselho de Estado (1842-1889). A formação da cultura jurídica brasileira". *Almanack Braziliense*, n. 5, 2007, pp. 4-36.

_____. *O Oráculo de Delfos: o Conselho de Estado no Brasil Império*. São Paulo: Saraiva, 2010.

LOPES, Juliana Araujo. *Imagens de controle e a vida póstuma da escravidão: trabalho doméstico nos jornais durante a Assembleia Nacional Constituinte* (pesquisa em desenvolvimento no Programa de Pós-Graduação em Direito da UnB).

_____. "Quem pariu Améfrica? Trabalho doméstico, constitucionalismo e memória em pretuguês". *Revista Brasileira de Políticas Públicas*, v. 10, n. 2, 2020, pp. 94-123.

LYNCH, Christian Edward Cyril. "O discurso político monarquiano e a recepção do conceito de Poder Moderador no Brasil (1822-1824)". *Dados — Revista de Ciências Sociais*, v. 48, n. 3, 2005, pp. 634-5.

MAGALHÃES, Txapuã Menezes. *O Conselho de Estado e a escravidão: em defesa da ordem no Império do Brasil*. Salvador: UFBA, 2018. Dissertação (Mestrado em Direito).

MAMIGONIAN, Beatriz Galloti. "Africanos livres". In: SCHWARCZ, Lilia M.; GOMES, Flávio (Orgs.). *Dicionário da escravidão e liberdade: 50 textos críticos*. São Paulo: Companhia das Letras, 2018.

_____. *Africanos livres: a abolição do tráfico de escravos no Brasil*. São Paulo: Companhia das Letras, 2017.

MARQUESE, Rafael; PARRON, Tâmis. "Constitucionalismo atlântico e ideologia da escravidão: a experiência de Cádis em perspectiva comparada". *Bulletin for Spanish and Portuguese Historical Studies*, v. 37, n. 2, 2012.

MARQUESE, Rafael; SALLES, Ricardo (Orgs.). *Escravidão e capitalismo histórico no século XIX: Cuba, Brasil e Estados Unidos*. Rio de Janeiro: Civilização Brasileira, 2016.

MARTINS, Leda Maria. *Performances do tempo espiralar, poética do corpo-tela*. Rio de Janeiro: Cobogó, 2021.

MARTINS, Maria Fernanda Vieira. "A velha arte de governar: o Conselho de Estado no Brasil imperial". *Topoi*, v. 7, n. 12, 2006, pp. 178-221.

MATTOS, Claudia Valladão de. "Da palavra à imagem: sobre o programa decorativo de Affonso Taunay para o Museu Paulista". *Anais do Museu Paulista*, v. 6, n. 1, 2003, pp. 123-45.

MATTOS, Hebe. "Ciudadanía, racialización y memoria del cautiveiro en la historia de Brasil". In: ROSERO-LABBÉ, C. M.; BARCELOS, L. C. *Afro-reparaciones: memorias de la esclavitud y justicia reparativa para negros, afrocolombianos y razales*. Bogotá: Universidad Nacional de Colombia. Facultad de Cienciais Humanas. Centro de Estudios Sociales (CES), 2007.

_____. *Escravidão e cidadania no Brasil monárquico*. Rio de Janeiro: Jorge Zahar, 2000.

MATTOS, Ilmar Rohloff de. *O tempo saquarema*. São Paulo: Hucitec, 1987.

MBEMBE, Achille. *Políticas da inimizade*. Lisboa: Antígona, 2017.

MENDES, Gilmar Ferreira; BRANCO, Paulo Gustavo Gonet. *Curso de direito constitucional*. São Paulo: Saraiva, 2015.

MILLS, Charles W. *The Racial Contract*. Nova York: Cornell University Press, 1999.

MOMESSO, Beatriz Piva. *Letras, ideias e culturas políticas: os escritos de Nabuco de Araújo (1843-1876)*. Rio de Janeiro: UERJ, 2015. Tese. (Doutorado em História).

MONTEIRO, Pedro Meira. "O futuro abolido: anotações sobre o tempo no *Memorial de Aires*". *Machado de Assis em Linha*, v. 1, n. 1, 2008, pp. 40-56.

MORAES, Alexandre de. *Direito constitucional*. São Paulo: Atlas, 2016.

MOREL, Marco. *A Revolução Haitiana e o Brasil escravista: o que não deve ser dito*. Jundiaí: Paco, 2017.

MOTT, Luiz. *Escravidão, homossexualidade e demonologia*. São Paulo: Ícone, 1988.

MOURA, Clóvis. *Rebeliões da senzala*. Porto Alegre: Mercado Aberto, 1988.

MÚNERA, Alfonso. "A morte do almirante José Prudencio Padilla: República e racismo na Independência da Colômbia. *Revista Direito Público*, v. 19, n. 101, 2022, pp. 79-99.

_____. *La Independencia de Colombia: olvidos y ficciones*. Cartagena de Indias (1580-1821). Bogotá: Planeta, 2021.

NASCIMENTO, Abdias. *O quilombismo*. Brasília; Rio de Janeiro: Fundação Palmares, 2002.

NASCIMENTO, Beatriz. *Quilombola e intelectual: possibilidade nos dias da destruição*. Diáspora Africana: Editora Filhos da África, 2018.

NASCIMENTO, Guilherme Martins; DUARTE, Evandro Piza; QUEIROZ, Marcos. "O silêncio dos juristas: a imunidade tributária sobre o templo de qualquer culto e as religiões de matriz africana à luz da Constituição de 1988". *Revista Quaestio Iuris*, v. 10, n. 2, 2017, pp. 1162-80.

NEEDELL, Jeffrey D. *The Party of Order: The Conservatives, the State, and Slavery in the Brazilian Monarchy, 1831-1871*. Stanford: Stanford University Press, 2006.

NEVES, Lucia Maria Bastos P. das. *Corcundas e constitucionais: a cultura política da Independência (1820-1822)*. Rio de Janeiro: Revan; Faperj, 2003.

OLIVEIRA, Acauam Silvério de. "O evangelho marginal dos Racionais MC's". In: *Sobrevivendo no inferno*. São Paulo: Companhia das Letras, 2018.

OLIVEIRA, Cecília Helena de Salles. "O Conselho de Estado e o complexo funcionamento do governo monárquico no Brasil do século XIX". *Almanack Braziliense*, n. 5, 2007, pp. 46-53.

_____. "O poder moderador e o perfil do Estado imperial: teoria política e prática de governar (1820-1824)". *Anpuh — XX Simpósio Nacional de História*, 2003.

OLIVEIRA, Cecília Helena de Salles; MATTOS, Claudia Valladão de (Orgs.). *O brado do Ipiranga*. São Paulo: Edusp, 1999.

PARRON, Tâmis. *A política da escravidão no Império do Brasil, 1826-1865*. Rio de Janeiro: Civilização Brasileira, 2011.

_____. "Escravidão e as fundações da ordem constitucional moderna: representação, cidadania, soberania, c. 1780-1830". *Topoi*, Rio de Janeiro, v. 13, n. 51, set./dez., 2022, pp. 699-740.

PARRON, Tâmis, EL YOUSSEF, Alain; ESTEFANES, Bruno Fabris. "Vale expandido: contrabando negreiro e a construção de uma dinâmica política nacional no Império do Brasil". *Almanack*, n. 7, 2014.

PASSARINI, Caroline. "Raça, gênero e maternidade: as mulheres escravizadas na proposta de emancipação gradual de José Bonifácio". *Tempo de Histórias*, v. 1, n. 36, 2020.

PAST, Mariana. "La Revolución Haitiana y el reino de este mundo: repensando lo impensable". *Casa de las Américas*, jan./mar., 2004, pp. 87-8.

PATTERSON, Orlando. "Freedom, Slavery, and the Modern Construction of Rights". In: JOAS, Hans; WIEGANDT, Klaus (Orgs.). *The Cultural Values of Europe*. Liverpool: Liverpool University Press, 2008.

_____. *Rituals of Blood: Consequences of Slavery in Two American Centuries.* Washington: Civitas; Counterpoint, 1998.

PENNA, Luciana Rodrigues. "O publicismo e a política conservadora do Brasil no século XIX". *Revista do Cesop,* v. 25, n. 2, 2019, pp. 343-76.

PEREIRA, Bethânia Santos. *Uma nação em construção: trabalho livre e soberania no Código Rural Haitiano (1826-1843).* Campinas: Unicamp, 2020. Dissertação (Mestrado em História).

PIÑEIRO, Théo Lobarinhas. "Negociantes, Independência e o primeiro banco do Brasil: uma trajetória de poder e de grandes negócios". *Revista Tempo,* v. 8, n. 15, 2003.

PINTO, Lucas Gomes Carvalho. "A Revolução Liberal do Porto de 1820 na historiografia da Independência". *Revista TEL,* v. 12, n. 1, 2021, pp. 26-47.

PIRES, Thula. "Legados de liberdade". *Revista Culturas Jurídicas,* v. 8, n. 20, 2021, pp. 291-316.

PIROLA, Ricardo Figueiredo. *A lei de 10 de junho de 1835: justiça, escravidão e pena de morte.* Campinas: Unicamp, 2012. Tese (Doutorado em História).

PINZÓN, Miguel Malagón. "El pensamiento republicano de Bolívar en el Proyecto Constitucional de Angostura de 1819 y en la Constitución Boliviana de 1826". *Revista de Derecho,* n. 27, 2007, pp. 98-133.

QUEIROZ, Marcos. "Caribe, corazón de la modernidade". *Cultura Latinoamericana,* v. 28, n. 2, 2018, pp. 234-50.

_____. *Constitucionalismo brasileiro e o Atlântico Negro: a experiência constituinte de 1823 diante da Revolução Haitiana.* Rio de Janeiro: Lumen Juris, 2017.

_____. *O Haiti é aqui: ensaio sobre cultura jurídica e formação social latino--americana (Brasil, Colômbia e Haiti – século XIX).* Brasília: UnB, 2022. Tese (Doutorado em Direito).

_____; CAVALCANTE, Jordhanna. "Rap como teoria social: Racionais MC's, criminologia e crítica radical". *Boletim do IBCCRIM,* n. 346, 2021, pp. 1-10.

_____; JUPY, Lucas. "O Haiti é aqui? A Revolução Haitiana no ensino do Direito no Brasil". *Revista Culturas Jurídicas,* v. 8, n. 20, 2021, pp. 1-21.

REDIKER, Marcus. *O navio negreiro: uma história humana.* São Paulo: Companhia das Letras, 2011.

REIS, João José. "O jogo duro do Dois de Julho: o 'Partido Negro' na Independência da Bahia". In: REIS, João José; SILVA, Eduardo (Orgs.). *Negociação e conflito: a resistência negra no Brasil escravista.* São Paulo: Companhia das Letras, 1989.

_____. *Rebelião escrava no Brasil: a história do Levante dos Malês em 1835*. São Paulo: Companhia das Letras, 2003.

RIBEIRO, Gladys Sabina. "O desejo da liberdade e a participação de homens livres pobres e 'de cor' na Independência do Brasil". *Caderno Cedes*, v. 22, n. 58, 2002.

_____. "'Pés-de-chumbo' e 'Garrafeiros': conflitos e tensões nas ruas do Rio de Janeiro no Primeiro Reinado (1822-1831)". *Revista Brasileira de História*, v. 12, n. 23-24, 1991-1992.

RIBEIRO, João Luiz. *No meio das galinhas as baratas não têm razão: a lei de 10 de junho de 1835: os escravos e a pena de morte no Império do Brasil, 1822--1890*. Rio de Janeiro: Renovar, 2005.

RIOS, Flavia Mateus. *A Institucionalização do Movimento Negro no Brasil contemporâneo*. São Paulo: USP, 2008. Dissertação (Mestrado em Sociologia).

ROJAS, Reinaldo. "Las ideias de monarquía y república en el pensamiento y acción política de Simón Bolívar". *Espacio, Tiempo y Forma*, v. 5, n. 22, 2010, pp. 169-85.

ROSA, Marcus Vinícius de Freitas. "Escravos brancos no Brasil oitocentista: tráfico interno, distinções raciais e significados de ser branco durante a escravidão". *Afro-Ásia*, n. 64, 2021, pp. 51-94.

ROSENFELD, Michel. *A identidade do sujeito constitucional*. Belo Horizonte: Mandamentos, 2003.

SÁ, Gabriela Barretto de. *A negação da liberdade: direito e escravização ilegal no Brasil oitocentista*. Belo Horizonte: Letramento; Casa do Direito, 2019.

SALLES, Ricardo. *Nostalgia imperial: escravidão e formação da identidade nacional no Brasil do Segundo Reinado*. Rio de Janeiro: Ponteio, 2013.

SCHIAVINATTO, Iara Lis. "A praça pública e a liturgia política". *Caderno Cedes*, v. 22, n. 50, 2002, pp. 81-99.

SCHLICHTA, Consuelo Alcioni. "*Independência ou morte* (1888), de Pedro Américo: a pintura histórica e a elaboração de uma certidão visual para a nação". Anpuh — XXV Simpósio Nacional de História, Fortaleza, 2009.

SCHREIBER, Mariana. "Racismo: o brasileiro por trás de ação pioneira contra segregação nos EUA em 1833". *BBC Brasil*, 10 maio 2021. Disponível em: <www.bbc.com/portuguese/brasil-56684133>. Acesso em: 5 jan. 2022.

SCHWARZ, Roberto. "As ideias fora do lugar". In: _____. *Ao vencedor as batatas: forma literária e processo social nos inícios do romance brasileiro*. São Paulo: Duas Cidades; Editora 34, 2012.

_____. *Um mestre na periferia do capitalismo: Machado de Assis*. São Paulo: Duas Cidades; Editora 34, 2012.

SCOTT, Julius. "Negroes in Foreign Bottoms": Sailors, Slaves and Communication. Dubois, Laurent e Scott, Julius". *Origins of the Black Atlantic*. Nova York: Routledge, 2010.

_____. *The Common Wind: currents of Afro-american communication in the Era of the Haitian Revolution*. Ann Arbor: Duke University, 1986.

SILVA, Denise Ferreira da. "À brasileira: racialidade e a escrita de um desejo destrutivo". *Estudos Feministas*, v. 14, n. 1, 2006, pp. 61-83.

SILVA, Flávia Calé da. O projeto paulista para as Cortes de Lisboa. *Princípios*, v. 41, n. 164, 2022, pp. 123-48.

SILVA, Jaqueline Schmitt da. "Zacarias de Góes e Vasconcelos e seus discursos no Senado entre 1868 e 1869". *História Social e Política*, v. 32, n. 50, 2019, pp. 104-14.

SILVA, José Afonso da. *Curso de direito constitucional positivo*. São Paulo: Malheiros, 2014.

SILVA, José Bonifácio de Andrada e. "Representação à Assembleia Geral Constituinte e Legislativa do Império do Brasil sobre a Escravatura". In: COSTA, João Severiano Maciel da; SILVA, José Bonfácio de Andrada e; BARRETO, Domingos Alvez Muniz; BURLAMARQUE, Frederico Leopoldo César. *Memórias sobre a escravidão*. Rio de Janeiro: Arquivo Nacional, 1988.

SILVA, Karine de Souza; PEROTTO, Luiza Lazzaron. "A zona do não-ser do direito internacional: os povos negros e a Revolução Haitiana". *Revista Direito e Justiça: Reflexões Sociojurídicas*, v. 18, n. 32, 2018.

SILVA, Vanessa Rodrigues. *Escravizados livres: crítica ao discurso jurídico sobre a história do direito do trabalho a partir da representação historiográfica do trabalho escravo*. Brasília: UnB, 2015 (Monografia em Direito).

SLEMIAN, Andréa. *Sob o Império das leis: Constituição e unidade nacional na formação do Brasil (1822-1834)*. São Paulo: Hucitec; Fapesp, 2009.

SOUZA, Felipe Azevedo. "A dissimulada arte de produzir exclusões: as reformas que encolheram o eleitorado brasileiro (1881-1930)". *Revista de História*, n. 179, 2020, pp. 1-35.

TAVARÈS, Pierre-Franklin. "Hegel et Haïti ou le silence de Hegel sur Saint Domingue". *Chemins critiques*, v. 2, n. 1, 1994, pp. 13-31.

TAVOLARO, Sergio. "A tese da singularidade brasileira revisitada: desafios teóricos contemporâneos". *Dados*, v. 57, n. 3, 2014, pp. 633-73.

THORNTON, John K. *A Cultural History of the Atlantic World, 1250-1820*. Nova York: Cambridge University Press, 2012.

TOCQUEVILLE, Alexis de. *A democracia na América: leis e costumes de certas leis e certos costumes políticos que foram naturalmente sugeridos aos americanos por seu estado social democrático*. São Paulo: Martins Fontes, 2005.

TORRES, João Camillo de Oliveira. *Os construtores do Império: ideais e lutas do Partido Conservador Brasileiro*. São Paulo: Companhia Editora Nacional, 1968.

TROUILLOT, Michel-Rolph: *Silencing The Past: Power and the Production of History*. Boston: Beacon Press, 2015.

VALIM, Patrícia. *Da Sedição dos Mulatos à Conjuração Baiana de 1798: a construção de uma memória histórica*. São Paulo: USP, 2007. Dissertação (Mestrado em História).

_____. "O Tribunal da Relação da Bahia no final do século XVIII: politização da justiça e cultura jurídica na Conjuração Baiana de 1798". *Tempo*, v. 24, n. 1, 2018, pp. 116-39.

VARNHAGEN, Francisco Adolfo. *História geral do Brasil antes de sua separação e independência de Portugal*. Belo Horizonte: Itatiaia; São Paulo: Edusp, 1981.

VIANNA, Oliveira. *Evolução do povo brasileiro*. São Paulo: Companhia Editora Nacional, 1938.

VICTOR VIEIRA, Martha. "Cunha Mattos: entre a pena e a espada". *Fênix — Revista de História e Estudos Culturais*, v. 7, n. 1, 2010.

WANDERLEY, Gisela Aguiar. *Liberdade e suspeição no Estado de Direito: o poder policial de abordar e revistar e o controle judicial de validade da busca pessoal*. Brasília, UnB, 2017. Dissertação (Mestrado em Direito).

WARAT, Luís Alberto. "Saber crítico e senso comum teórico dos juristas". *Sequência*, v. 3, n. 5, 1982, pp. 48-57.

Índice remissivo

abolição/abolicionismo, 18, 24, 38, 83, 87, 89, 114, 163, 192
ações afirmativas, 15, 21-7
afirmação histórica dos direitos humanos, A (Comparato), 35
África, associada à incivilidade, 28
África do Sul, 25
africanos: africanos livres, 112-3, 116, 137, 156-7; deportação de, 137; escravizados, Lei Eusébio de Queirós proíbe a entrada no Brasil de, 189; forros, 138; libertos, 112, 137-8; silêncio constitucional sobre os direitos de, 113
Alencastro, Luiz Felipe de, 118, 211n, 218n
alforria, 111, 120, 123, 127; ideologia da, 122; política de, 98; processos de, 164; torna-se direito, 164
Aliança e Amizade (tratado de), 102
Alves, Ariovaldo de Lima, 205n
"Alvoroços de São Tomé", 119
Andrada e Silva, Antônio Carlos, 111
Andrada e Silva, José Bonifácio de, 46, 63, 107-8, 109-12, 114, 116-7, 186-7; projeto de emancipação gradual, 188
Ao vencedor as batatas (Schwarz), 217n

Araújo, Nabuco de, 157, 193-4
Araújo Lima, Pedro de (marquês de Olinda), 198
Arendt, Hannah, 13, 36
Assembleia Constituinte, 86, 107, 186; de 1823, 121-2, 192; de 1988, 171; de 1946, 25; do Império do Brasil, 108
Associação Nacional para o Progresso das Pessoas de Cor (NAACP), 183-4
associativismo negro, 27, 31; não reconhecimento do, 158
"atraso", 44, 218n; noção de, 50

Bahia, 64, 75, 137, 184, 192; malês da, 136
Barbosa, Ruy, 46
Barbosa, Silvana Mota, 178
Barreto, Luiz do Rego, 74
Barroso, Luís Roberto, 34-5, 43-7 49-51
Batalha: de Trafalgar, 185; de Waterloo, 102
Batalha do Avaí (Pedro Américo), 59
Batalhão dos Bravos da Pátria (Batalhão dos Pardos), 77, 79, 83
Bertúlio, Dora Lucia de Lima, 24, 225n
Bolívar, Simón, 12, 72, 73, 99-100, 160, 185-6, 191, 200-1; abandona o compromisso de abolição da escravidão, 201

"bom trabalhador", 54
Bonaparte, Napoleão, 96, 160, 200, 203; invasão da península Ibérica, 96, 102
Bonavides, Paulo, 34, 41-3
borno (povo), 136
Bosch, Juan, 203
Bosi, Alfredo, 48, 218-20nn
Bowles, comodoro, 74
brancura e liberdade, associação entre, 210n
branquidade, 48, 124, crítica à, 227n
Brás Cubas (personagem de Machado de Assis), 17-9, 166
Brasil: ações de d. João VI em favor do, 102-3; engajamento negro nas manifestações no, 105; herança patrimonialista, 46; Império, papel do Senado no, 160; sociedade escravista de soberania plena, 40; tentativa de anulação dos benefícios concedidos ao, 103
Brown v. Board of Education of Topeka (caso), 36, 183
Brown, Oliver, 183

Candelária, chacina da, 172
Caneca (frei), 80, 192
Canotilho, José Gomes, 52
caramurus (restauradores), 161, 175-6
Cardoso, Fernando Henrique, governo reconhece o racismo no Brasil, 25
Caribe, 14, 36, 94, 96, 98-100, 121, 160, 183, 185, 212n; independência do Caribe venezuelano, 200
Carneiro da Silva, João, 188
Carneiro da Silva, José, 129, 188
Carneiro Leão, Honório Hermeto, 198
Carpentier, Alejo, 203
Carrancas (revoltas), 153
carreiras públicas, apropriação como privilégio, 168
"Carta da Jamaica" (Simón Bolívar), 200
Cartagena, 98-9, 185; Constituição Republicana abolindo o tráfico de escravizados e discriminações raciais, 98
Cartas da manifestação (Gá), 170
Carvalho Netto, Menelick de, 30, 205n
Carvalho, José Murilo de, 61
Caso Ari, 25, 205n
Cento e treze cidadãos antirracistas contra as leis raciais (acadêmicos e artistas), 23
Césaire, Aimé, 203
Chalhoub, Sidney, 27-8, 122, 164-5, 199, 205n
Chapuy, Jean-Baptiste, 61-3, 66
chimangos (liberais moderados), 175
Christophe, Henri (rei), 78-9
ciampula (população indígena), 79
cidadania, 11, 14, 21, 44, 71, 84-5, 88-9, 91-9, 104-6, 108, 110-1, 113-4, 116-7, 121-7, 129, 132, 155, 182-3, 188; concedida aos libertos nascidos no Brasil, 116; concessão aos libertos como prova de bondade, 127; de africanos libertos, 112; e harmonia racial, 131; no Império, 132; vínculos entre raça e, 221n
cidadão-proprietário, noção de, 48
Código Criminal do Império, 139, 156, 174-5
Código de Processo Criminal, 140, 175; aprovação do, 133
Código Negro francês, 154
Colômbia, 12, 73, 99, 185, 201; Junta de Cartagena, 98
Comércio e Navegação, tratado de, 102
Como transformar portugueses em brasileiros (Lopes), 187
Comparato, Fabio Konder, 35
comunidades indígenas, proposta de integração das, 187
concreção jurídica efetiva, 39
Confederação do Equador, 77-8, 80, 83, 181, 189, 192
Confederação Nacional dos Estabelecimentos de Ensino (Confenen), 23

congos (grupo étnico), 28
Congresso do Panamá, exclusão do Haiti do, 89
Conjuração Baiana, 11, 73-4
Conselho de Estado e a Escravidão, O (Magalhães), 226
Conselho de Ministros no Império do Brasil, O (Barbosa), 178
Conspiração Congo, 189
Conspiração Setembrina, 185
conspirações antipatrióticas, 99
constitucionalismo, 9, 11, 13-4, 16, 27, 34-7, 41, 51-2, 55, 67, 71, 86-7, 91-2, 97, 99-100, 122, 128, 131, 133, 173, 179, 184, 216; escravidão e, 104; haitiano, 88, 152; pátrio, 64; relações entre escravidão e, 110; senhorial, 19, 133, 142, 149, 151, 159-60, 162, 166-7
Constituição cidadã, 169
Constituição de 1824, 11, 19, 29, 32, 43, 46-8, 50, 53-4, 64, 101-2, 108, 117-8, 121, 124, 126-7, 129, 139, 141, 144, 155, 157-9, 162-3, 165, 173-4, 176, 178, 184, 194, 198, 209n; Ato Adicional, 134; Bicentenário da, 14; caminho oculto da, 110; cidadãos divididos em ativos, passivos, ativo eleitor e elegível, 123; como história do projeto senhorial, 18; cultura jurídica nacional, 18; desconexão entre escravidão e, 16; silêncio como base de análise da, 38-9; símbolo de liberdade, 132
Constituição do Império, 39, 42, 51-2, 54, 104, 143, 147, 152
Constituição Haitiana, 72, 88
Constituição Portuguesa de 1822, 179-80
Constituinte de 1823, 42, 117, 142, 154; dissolução da, 180
Construtor do Estado Imperial, Um (Dias), 188
contrabando negreiro, 48, 128; anistia de contrabandistas, 189; silêncio constitucional como blindagem jurídica, 113
contrarrevolução senhorial, 215n
Convenção de Senhores da Filadélfia, 13, 36, 92
Convenção Nacional do Negro, 25
Correia Lima, Antonio Cícero, 23
Cortes Gerais Constituintes de Lisboa, 104, 179
Costa, Emília Viotti da, 68
cota(s), 21-3, 159, 205n; ações de inconstitucionalidade pela Confenen, 23; aprovação da lei de, 26; ataque às, 26; debate das, 133; discussão sobre, 54; ofensiva anticotas, 22, 23, 26-7, 52; pioneirismo da Uerj e da UnB, 25; tratadas como aberração jurídica, 22
Cunha Mattos, Raimundo José da, 128, 180-1
Cunha Mattos: entre a pena e a espada (Vieira), 180
Curso de direito constitucional (Mendes e Gonet), 34
Curso de direito constitucional contemporâneo (Barroso), 34, 35
Curso de direito constitucional positivo (Silva), 34

Daut, Marlene, 62, 211n
Declaração da Independência Haitiana, 182
Declaração de Direitos do Homem e do Cidadão (França), 95
"democracia de escravos", 13, 36
democracia racial, mito da, 12, 54, 68
desafricanização, 137
Dessalines, Jean Jacques, 79, 182-3
Dia do Fico, 107
Dialética da colonização (Schwarz), 219n
Dias, Henrique, 128
Dias, José Custódio, 108-9, 188
direito: como mecanismo de exclusão social, 55; constitucional, 13, 15, 16,

19, 34-5, 37, 43; contemporâneo, 18; crítica do impacto do pensamento freyriano no, 210n; do trabalho, narrativas da doutrina, 206n
Direito constitucional (Moraes), 34
direito de propriedade, 49, 52, 116, 117, 152-3, 199, 216n; absolutização sobre demais princípios, 152, 165, 167; no Haiti, 153; para controle do horizonte político do cidadão, 125; senhorial, 116
Direito Público brasileiro e análise da Constituição do Império (Pimenta Bueno), 194-5
direitos dos negros, 26, 29, 156, 166; silêncio dos juristas a respeito, 53, 132
direitos humanos, 10, 35, 65, 67, 82; universalidade dos, 14, 63, 131-2
Discutindo com Alfredo Bosi (Schwarz), 219n
Du Bois, W. E. B., 123
Duarte, Evandro Piza, 30, 205n
Durban, conferência de, 25

educação, 10, 25; decisão a critério dos senhores, 29; jurídica, 35
Educafro, 25
eleitorado negro, exclusão do, 93
elite política, redes de sociabilidade e parentesco da, 148-9
embranquecimento, 112, 187
Entre o silêncio e a negação: trabalho escravo contemporâneo sob a ótica da população negra (Alves), 206n
escravidão, 220n; abolição da, 12, 24, 72, 83, 96, 124, 177, 182, 187; base da ordem social, 43, 118; blindagem da, 189; colapso da, 16; defesa da, 181; desconexão com a Constituição de 1824, 16; desnaturalização da, 72; e constitucionalismo, 104; e liberalismo, 118, 209n; expansão, 11; gradual, 187; gradual em Cartagena, 98; manutenção da, 174; política e civil, 82; política no Atlântico, 215; refreamento da abolição da, 100; relações entre constitucionalismo e, 110; revoltas para colocar fim à, 136; romantização da, 131; silenciamento da, 10; silêncio sobre é norma no direito constitucional, 19; sobrevida da, 204n; tensões entre constitucionalismo e, 14; vida póstuma da, 9, 13-4, 204n
"Escravidão e as fundações da ordem constitucional moderna: representação, cidadania, soberania, c. 1780-1830" (Parron), 91
escravidão entre dois liberalismos, A (Bosi), 48, 218n
escravismo colonial, O (Gorender), 218n
escravizados: abolição do tráfico de, 112, 134, 156; comércio de, proibição em Cartagena, 98; contrabando de, 131; defesa do contrabando de, 162; direito dos defendido por Rebouças, 126; haitianos, 89; fundo nacional destinado à emancipação de, 164; manutenção de, 174; reabertura do contrabando de, 140, 190; rebelião em Carrancas, 135; senhores de, 96; tráfico de, 69, 115-6, 122, 135, 165, 197; vindos de fora do Império, 129
escravocratas, 57, 162; pacto de silêncio dos, 29; valores, representação no espaço público, 198
estadista do Império, Um (Nabuco), 193
Estado de Direito, 47, 50, 142, 179
Estados Unidos, 16, 39, 41, 45-6, 48, 50, 52, 82, 89, 96-7, 100, 106, 135; Guerra Civil nos, 157; ocupação no Haiti, 82; segregação racial no sul, 183
Estatuto da Igualdade Racial, 23
Estefanes, Bruno Fabris, 198

Evolução do povo brasileiro (Oliveira
    Vianna), 38
ex-escravizados, 126
exploração escravista, 118

Fanon, Franz, 90
Faustino, Manuel, 73-4
febre amarela, epidemia de, 175, 189
Feijó, Diogo Antônio, 68
Fernando VII (rei da Espanha), 96
Ferreira Gullar, 23
França, 36, 62, 73, 81, 87, 95-6, 100,
    103, 106, 143, 182; abolição da
    escravidão na, 202; Constituição
    de 1799, 160; "dívida da
    independência", 80-1; falta de
    reconhecimento da humanidade de
    negros e negras na, 13; Revolução
    na, 94
Freeman, Morgan, 22
Freyre, Gilberto, 54, 79-80, 97
futuro abolido, ideia de, 210n

Gá, Luiz Carlos, 170
Geremias, Patrícia Ramos, 181-2
Gil, Gilberto, 66
Glissant, Édouard, 203
Globo, O (jornal): coluna anticotas de
    Ali Kamel, 23
Góes e Vasconcelos, Zacarias de, 162
Gonçalves Martins, Francisco, 198
Gonet Branco, Paulo Gustavo, 34, 51-2
Grã-Colômbia, 82, 99, 200, 214n
Guarda Nacional, 126, 188; criação da,
    134
Guerra da Independência baiana, 76
Guerra do Paraguai, 59, 177
Guerra Peninsular, 103, 186

Haiti, 11-2, 63, 65-6, 70, 72, 74-5, 77-82,
    84, 89-91, 94, 96, 98-100, 112-5,
    125, 137, 147, 153-4, 157, 182, 185,
    191, 200; cidadania diaspórica, 88;
    como contramodelo do Brasil,
    155; Constituição de 1801, 87-8;
Declaração da Independência,
    90-1; direito de asilo, 89; dívida da
    independência, 81; independência
    do, 96; haitianismo, 10, 14, 64,
    83-4, 104, 112, 114, 116, 184;
    negociações diplomáticas para
    repatriar haitianos escravizados,
    89; princípios afrodiaspóricos, 91;
    projeto de negação no Brasil, 133;
    rebelião no, 29; silêncio jurídico a
    respeito do, 82
Haiti-França, circuito, 96
Haiti-Pernambuco, conexão, 79
harmonia racial, 128, 131;, ideologia de,
    99; sinônimo de brasilidade, 24
Hartman, Saidiya, 204
haussá (povo), 136
Hazareesingh, Sudhir, 202
"hermenêutica senhorial", 199
história constitucional, 34-5, 43-4,
    53, 91, 101; brasileira, 37;
    estadunidense, 46; francesa, 46;
    identitária, 36
Holanda, Sérgio Buarque de, 45
Holanda Cavalcanti de Albuquerque,
    Antonio Francisco de Paula, 130,
    181
Homens livres na ordem escravocrata
    (Carvalho Franco), 218

Ideias fora do lugar (Schwarz), 217n
identidade constitucional, ideia de,
    212n
Império, política de escravidão no,
    226n
Independência ou morte (Pedro
    Américo), 58-60, 66-7; significado
    do caipira, 60-1
indígenas, 55, 77, 88, 91, 98, 167; milícias
    para combater, 120
ingênuo(s), 47, 124, 181-2; não utilização
    da palavra, 158; ressignificação do
    termo, 182
Instituto Arqueológico, Histórico e
    Geográfico Pernambucano, 192

Instituto Histórico e Geográfico
  Brasileiro, 180, 192
iorubá (povo), 136

jacobinos negros, Os (James), 203
James, C. L. R., 203
Jenson, Deborah, 183
Jim Crow, 183-4
João VI, d., 12, 76, 102-3, 180, 189
Junta de Cartagena, 98
juristas, 11, 13, 18, 27, 31-7, 43, 53-7, 67, 86-7, 100, 103, 132, 168-9; discurso dos, 215n; senso comum teórico dos, 206n
jururubas (liberais radicais), 175

Kamel, Ali, 23
Kugelmas, Eduardo, 194

Lamming, George, 203
Lawrence, Jacob, 203
Leclerc, Charles, 96
leis: Aberdeen, 189; Áurea, 171; Bill Parmerston, 189; da Emancipação Gradativa, 193; de Cotas (PL 73/1999), 23; de Interpretação do Ato Adicional de 1834, 175; de Pena de Morte, 136, 138; de Terras, 175; do Ventre Livre, 29, 51, 124, 150, 158, 163-4, 182, 192, 195; dos Direitos Civis de 1964, 184; dos Direitos de Voto de 1965, 184; Eusébio de Queirós, 112, 130, 134, 156, 175, 189-90; Feijó, 112, 129, 134, 140, 153, 155-6, 190, 198, 207n; Jim Crow, 93; Saraiva, 42, 124
Letras, ideias e culturas políticas (Momesso), 193
liberalismo, 38, 43, 45, 48-50, 55, 118, 126, 142, 153-4, 217n, 219n; caráter tropical do, 220n; e escravidão, 209n; fundamento do programa escravagista, 48; idealização do, 42-3, 47; legitimando a servidão negra, 41; relações carnais com o colonialismo e a escravidão, 47; vinculado ao livre mercado e à escravidão e tecnologia industrial, 16
liberdade: capricho de senhores, 125; compra da, 126; concessões baseadas em, 155; domínio total do senhor sobre a concessão de, 122; dos ventres, 157; palavra fatal, 76; rotas de, 122; universal, anarquia da, 166
linchamento público, 136
Lincoln, Abraham, 83
Lisboa, José da Silva, 112
livre mercado, 16, 40, 48
"livres de cor", 121, 201, 203
Locke, John, 13, 36
Lopes de Araújo, Valdei, 187
Lopes, Juliana, 204n
Louverture, Toussaint, 66, 87, 182, 201-3
Lynch, Christian, 117

Machado de Assis, Joaquim Maria, 17-8
Machado de Assis, historiador (Chalhoub), 199
Maciel da Costa, João Severiano (marquês de Queluz), 10, 64-5, 67, 112-8, 142, 184; proposta de silêncio constitucional sobre direitos de africanos livres, 113
Madison, James, 46, 93
Madureira, José Garcez Pinto de, 76
Magalhães, Txapuã, 134, 151, 226n
malês, 11, 136; revoltas, 29, 153
Mamigonian, Beatriz, 112, 134
Manifesto Anticotas, 23
Manifesto Centro Liberal, 193
Manuel Congo, revoltas de, 11, 29
Marcha Contra a Farsa da Abolição, 228n
Marcha Zumbi dos Palmares, 25
maroons (comunidade), 70, 79, 212n
Martins, Maria Fernanda Vieira, 176-7
Martins, Maria, 149

Marx, Karl, 102, 219n
Massacre do Carandiru, 172
Mattos, Hebe, 126
Mattos, Ilmar Rohloff de, 21, 57, 197
memória constitucional, 9, 11, 15, 29, 86, 215n
Memoria sobre o commercio dos escravos, em que se pretende mostrar que este tráfico é, para eles, antes um bem do que um mal (Carneiro da Silva), 129
Memórias póstumas de Brás Cubas (Machado de Assis), 16-8
Mendes, Gilmar Ferreira, 23-4, 51-2
mercado negreiro, 13, 36
Métellus, Jean, 203
Mina, Ventura, 136
Minas Gerais, 105, 107, 135, 174, 188, 198; levantes em, 141
Miranda, Francisco de, 200
Momesso, Beatriz Piva, 193
Monteiro, José Maria, 74
Monteiro, Pedro Meira, 210n
Moraes, Alexandre de, 34, 51-2
Moreira, Vital, 52
Morier, Luiz, 171
Moura, Clóvis, 210n
movimento(s): antiescravagista, 71; liberais, 38; negro, 26, 171-2
"mucambos" (comunidade), 119
mulheres negras, 188; capitaneando redes de resistência, 9
Mundurucu, Emiliano, 77-80, 82-3; ação pioneira contra a segregação racial, 82-3
Múnera, Alfonso, 98
Muniz Tavares, Francisco, 111, 192
Museu Paulista da Universidade de São Paulo (Museu do Ipiranga), 58

Nabuco de Araújo filho, José Tomás, relator da Lei do Ventre Livre, 192
Nabuco, Joaquim, 192
Nação Congo, 31
"Não fale do Código de Hamurábi!" (Oliveira), 53

Não somos racistas: uma reação aos que querem nos transformar numa nação bicolor (Kamel), 23
Nascimento, Beatriz, 14
Nascimento, João de Deus, 74
"negro sem senhor", 120
Nogueira da Gama, Manuel Jaciento, 116

Oliveira, Luciano, 53
Oliveira Vianna, Francisco José de, 38
onda negra, 12, 76
ordem escravocrata, 40, 131, 144; transformação da, 190
Oyó, império de, 136

Padilla, José Prudencio, 12, 73, 184-6
Páez, José Antonio, 82
palenques (comunidade), 70, 212n
Panamá, 12, 73, 214n
Papa Legba, 202
"pardocracia", 12, 73, 99-100, 185
Parron, Tâmis, 91-3, 95, 105, 134, 198, 215n; paternalismo liberal, 127
partido brasileiro, 108, 110; surgimento do, 106
Partido Conservador, 28, 140-3, 146, 161, 163, 174, 181, 188-9, 192-3, 195-6
Partido Liberal, 163, 181, 192, 194
Partido Progressista, 162
Partido Republicano, 163; estratégia sulista do, 94
Partido Saquarema, 195
Passarini Sousa, Caroline, 188
Paz, José Antonio, 201
Pedro Américo [de Figueiredo e Melo], 58-9, 61, 63, 66
Pedro I, d., 46, 60, 64, 78, 116, 176, 180, 189-90; Dia do Fico, 107; negocia tratado antitráfico, 133
Pedro II, d., 163, 165, 177, 187
Pedroso, Pedro, 79-80
pena de morte, 74, 136, 138, 153, 155
Pereira de Vasconcelos, Bernardo, 49, 151, 161, 166, 174, 176, 189, 196, 198; "Fui liberal", 175

Perotto, Luiza, 81
Pétion, Alexandre, 72, 88, 200-1
Piar, Manuel, 12, 73, 191
Pimenta Bueno, José Antonio, 28, 29, 161, 193, 195; e a necessidade de evitar ímpetos coletivistas, 28; "jurista da Coroa", 52
Pimentel Barbosa, Caroline Costa, 188
Pires, Thula, 15, 204n
Placoly, Vicente, 203
Plessy v. Ferguson (caso), 36, 183-4
Plessy, Homer, 183-4
poder moderador, 38, 48, 51, 117-8, 134, 141-8, 160, 163, 176, 178, 193, 196, 199
política da escravidão, A (Parron), 223n
políticas afirmativas, 22, 26
Politics of Silence, The (Chalhoub), 27, 205n
população negra, 9, 13-4, 24-6, 29, 31, 71, 78, 94, 96, 98, 121, 149, 191; reivindicações de direitos da, 127; estratégia de luta por liberdade da, 27; silêncio em relação às demandas jurídicas, 28; tática para negar o voto da, 124
pós-Abolição, 159, 197
Primeira República da Venezuela, 200
Proclamação da República, 61
Prouni, ações de inconstitucionalidade pela Confenen, 23
publicismo e a política conservadora no século XIX, O (Rodrigues Penna), 195

Queda da Bastilha, 95
Queiroz, Marcos, 9
quilombos/quilombolas, 10, 14, 70, 75-6, 83; 120, 163, 212n; como crime, 120; dos Palmares, 9, 120, 147 milícias para combater, 120
"quotas de contribuição", 93

"raça", 25, 28, 70, 84, 97, 100, 149, 159; como marcador de exclusão, 167; e representação visual, 60, 61; na legislação local do Império, 225n; produção do silêncio sobre, 28; silenciamento da, 54; usada para negar direitos aos negros, 28; vínculos entre revolução e, 74-5
Raça, gênero e maternidade (Passarini Sousa), 188
Racionais MC's, 172
racismo, 9, 10, 13, 22, 24, 25, 26, 31, 36, 44, 55, 80, 127, 205n, 220n; ausência de, 54; e direito em Oliveira Vianna, 207n; enfrentamento ao, 25, 127; não vinculável às esferas políticas e jurídicas, 30; no Brasil, 53; nos EUA, 52; patriarcal cis-heteronormativo, 9, 12; relação entre controle social e cidadania nos EUA, 216n; "reverso", 159; silêncio de juristas a respeito, 132
Raymundo Faoro leitor de Machado (Bosi), 218n
Rebelião dos Malês, 136
Rebeliões da senzala (Moura), 210n
rebeliões: escravas, 97, 163; negras, 11, 29, 71, 119, 125, 147
Rebouças, Antônio Pereira, 126
Reconstrução, 93, 183
Rede Globo, 23
Regência, 68, 83, 133-4, 141-2, 147, 153, 161-2, 174-5, 179, 190, 196-7; rebeliões da, 38
regime escravocrata, 50, 75; como ordem social, 51
Rego Barros, Francisco do, 198
Regresso (programa político), 48, 129, 140-1, 144, 161, 166, 174-5, 177-8, 196-7; ataque e perseguição às vozes escravistas, 196; defesa da importação de africanos escravizados, 198; defesa ostensiva do contrabando e escravidão, 196
Reis, João José, 75, 213
relações raciais, 22, 52, 54, 84, 97; idealização das, 131
Renascimento do Harlem (movimento do), 203

"Representação à Assembleia Geral Constituinte Legislativa do Império do Brasil sobre a Escravatura" (Andrada e Silva), 63
República Negra, 72, 82
Revolta: dos Alfaiates, 73; dos Búzios (Conjuração Baiana), 73; Pernambucana, 11
revoltas escravas, 64, 76, 153-4, 189; baianas, 136; desbaratadas, 137, liberais, 141
Revolução: abolicionista, 202; de Setembro, 180; Industrial, 40; liberal do Porto, 102, 142, 179, 220n; Francesa, 111, 203; Pernambucana, 74, 180, 192
Revolução Haitiana, 14, 61-2, 64, 70-1, 73, 76, 78, 80, 83, 97, 108, 118, 121, 132, 151, 154, 166, 183, 187, 197, 201, 203, 211-2nn
Ribeiro de Andrada Machado, Antônio Carlos, 186
Ribeiro de Andrada, Martim Francisco, 186, 194
Ribeiro, Gladys Sabina, 85
Ribeiro, João Ubaldo, 23
Rio de Janeiro, levantes no, 141
Riquetti, Gabriel, Conde Mirabeau, 95
Robespierre, 113
Rodrigues Penna, Luciana, 195
Rodrigues Silva, Vanessa, 206n

Salles, Ricardo, 102, 146, 150
Salvador, 73, 75-6, 137; revoltas em, 136
Sánchez, Juan Francisco, 191
Santos, David, frei, 25
São Domingos, 61, 63-6, 70-4, 76-7, 80, 95-6, 106, 111, 114, 121, 135, 184, 202-3
São Paulo, 58, 107, 154-5, 192, 194, 208; levantes em, 141
São Tomé, 118-21, 147
saquarema(s), 21, 112, 115, 141-3, 148, 151, 153, 161-2, 174, 175, 177-8, 181, 192, 195-200, 225; como um modo de ver o mundo, ou o direito, 199; constitucionais, 140; desmembramento interno do bloco, 193; dominação, 52; no Vale do Paraíba, 135; operação, 190; prevalência da lógica sobre o Conselho, 179; projeto, 118; "razão saquarema", 112; Regresso como lema, 140; vitória, 162
Say, Jean-Baptiste, 49
Schlichta, Consuelo, 60
Schwarz, Roberto, 165, 217, 219n
Scott, Julius, 70
segregação racial, 83, 93, 183
Segunda Abolição, 171
"segunda escravidão", 40, 49, 135, 204n, 208n
Segunda Guerra Mundial, 35, 82, 94
Segundo Reinado, 42, 174, 178, 196-8, 200
sentimento antiafricano, 112
silêncio: constitucional, 113, 117; estratégia do, 27; políticas do, 26, 158, 169
Silva Lisboa, José da, visconde de Cairu, 49, 113-4, 154, 189
Silva, Fred Candido da, 192
Silva, José Afonso da, 34, 38-9
sistema escravocrata, 16; crise do, 38; no livre mercado, 40; sociedade, 27, 43-4, 54, 104, 141, 147
Slemian, Andréa, 179
Smith, Adam, 49
Soares de Sousa, Paulino José (visconde de Uruguai), 143, 198
Sob o Império das Leis (Slemian), 179
Sobrados e Mucambos (Freyre), 79
Sobrevivendo no Inferno (Racionais MC's), 172
Sociedade Beneficente da Nação Congo, 27
Sokoto (califado), 136
solidariedade: internacional haitiana, 89; laços de, 27
solo livre, princípio do, 215n

Soublette, Carlos, 191
Sousa França, Manuel José de, 111, 114, 201
Sousa, Brás Florentino Henriques de, 145
Souza Silva, Karine de, 81
Suassuna, coronel, 181
subalternidade racial, 12; silêncio para mantê-la, 29
supremacia branca, 128, 132, 139, 169
Supremo Tribunal Federal, 23; ataque às cotas, 26

Teatro Experimental do Negro, 25
tempo saquarema, O (Mattos), 197
Tocqueville, Alex de, 13, 36
Torres, Joaquim José Rodrigues (visconde de Itaboraí), 197
Torres, Lucas Dantas de Amorim, 74
tráfico, 17, 65, 69, 98, 105, 112-3, 115-7, 121-2, 125-7, 129-30, 132-5, 140, 143, 157, 165-6, 169; abolição gradual do, 187; de africanos, proibição de, 190; defesa do, 128, 181; interprovincial, 190; manutenção, 174; reabertura, 198
Tratado Anglo-Brasileiro de 1826, 112, 190
Tribunal da Relação da Bahia, 74
Trouillot, Michel-Rolph, 95

Universidade Estadual do Rio de Janeiro (Uerj), 25
Universidade de Brasília (UnB), 25, 205n
União Brasil, 26

Vale do Paraíba, 116, 174, 189, 196, 198; saquaremas no, 135

Vale expandido: contrabando negreiro e a construção de uma dinâmica política nacional no Império do Brasil (Parron), 198
Varnhagen, Francisco Adolfo de, 73
velha arte de governar, A (Vieira Martins), 176
Veloso, Caetano, 23, 66
Venezuela, 12, 73, 82, 99, 185, 191, 201, 214n
ventos atlânticos, interpretação dos, 211n
Vieira, Antônio (padre), 69
Vieira, Martha Victor, 180-1
Vigário Geral, chacina de, 172
violência, 9, 11, 27, 29, 37, 90, 121, 123, 130, 155, 165, 169, 171, 204n; de Estado, 50; permitida pelo Código Criminal do Império, 139; policial, 68; racial, 11, 27, 29, 53, 55
Virgens e Veiga, Luiz Gonzaga das, 74
vodu (religião): 79; haitiano, 202
voto, 123; barreira ao negro, 124; censitário, 50, 193; direito de, 95, 105; exclusão de votos de analfabetos, 124; exclusão do negro ao, 29, 124
Vue de l'incendie de la ville du Cap Français [Vista do incêndio da cidade de Cabo Francês] (Chapuy), 61-2

Walcott, Derek, 203
Wallace, Mike, 22
Washington, George, 46, 72

Youssef, Alain El, 198

Zumbi, 171

A marca FSC® é a garantia de que a madeira utilizada na fabricação do papel deste livro provém de florestas gerenciadas de maneira ambientalmente correta, socialmente justa e economicamente viável e de outras fontes de origem controlada.

Copyright © 2024 Marcos Queiroz

Todos os direitos reservados. Nenhuma parte desta obra pode ser reproduzida, arquivada ou transmitida de nenhuma forma ou por nenhum meio sem a permissão expressa e por escrito da Editora Fósforo.

DIRETORAS EDITORIAIS Fernanda Diamant e Rita Mattar
EDITORES Juliana de A. Rodrigues e Luís Francisco Carvalho Filho
ASSISTENTE EDITORIAL Rodrigo Sampaio
PREPARAÇÃO Joana Salém Vasconcelos
REVISÃO Thaisa Burani e Paula Queiroz
ÍNDICE REMISSIVO Maria Claudia Carvalho Mattos
DIRETORA DE ARTE Julia Monteiro
CAPA Danilo de Paulo | mercurio.studio
PROJETO GRÁFICO Alles Blau
EDITORAÇÃO ELETRÔNICA Página Viva

Dados Internacionais de Catalogação na Publicação (CIP)
(Câmara Brasileira do Livro, SP, Brasil)

Queiroz, Marcos
  Assombros da casa-grande : A Constituição de 1824 e as vidas póstumas da escravidão / Marcos Queiroz. — São Paulo : Fósforo, 2024.

  Bibliografia.
  ISBN: 978-65-6000-039-1

  1. Brasil. [Constituição (1824)] 2. Escravidão — Brasil 3. Direito constitucional — Brasil 4. História constitucional — Brasil I. Título.

24-210286   CDU-342(81)

Índice para catálogo sistemático:
1. Brasil : Direito constitucional   342(81)

Cibele Maria Dias — Bibliotecária — CRB-8/9427

Editora Fósforo
Rua 24 de Maio, 270/276
10º andar, salas 1 e 2 — República
01041-001 — São Paulo, SP, Brasil
Tel: (11) 3224.2055
contato@fosforoeditora.com.br
www.fosforoeditora.com.br

Este livro foi composto em GT Alpina e
GT Flexa e impresso pela Ipsis em papel
Pólen Natural 80 g/m² da Suzano para a
Editora Fósforo em junho de 2024.